SARTAZ CLASSES

ENGLISH SPEAKING

IN देशी स्टाइल

SARTAZ SIR

Published by :

Invincible Publication Pvt. Ltd.

INVINCIBLE
Publication Private Limited

Published by
Invincible Publication Pvt. Ltd.
201A, SAS Tower, Sector 38, Gurugram - 12200
www.invinciblepublishers.com

First Edition 2022
Book Name: English Speaking in desi style
Author: Sartaz Sir

ISBN : 978-93-94200-27-2

Invincible Publication Pvt. Ltd.
Sales Office : 4760-61/23, Basement, Pratap Street, Ansari Road,
Daryaganj, New Delhi - 110002
Email: invinciblepublishers@gmail.com

विषय-सूची
(CONTENTS)

अंग्रेजी वर्णमाला
(ENGLISH ALPHABET)

विचारों को प्रकट करने का साधन 'भाषा' है। अत: किसी भी भाषा का ज्ञान प्राप्त करने के लिए सबसे पहले उस भाषा की वर्णमाला का ज्ञान होना बहुत जरूरी है। अलग-अलग भाषा अलग-अलग 'लिपि' में लिखी जाती हैं। जिस तरह अंग्रेजी भाषा 'रोमन' लिपि में लिखी जाती है, उसी तरह हिन्दी भाषा 'देवनागरी लिपि' में लिखी जाती है।

अंग्रेजी वर्णमाला में A से Z तक कुल 26 वर्ण होते हैं। इनमें से 5 Vowels (स्वर) तथा 21 Consonants (व्यंजन) होते हैं। अंग्रेजी वर्णमाला में Letters (वर्ण) दो तरह से लिखे जाते हैं- Capital (बड़े), जैसे- A, B, C, D, E, F, G, आदि तथा Small (छोटे), जैसे- a, b, c, d, e, f, g, आदि।

Alphabets (वर्णमाला)

A/a	B/b	C/c	D/d	**E/e**	F/f	G/g	H/h	**I/i**
ए	बी	सी	डी	ई	एफ	जी	एच	आई
J/j	K/k	L/l	M/m	N/n	**O/o**	P/p	Q/q	R/r
जे	के	एल	एम	एन	ओ	पी	क्यू	आर
S/s	T/t	**U/u**	V/v	W/w	X/x	Y/y	Z/z	
एस	टी	यू	वी	डब्ल्यू	एक्स	वाई	जेड	

✯ उपर्युक्त वर्णमाला में Bold अक्षर Vowels (स्वर) है और अन्य सभी Consonants (व्यंजन) है।

Remember (याद रखें)

✯ English (अंग्रेजी) भाषा 'रोमन' लिपि में लिखी जाती है।

✯ अंग्रेजी वर्णमाला के कुल 26 Letters (वर्ण) में से 5 Vowels (स्वर) एवं 21 Consonants (व्यंजन) होते हैं।

Capital Letters and Small Letters (बड़े अक्षर एवं छोटे अक्षर)

हिन्दी भाषा देवनागरी लिपि में लिखी जाती है, जिसमें कुल 52 वर्ण होते हैं। यही कारण है कि हिन्दी भाषा की देवनागरी लिपि के वर्ण जिस तरह बोले जाते हैं उसी तरह से लिखे जाते हैं, लेकिन English (अंग्रेजी) में कुल 26 Letters (वर्ण) होते हैं जिसके कारण ऐसा असंभव है।

अंग्रेजी (English) भाषा में लिखने के अक्षर अलग होते हैं जबकि छपाई के अक्षर अलग होते हैं। इस तरह English (अंग्रेजी) में Letters (वर्ण) दो तरह के होते हैं-

1. Capital Letters (छपाई वाले बड़े अक्षर) तथा
2. Small Letters (छपाई वाले छोटे अक्षर)

Capital Letters (छपाई वाले बड़े अक्षर)

A B C D E F G H I J

K L M N O P Q R

S T U V W X Y Z

2. Small Letters (छपाई वाले छोटे अक्षर)

a b c d e f g h i j

k l m n o p q r s t

u v w x y z

Remember (याद रखें)

- Small Letters (NksVs v{kj) esa b, d, h, k, l तथा t अक्षर ऊपर की तीन रेखाओं के मध्य में लिखें जाते हैं।
- अंग्रेजी भाषा के Small Letters (छोटे अक्षर) में सिर्फ f, p चार रेखाओं के मध्य में लिखे जाते हैं।
- Small Letters (छोटे अक्षर) में केवल g, j, q तथा y नीचे की तीन रेखाओं के बीच में लिखे जाते हैं।
- छोटे अक्षर (Small Letters) में बाकी सभी 14 अक्षर a, c, e, i, m, n, o, r, s, u, v, w, x तथा z बीच की दो रेखाओं के बीच में लिखे जाते हैं।

English (अंग्रेजी) 'रोमन' लिपि में लिखी जाती है, जिसके कारण इसके अक्षरों की चौड़ाई कम अथवा अधिक होती है। लगातार अभ्यास द्वारा लेखन में सुधार किया जा सकता है। इसके लिए सर्वप्रथम चार लाइनों वाली कॉपी पर लिखने का प्रयास करना चाहिए। इसके बाद लेख में सुधार होने पर एक लाइन वाली कॉपी पर भी लेख अच्छा आयेगा।

आधुनिक युग में English (अंग्रेजी) के Cursive (कर्सिव) अक्षरों का ज्यादा प्रचलन है। प्रत्येक स्कूल में प्रारम्भ से ही बच्चों को Cursive में लिखना सिखाया जाता है।

Cursive Letters in English (अंग्रेजी के कर्सिव अक्षर)

a b c d e f g h j

k l m n o p q r s

t u v w x y z

Remember (याद रखें)

★ निम्न Letters (अक्षर) उच्चारण में समानता रखते हैं-

ऐ sound	b sound	ए sound	आय sound	ओ sound	यू sound	आर sound	ज़ sound
A	B	F	I	O	Q	R	Z
H	C	L	Y		U		
J	D	M			W		
K	E	N					
	G	S					
	P	X					
	T						
	V						

Use of Capital Letters (बड़े अक्षरों का प्रयोग)

आप सभी भलीभाँति जानते हैं कि अंग्रेजी भाषा की वर्णमाला में 26 वर्ण होते हैं। ये वर्ण दो तरह से बड़े तथा छोटे अक्षरों में लिखे जाते हैं। Capital Letters तथा Small Letters का प्रयोग कहाँ-कहाँ किया जाता है यह जानना बहुत आवश्यक है, क्योंकि छोटे के स्थान पर बड़े वर्ण तथा बड़े के स्थान पर छोटे वर्ण लिख देने से अंग्रेजी भाषा गलत हो जाती है।

Rules of Writing Capital Letters (बड़े अक्षरों को लिखने के नियम)

☞ सभी वाक्यों का पहला अक्षर Capital Letter से शुरू होता है, जैसे- Mohan is a good boy. He is well-known for his sincerity. Ravi always reaches school on time. He respects his parents. His behaviour impresses everybody.

☞ Proper Nouns जैसे- Tarun, Delhi, India Gate, Radha आदि तथा Proper Adjectives, जैसे- Russian, Indian, Chinese, European, Italian आदि का पहला वर्ण Capital Letter में लिखा जाता है।

☞ अगर आप कोई कविता आदि की पंक्ति लिखते हैं तो उसका प्रथम शब्द Capital Letter में लिखा जाता हैं, जैसे-

"Humpty Dumpty sat on a wall
Humpty Dumpty had a great fall
All the king's horses and all the king's men
Couldn't put Humpty together again."

☞ किसी धार्मिक या साहित्यिक पुस्तक या पाठ के नाम का प्रथम अक्षर, जैसे-
(a) The Ramayan is a holy book of the Hindus.
(b) I have read the lesson 'Tense' in my grammar book.

☞ प्रभु के नाम तथा उनके लिए प्रयोग किये जाने वाले सर्वनाम के लिए, जैसे-
(a) The God is everywhere.
(b) He forgives us for our sins and He rewards us for our good deeds.

☞ 'I' Pronoun अकेला आने पर तथा 'O' interjection के रूप में लिखने के लिए, जैसे-
(a) My friend asked me if I was alright.
(b) O God! Always give me your blessings.

☞ अंग्रेजी भाषा में दिनों व महीनों के नाम का प्रथम अक्षर हमेशा Capital Letter में लिखा जाता है, जैसे-
Sunday, Monday, Tuesday, Wednesday, Thursday, Friday, Saturday, January, February, March, April, May, June, July, August, September, October, November, December.
(a) He will go to Paris in the month of November.
(b) My school remains closed on Sunday.

☞ प्रत्येक Academic Qualifications (शैक्षणिक उपलब्धियों) तथा Titles तथा उनके संक्षिप्त रूप को लिखने के लिए, जैसे-

B.A., M.A., L.L.B., M.Com., M.B.A. (डिग्रियाँ)

M.L.A., M.P., P.M., C.M., D.M., S.P. (पदवियाँ)

Ashoka the Great, Your Majesty, Your Honour (सम्मानसूचक शब्द)

Bharat Ratna, Khel Ratna, Padma Vibhushan (सम्मान)

☞ Political Parties तथा Sects (राजनीतिक दलों तथा सम्प्रदायों) के नाम का प्रथम अक्षर, जैसे-

(a) Bhartiya Janta Party, Indian National Congress
(b) The Buddhism was introduced by Gautam Buddh
(c) The Republicans and Communists joined their hands together.

☞ Personified objects (मानवीकृत वस्तुओं) के नाम, जैसे-

(a) O Grief! Make me strong enough to bear you.
(b) O Happiness! I am your slave.

☞ किसी पुस्तक अथवा उसके अध्यायों के सभी शब्दों का पहला वर्ण Capital Letter में परन्तु Preposition, Articles एवं Conjuctions आदि Small Letter में आते हैं, जैसे-

(a) A Bend in the River
(b) A Brush with Life
(c) Accession to Extinction

इन वाक्यांशो में in, the, with, to आदि Small Letter से आरम्भ हुए हैं।

☞ Newspapers (समाचारपत्रों), Mountains (पर्वतों), Monuments (स्मारकों), Scriptures (धर्मग्रन्थों), Historical buildings (ऐतिहासिक इमारतें), Rivers (नदियाँ) तथा Ocean (महासागर) आदि के नामों का प्रथम अक्षर Capital Letter में लिखा जाता है, जैसे-
The Times of India, The Himalayas, The India Gate, The Geeta, The Lal Quila, The Ganga, The Indian Ocean आदि।

☞ प्रत्येक धार्मिक एवं राष्ट्रीय पर्व तथा ऐतिहासिक घटनाओं के नाम का प्रथम अक्षर, जैसे-
Holi, Diwali, Republic Day, Children's Day, Mother's Day, The First World War, The Kargil War.

☞ Firms and Industries (व्यापारिक संस्थानों तथा उद्योगों) के नाम का पहला अक्षर, जैसे-
The Reliance India, The Hindustan Liver Ltd., The Sahara India, The Aditya Birla Group, The Mahindra and Mahindra, The Cadbury India आदि।

☞ Exclamations (विस्मयादिबोधक चिह्न) को लिखने के लिए क्योंकि ये शब्द वाक्य के प्रारम्भ में ही आते हैं, जैसे-

(a) Oh! It's too hot.
(b) O God! Always give me your blessings.
(c) Hurrah! I have won the match.
(d) Well done! Keep it up.

☞ Common Nouns जब Proper Nouns के साथ लिखे जाते हैं, जैसे-

Uncle John, Sister Bhanushali, Mother Teresa, Father Peter. इन सभी में uncle, sister, mother, father, proper nouns के साथ जुड़े हैं, इसीलिए इनका पहला अक्षर Capital आया है।

☞ राजकीय संगठनों, बैंक, बीमा संगठनों तथा विश्वविद्यालयों आदि के नाम, जैसे-

Delhi Metro Rail Corp Ltd., Central Bank of India, Life Insurance of India (L.I.C.), Delhi University.

- ☞ सभी Compass Points (दिशासूचक शब्दों) के साथ, जैसे-
  Left East, Back West, Up North, Down South
- ☞ Seasons and Events तथा Calendar References के नाम का पहला अक्षर, जैसे-
  The Christmas Night, Stone Age, World War I.
- ☞ Ethnic Terms (मानव जातीय शब्द) का पहला अक्षर, जैसे-
  Indian, Asian, Native American, African.
- ☞ Words with letters or numbers (शब्दों एवं संख्याओं के साथ आने वाले शब्द) Capital Letter से शुरू किये जाते हैं, जैसे-
  Volume III, A.D. 5000, Gate No. 7, Room No. 12.
- ☞ Direct speech Capital Letter से शुरू किये जाते हैं, जैसे-
  "Do you think that Mohan has displaced benches?" asked Bhuwan to Geeta. "Yes", I think so, "He is quite a naughty child."
- ☞ On तथा Up का प्रयोग भी बड़े अक्षर से शुरू होता है, जब उनका प्रयोग adverbs की तरह हुआ हो, जैसे-
  (a) "Up you come" (up का प्रयोग यहाँ adverb के रूप में हुआ है।)
  (b) "Climbing up the ladder". (यहाँ up 'small leter' से शुरू हुआ है. क्योंकि यहाँ 'up' preposition के रूप में आया है।)

Remember (याद रखें)

अंग्रेजी भाषा लिखते समय कुछ स्थानों, जैसे- प्रत्येक वाक्य के शुरू के शब्द का पहला वर्ण, किसी नाम, पदवी, डिग्री आदि का नाम, धार्मिक पुस्तकों, कविता की प्रत्येक लाइन का पहला अक्षर, ईश्वर हेतु प्रयोग किये जाने वाले शब्द तथा सर्वनाम आदि Capital letters में लिखे जाते हैं।

Word Knowledge related to Letters (अक्षर से सम्बन्धित शब्द ज्ञान)

वर्ण	शब्द	उच्चारण	हिन्दी अर्थ	वर्ण	शब्द	उच्चारण	हिन्दी अर्थ
A	Aeroplane	एरोप्लेन	हवाई जहाज	N	Nest	नेस्ट	घोसला
B	Bat	बैट	बल्ला	O	Orange	ऑरेंज	संतरा
C	Car	कार	गाड़ी	P	Pen	पेन	कलम
D	Doll	डॉल	गुड़िया	Q	Queen	क्वीन	रानी
E	Elephant	एलीफैंट	हाथी	R	Rat	रैट	चूहा
F	Fan	फैन	पंखा	S	Swan	स्वॉन	हंस
G	Gun	गन	बंदूक	T	Tiger	टाइगर	बाघ
H	Hen	हेन	मुर्गी	U	Umbrella	अम्ब्रेला	छाता
I	Inkpot	इंकपॉट	दवात	V	Van	वैन	गाड़ी
J	Jug	जग	जग	W	Woman	वुमैन	औरत
K	King	किंग	राजा	X	X-ray	एक्स-रे	एक्सरे
L	Lion	लाइअन	शेर	Y	Yellow	ऐलो	पीला
M	Monkey	मंकी	बंदर	Z	Zebra	जेब्रा	धारीदार घोड़ा

Qualitative Sound of Capital-Small Letters of English with Hindi Vowel and Consonatnt Letters (अंग्रेजी के छोटे-बड़े अक्षरों की हिन्दी के स्वर-व्यंजन के साथ गुणात्मक ध्वनि)

बड़े	छोटे	उच्चारण	गुणात्मक ध्वनि	बड़े	छोटे	उच्चारण	गुणात्मक ध्वनि
A	a	ए	अ, आ	N	n	एन	न
B	b	बी	ब	O	o	ओ	व, ओ
C	c	सी	स, क	P	p	पी	प
D	d	डी	द, ड	Q	q	क्यू	क
E	e	ई	इ, ए	R	r	आर	र
F	f	एफ	फ	S	s	एस	स, ज
G	g	जी	ज, ग	T	t	टी	त, ट
H	h	एच	ह	U	u	यू	उ, यू
I	i	आई	ई, आई	V	v	वी	व
J	j	जे	ज	W	w	डब्ल्यू	व
K	k	के	क	X	x	एक्स	क्स, क्ष
L	l	एल	ल	Y	y	वाई	इ, य
M	m	एम	म	Z	z	जेड	ज

Pronunciation Knowledge Based on Vowel and Consonant [स्वर और व्यंजन के आधार पर उच्चारण ज्ञान (12 खड़ी)]

क	का	कि	की	कु	कू	के	कै	को	कौ	कं	कः
Ka	Kaa	Ki	Kee	Ku	Koo	Ke	Kai	Ko	Kau	Kan	Kah
ख	खा	खि	खी	खु	खू	खे	खै	खो	खौ	खं	खः
Kha	Khaa	Khi	Khee	Khu	Khoo	Khe	Khai	Kho	Khau	Khan	Khah
ग	गा	गि	गी	गु	गू	गे	गै	गो	गौ	गं	गः
Ga	Gaa	Gi	Gee	Gu	Goo	Ge	Gai	Go	Gau	Gan	Gah
घ	घा	घि	घी	घु	घू	घे	घै	घो	घौ	घं	घः
Gha	Ghaa	Ghi	Ghee	Ghu	Ghoo	Ghe	Ghai	Gho	Ghau	Ghan	Ghah
च	चा	चि	ची	चु	चू	चे	चै	चो	चौ	चं	चः
Cha	Chaa	Chi	Chee	Chu	Choo	Che	Chai	Cho	Chau	Chan	Chah
छ	छा	छि	छी	छु	छू	छे	छै	छो	छौ	छं	छः
Chha	Chhaa	Chhi	Chhee	Chhu	Chhoo	Chhe	Chhai	Chho	Chhau	Chhan	Chhah
ज	जा	जि	जी	जु	जू	जे	जै	जो	जौ	जं	जः
Ja	Jaa	Ji	Jee	Ju	Joo	Je	Jai	Jo	Jau	Jan	Jah
झ	झा	झि	झी	झु	झू	झे	झै	झो	झौ	झं	झः
Jha	Jhaa	Jhi	Jhee	Jhu	Jhoo	Jhe	Jhai	Jho	Jhau	Jhan	Jhah
ट	टा	टि	टी	टु	टू	टे	टै	टो	टौ	टं	टः
Ta	Taa	Ti	Tee	Tu	Too	Te	Tai	To	Tau	Tan	Tah
ठ	ठा	ठि	ठी	ठु	ठू	ठे	ठै	ठो	ठौ	ठं	ठः
Tha	Thaa	Thi	Thee	Thu	Thoo	The	Thai	Tho	Thau	Than	Thah

ड	डा	डि	डी	डु	डू	डे	डै	डो	डौ	डं	डः
Da	Daa	Di	Dee	Du	Doo	De	Dai	Do	Dau	Dan	Dah
ढ	ढा	ढि	ढी	ढु	ढू	ढे	ढै	ढो	ढौ	ढं	ढः
Dha	Dhaa	Dhi	Dhee	Dhu	Dhoo	Dhe	Dhai	Dho	Dhau	Dhan	Dhah
ण	णा	णि	णी	णु	णू	णे	णै	णो	णौ	णं	णाः
Na	Naa	Ni	Nee	Nu	Noo	Ne	Nai	No	Nau	Nan	Nah
त	ता	ति	ती	तु	तू	ते	तै	तो	तौ	तं	तः
Ta	Taa	Ti	Tee	Tu	Too	Te	Tai	To	Tau	Tan	Tah
थ	था	थि	थी	थु	थू	थे	थै	थो	थौ	थं	थः
Tha	Thaa	Thi	Thee	Thu	Thoo	The	Thai	Tho	Thau	Than	Thah
द	दा	दि	दी	दु	दू	दे	दै	दो	दौ	दं	दः
Da	Daa	Di	Dee	Du	Doo	De	Dai	Do	Dau	Dan	Dah
ध	धा	धि	धी	धु	धू	धे	धै	धो	धौ	धं	धः
Dha	Dhaa	Dhi	Dhee	Dhu	Dhoo	Dhe	Dhai	Dho	Dhau	Dhan	Dhah
न	ना	नि	नी	नु	नू	ने	नै	नो	नौ	नं	नः
Na	Naa	Ni	Nee	Nu	Noo	Ne	Nai	No	Nau	Nan	Nah
प	पा	पि	पी	पु	पू	पे	पै	पो	पौ	पं	पः
Pa	Paa	Pi	Pee	Pu	Poo	Pe	Pai	Po	Pau	Pan	Pah
फ	फा	फि	फी	फु	फू	फे	फै	फो	फौ	फं	फः
Pha	Phaa	Phi	Phee	Phu	Phoo	Phe	Phai	Pho	Phau	Phan	Phah
ब	बा	बि	बी	बु	बू	बे	बै	बो	बौ	बं	बः
Ba	Baa	Bi	Bee	Bu	Boo	Be	Bai	Bo	Bau	Ban	Bah
भ	भा	भि	भी	भु	भू	भे	भै	भो	भौ	भं	भः
Bha	Bhaa	Bhi	Bhee	Bhu	Bhoo	Bhe	Bhai	Bho	Bhau	Bhan	Bhah
म	मा	मि	मी	मु	मू	मे	मै	मो	मौ	मं	मः
Ma	Maa	Mi	Mee	Mu	Moo	Me	Mai	Mo	Mau	Man	Mah
य	या	यि	यी	यु	यू	ये	यै	यो	यौ	यं	यः
Ya	Yaa	Yi	Yee	Yu	Yoo	Ye	Yai	Yo	Yau	Yan	Yah
र	रा	रि	री	रु	रू	रे	रै	रो	रौ	रं	रः
Ra	Raa	Ri	Ree	Ru	Roo	Re	Rai	Ro	Rau	Ran	Rah
ल	ला	लि	ली	लु	लू	ले	लै	लो	लौ	लं	लः
La	Laa	Li	Lee	Lu	Loo	Le	Lai	Lo	Lau	Lan	Lah
व	वा	वि	वी	वु	वू	वे	वै	वो	वौ	वं	वः
Va	Vaa	Vi	Vee	Vu	Voo	Ve	Vai	Vo	Vau	Van	Vah
श	शा	शि	शी	शु	शू	शे	शै	शो	शौ	शं	शः
Sha	Shaa	Shi	Shee	Shu	Shoo	She	Shai	Sho	Shau	Shan	Shah
ष	षा	षि	षी	षु	षू	षे	षै	षो	षौ	षं	षः
Sha	Shaa	Shi	Shee	Shu	Shoo	She	Shai	Sho	Shau	Shan	Shah
स	सा	सि	सी	सु	सू	से	सै	सो	सौ	सं	सः
Sa	Saa	Si	See	Su	Soo	Se	Sai	So	Sau	San	Sah

ह	हा	हि	ही	हु	हू	हे	है	हो	हौ	हं	ह:
Ha	Haa	Hi	Hee	Hu	Hoo	He	Hai	Ho	Hau	Han	Hah
क्ष	क्षा	क्षि	क्षी	क्षु	क्षू	क्षे	क्षै	क्षो	क्षौ	क्षं	क्ष:
Ksha	Kshaa	Kshi	Kshee	Kshu	Kshoo	Kshe	Kshai	Ksho	Kshau	Kshan	Kshah
त्र	त्रा	त्रि	त्री	त्रु	त्रू	त्रे	त्रै	त्रो	त्रौ	त्रं	त्र:
Tra	Traa	Tri	Tree	Tru	Troo	Tre	Trai	Tro	Trau	Tran	Trah
ज्ञ	ज्ञा	ज्ञि	ज्ञी	ज्ञु	ज्ञू	ज्ञे	ज्ञै	ज्ञो	ज्ञौ	ज्ञं	ज्ञ:
Gya	Gyaa	Gyi	Gyee	Gyu	Gyoo	Gye	Gyai	Gyo	Gyau	Gyan	Gyah

Numbers (गिनती)

अर्थ	अंग्रेजी लिपि	उच्चारण	अंग्रेजी अंक	रोमन अंक	हिन्दी अंक
शून्य	Zero	जीरो	0	0	०
एक	One	वन	1	I	१
दो	Two	टू	2	II	२
तीन	Three	थ्री	3	III	३
चार	Four	फोर	4	IV	४
पाँच	Five	फाइव	5	V	५
छह	Six	सिक्स	6	VI	६
सात	Seven	सेवन	7	VII	७
आठ	Eight	एट	8	VIII	८
नौ	Nine	नाइन	9	IX	९
दस	Ten	टेन	10	X	१०
ग्यारह	Eleven	इलेवन	11	XI	११
बारह	Twelve	ट्वेल्व	12	XII	१२
तेरह	Thirteen	थर्टीन	13	XIII	१३
चौदह	Fourteen	फोर्टीन	14	XIV	१४
पन्द्रह	Fifteen	फिफ्टीन	15	XV	१५
सोलह	Sixteen	सिक्सटीन	16	XVI	१६
सत्रह	Seventeen	सेवॅन्टीन	17	XVII	१७
अठारह	Eighteen	एटीन	18	XVIII	१८
उन्नीस	Nineteen	नाइन्टीन	19	XIX	१९
बीस	Twenty	ट्वेंटी	20	XX	२०
इक्कीस	Twenty one	ट्वेंटी वन	21	XXI	२१
बाइस	Twenty two	ट्वेंटी टू	22	XXII	२२
तेइस	Twenty three	ट्वेंटी थ्री	23	XXIII	२३
चौबीस	Twenty four	ट्वेंटी फोर	24	XXIV	२४
पच्चीस	Twenty five	ट्वेंटी फाइव	25	XXV	२५

छब्बीस	Twenty six	ट्वेंटी सिक्स	26	XXVI	२६
सत्ताइस	Twenty seven	ट्वेंटी सेवन	27	XXVII	२७
अट्ठाइस	Twenty eight	ट्वेंटी ऐट	28	XXVIII	२८
उन्तीस	Twenty nine	ट्वेंटी नाइन	29	XXIX	२९
तीस	Thirty	थर्टी	30	XXX	३०
इक्तीस	Thirty one	थर्टी वन	31	XXXI	३१
बत्तीस	Thirty two	थर्टी टू	32	XXXII	३२
तैंतीस	Thirty three	थर्टी थ्री	33	XXXIII	३३
चौंतीस	Thirty four	थर्टी फोर	34	XXXIV	३४
पैंतीस	Thirty five	थर्टी फाइव	35	XXXV	३५
छत्तीस	Thirty six	थर्टी सिक्स	36	XXXVI	३६
सैंतीस	Thirty seven	थर्टी सेवन	37	XXXVII	३७
अड़तीस	Thirty eight	थर्टी ऐट	38	XXXVIII	३८
उन्तालिस	Thirty nine	थर्टी नाइन	39	XXXIX	३९
चालीस	Forty	फोर्टी	40	XL	४०
इकतालिस	Forty one	फोर्टी वन	41	XLI	४१
बयालिस	Forty two	फोर्टी टू	42	XLII	४२
तैतालिस	Forty three	फोर्टी थ्री	43	XLIII	४३
चौवालिस	Forty four	फोर्टी फोर	44	XLIV	४४
पैंतालिस	Forty five	फोर्टी फाइव	45	XLV	४५
छियालिस	Forty six	फोर्टी सिक्स	46	XLVI	४६
सैंतालिस	Forty seven	फोर्टी सेवन	47	XLVII	४७
अड़तालिस	Forty eight	फोर्टी ऐट	48	XLVIII	४८
उन्चास	Forty nine	फोर्टी नाइन	49	XLIX	४९
पचास	Fifty	फिफ्टी	50	L	५०
इक्यावन	Fifty one	फिफ्टी वन	51	LI	५१
बावन	Fifty two	फिफ्टी टू	52	LII	५२
तिरपन	Fifty three	फिफ्टी थ्री	53	LIII	५३
चौवन	Fifty four	फिफ्टी फोर	54	LIV	५४
पचपन	Fifty five	फिफ्टी फाइव	55	LV	५५
छप्पन	Fifty six	फिफ्टी सिक्स	56	LVI	५६
सत्तावन	Fifty seven	फिफ्टी सेवन	57	LVII	५७
अट्ठावन	Fifty eight	फिफ्टी ऐट	58	LVIII	५८
उनसठ	Fifty nine	फिफ्टी नाइन	59	LIX	५९
साठ	Sixty	सिक्सटी	60	LX	६०
एकसठ	Sixty one	सिक्सटी वन	61	LXI	६१
बासठ	Sixty two	सिक्सटी टू	62	LXII	६२
तिरसठ	Sixty three	सिक्सटी थ्री	63	LXIII	६३

चौंसठ	Sixty four	सिक्सटी फोर	64	LXIV	६४
पैंसठ	Sixty five	सिक्सटी फाइव	65	LXV	६५
छाछठ	Sixty six	सिक्सटी सिक्स	66	LXVI	६६
सड़सठ	Sixty seven	सिक्सटी सेवन	67	LXVII	६७
अड़सठ	Sixty eight	सिक्सटी ऐट	68	LXVIII	६८
उनहत्तर	Sixty nine	सिक्सटी नाइन	69	LXIX	६९
सत्तर	Seventy	सेवन्टी	70	LXX	७०
इकहत्तर	Seventy one	सेवन्टी वन	71	LXXI	७१
बहत्तर	Seventy two	सेवन्टी टू	72	LXXII	७२
तिहत्तर	Seventy three	सेवन्टी थ्री	73	LXXIII	७३
चौहत्तर	Seventy four	सेवन्टी फोर	74	LXXIV	७४
पचहत्तर	Seventy five	सेवन्टी फाइव	75	LXXV	७५
छिहत्तर	Seventy six	सेवन्टी सिक्स	76	LXXVI	७६
सतहत्तर	Seventy seven	सेवन्टी सेवन	77	LXXVII	७७
अठहत्तर	Seventy eight	सेवन्टी ऐट	78	LXXIII	७८
उन्यासी	Seventy nine	सेवन्टी नाइन	79	LXXIX	७९
अस्सी	Eighty	ऐट्टी	80	LXXX	८०
इक्यासी	Eighty one	ऐट्टी वन	81	LXXXI	८१
बयासी	Eighty two	ऐट्टी टू	82	LXXXII	८२
तिरासी	Eighty three	ऐट्टी थ्री	83	LXXXIII	८३
चौरासी	Eighty four	ऐट्टी फोर	84	LXXXIV	८४
पचासी	Eighty five	ऐट्टी फाइव	85	LXXXV	८५
छियासी	Eighty six	ऐट्टी सिक्स	86	LXXXVI	८६
सत्तासी	Eighty seven	ऐट्टी सेवन	87	LXXXVII	८७
अट्ठासी	Eighty eight	ऐट्टी ऐट	88	LXXXVIII	८८
नवासी	Eighty nine	ऐट्टी नाइन	89	LXXXIX	८९
नब्बे	Ninety	नाइनटी	90	XC	९०
एक्यानबे	Ninety one	नाइनटी वन	91	XCI	९१
बानवे	Ninety two	नाइनटी टू	92	XCII	९२
तिरानवे	Ninety three	नाइनटी थ्री	93	XCIII	९३
चौरानबे	Ninety four	नाइनटी फोर	94	XCIV	९४
पंचानबे	Ninety five	नाइनटी फाइव	95	XCV	९५
छियानवे	Ninety six	नाइनटी सिक्स	96	XCVI	९६
सत्तानबे	Ninety seven	नाइनटी सेवन	97	XCVII	९७
अट्ठानवे	Ninety eight	नाइनटी ऐट	98	XCVIII	९८
निन्यानवे	Ninety nine	नाइनटी नाइन	99	XCIX	९९
सौ	Hundred	हन्ड्रेड	100	C	१००
दो सौ	Two hundred	टू हन्ड्रेड	200	CC	२००

तीन सौ	Three hundred	थ्री हन्ड्रेड	300	CCC	३००
चार सौ	Four hundred	फोर हन्ड्रेड	400	CD	४००
पाँच सौ	Five hundred	फाइव हन्ड्रेड	500	D	५००
छह सौ	Six hundred	सिक्स हन्ड्रेड	600	DC	६००
सात सौ	Seven hundred	सेवन हन्ड्रेड	700	DCC	७००
आठ सौ	Eight hundred	ऐट हन्ड्रेड	800	DCCC	८००
नौ सौ	Nine hundred	नाइन हन्ड्रेड	900	CM	९००
हजार	Thousand	थाउजेन्ड्	1,000	M	१,०००
लाख	Lakh	लैख	10,000	कोई संकेत नहीं	१,००,०००
दस लाख	Ten Lakh	टेन लैख	10,00,000	कोई संकेत नहीं	१०,००,०००
करोड़	Crore	क्रोर	1,00,00,000	कोई संकेत नहीं	१,००,००,०००

Ordinal Counting (क्रमवाचक गिनती)

अंग्रेजी शब्द	संख्या	उच्चारण	हिन्दी अर्थ
First	(1st)	फर्स्ट	पहला/प्रथम
Second	(2nd)	सेकंड	दूसरा/द्वितीय
Third	(3rd)	थर्ड	तीसरा/तृतीय
Fourth	(4th)	फॉर्थ	चौथा/चतुर्थ
Fifth	(5th)	फिफ्थ	पाँचवाँ/पंचम
Sixth	(6th)	सिक्स्थ	छठा/षष्ठ
Seventh	(7th)	सेवन्थ	सातवाँ/सप्तम
Eighth	(8th)	एट्थ्	आठवाँ/अष्टम
Ninth	(9th)	नाइन्थ	नौवाँ/नवम
Tenth	(10th)	टेन्थ	दसवाँ/दशम
Fourteenth	(14th)	फोर्टीन्थ	चौदहवाँ
Seventy Eighth	(78th)	सेवन्टी एट्थ	अठहत्तरवाँ
Hundredth	(100th)	हन्ड्रेडथ	सौवाँ

Qualitative Counting (गुणवाचक गिनती)

अंग्रेजी शब्द	उच्चारण	हिन्दी अर्थ
Single	सिंगल	एक
Double	डबल	दुगुना
Triple	ट्रिपल	तिगना
Quadruple	क्वाड्रूपल	चौगुना
Quintuple	क्विन्टुपल	पाँच गुना
Hextuple	हेक्सटुपल	छह गुना
Septuple	सेप्टुपल	सात गुना
Octople	ऑक्टुपल	आठ गुना
Nonuple	नॉनूपल	नौ गुना
Decuple	डेक्युपल	दस गुना

Numerator Counting (अंशवाचक गिनती)

अंग्रेजी शब्द	संख्या	उच्चारण	हिन्दी अर्थ
Half	(1/2)	हॉफ्	आधा
Three-fourth	(3/4)	थ्री फोर्थ	तीन चौथाई
Two-third	(2/3)	टू थर्ड	दो तिहाई
One-third	(1/3)	वन थर्ड	एक तिहाई
One-fourth	(1/4)	वन फॉर्थ	एक चौथाई
One-fifth	(1/5)	वन फिफ्थ	पाँचवाँ भाग
One-sixth	(1/6)	वन सिक्स्थ	छठा भाग
One-seventh	(1/7)	वन सेवन्थ	सातवाँ भाग
One-eighth	(1/8)	वन एट्थ	आठवाँ भाग
One-ninth	(1/9)	वन नाइन्थ	नवाँ भाग
One-tenth	(1/10)	वन टेन्थ	दसवाँ भाग

Seasons (ऋतुएँ)

मौसम	उच्चारण	हिन्दी अर्थ	समय
Summer	समर	ग्रीष्म ऋतु	मई से जून
Rainy	रेनी	वर्षा ऋतु	जुलाई से सितम्बर
Autumn	ऑटम	शरद ऋतु	अक्टूबर से नवम्बर
Pre-winter	प्री-विंटर	शीत ऋतु से पूर्व	दिसम्बर से जनवरी
Winter	विंटर	शीत ऋतु	16 जनवरी से फरवरी
Spring	स्प्रिग	वसन्त ऋतु	मार्च से अप्रैल

Time (समय)

अंग्रेजी शब्द	उच्चारण	हिन्दी अर्थ
Second	सेकंड	सेकंड
Minute	मिनट	मिनट
Hour	आवर	घंटा
Week	वीक	सप्ताह
Fortnight	फॉर्टनाइट	पखवाड़ा
Month	मंथ	माह, महीना
Quarter	क्वार्टर	तिमाही
Year	यिअर	वर्ष
Half Year	हाफ यिअर	अर्द्ध वर्ष
Century	सेन्चुरी	शताब्दी
Tonight	टूनाइट	आज रात
Today	टूडे	आज
Tomorrow	टूमारो	कल
Yesterday	यस्टर-डे	बीता हुआ कल
Now	नाउ	अब, अभी
Later	लेटर	बाद में, फिर
Before	बीफोर	पहले

Dusk	डस्क	सन्ध्या, गोधूलि समय
Morning	मॉर्निंग	सुबह, सवेरा
Evening	इवनिंग	शाम, सन्ध्या
Midday	मिडडे	मध्याह्न, दोपहर
Midnight	मिडनाइट	मध्यरात्रि
Day	डे	दिन
Night	नाइट	रात
Noon	नून	दोपहर, मध्याह्न
Afternoon	ऑफ्टरनून	तीसरा पहर, अपराह्न
Twilight	ट्वीलाइट	गोधूलि
A.M.	ए.एम.	पूर्वाह्न (रात 12 बजे के बाद से दोपहर 12 बजे के पहले तक)
P.M.	पी.एम.	अपराह्न (दोपहर 12 के बाद से रात 12 बजे के पहले तक)

12 Months (12 महीने)

अंग्रेजी शब्द	हिन्दी अर्थ	अंग्रेजी शब्द	हिन्दी अर्थ
January	जनवरी	July	जुलाई
February	फरवरी	August	अगस्त
March	मार्च	September	सितम्बर
April	अप्रैल	October	अक्टूबर
May	मई	November	नवंबर
June	जून	December	दिसंबर

Days of the Week (सप्ताह के सात दिन)

अंग्रेजी शब्द	उच्चारण	हिन्दी अर्थ
Sunday	सनडे	रविवार
Monday	मनडे	सोमवार
Tuesday	ट्यूजडे	मंगलवार
Wednesday	वेन्ज्डे	बुधवार
Thursday	थर्सडे	गुरुवार
Friday	फ्राइडे	शुक्रवार
Saturday	सैटरडे	शनिवार

Direction-Indicator Words (दिशा-सूचक शब्द)

अंग्रेजी शब्द	उच्चारण	हिन्दी अर्थ
Right	राइट	दाँयें
Left	लेफ्ट	बाँयें
North	नॉर्थ	उत्तर
South	साउथ	दक्षिण
East	ईस्ट	पूरब-पूर्व
West	वेस्ट	पश्चिम
North East	नॉर्थ ईस्ट	उत्तर-पूर्व

North West	नॉर्थ वेस्ट	उत्तर-पश्चिम
South East	साउथ ईस्ट	दक्षिण-पूर्व
South West	साउथ वेस्ट	दक्षिण-पश्चिम

Conditions-Indicator Words (स्थिति-सूचक शब्द)

अंग्रेजी शब्द	**उच्चारण**	**हिन्दी अर्थ**
Old	ओल्ड	पुराना
New	न्यू	नया
Good	गुड	अच्छा
Bad	बैड	बुरा, खराब
Wet	वैट	भीगा, गीला
Dry	ड्राई	खुश्क, सूखा
Long	लाँग	लम्बा
Short	शॉर्ट	छोटा
Hot	हॉट	गरम
Cold	कोल्ड	ठण्डा
Near	नियर	करीब, पास
Far	फार	दूर
Big	बिग	बड़ा
Small	स्मॉल	छोटा
Heavy	हेवी	भारी
Light	लाइट	हल्का
Above	अबव	ऊपर
Below	बीलो	नीचे

स्मरणीय

(i) अंग्रेजी भाषा 'रोमन' लिपि में लिखी जाती है।
(ii) अंग्रेजी वर्णमाला के कुल 26 वर्ण में 5 स्वर एवं 21 व्यंजन होते हैं।
(iii) सभी वाक्यों का पहला अक्षर बड़े अक्षर से शुरू होता है।
(iv) वर्ण दो प्रकार के होते हैं: Capital Letters और Small Letters.

उच्चारण और वर्तनी नियम
(PRONUNCIATION AND SPELLING RULES)

ध्वनि

जब हम बोलते हैं तो भिन्न-भिन्न आवाज में ध्वनि की एक शृंखला उत्पन्न करते हैं। एक शब्द दूसरे शब्द से कैसे अलग है, यह जानने के लिए हमें ध्वनि का सूक्ष्मतापूर्वक अध्ययन करना जरूरी है। शब्दों का उच्चारण कैसे होता है और वे कैसे पहचाने जाते हैं? इसके लिए अंग्रेजी के प्रत्येक अक्षर का उच्चारण जानना जरूरी है।

जब हम अपने आसपास की आवाजों को सुनते हैं, तो हमें कई अलग-अलग प्रकार की आवाजें सुनायी पड़ती हैं। हम केवल बोलते और सुनते भर नहीं हैं, बल्कि हँसने, रोने, खाँसने, दर्द से चीखने तथा अलग-अलग वाद्ययन्त्रों के धुन सुनने के दौरान कई प्रकार की ध्वनियाँ सुनते हैं। लेकिन महत्त्वपूर्ण बात यह है कि भिन्न-भिन्न प्रकार की ध्वनि की विविधताओं के बीच हम यह भेद कर पाते हैं कि किन ध्वनियों से शब्द बनते हैं और किनसे नहीं। इसका तात्पर्य यह है कि हम स्वयं निर्णय कर पाने में समर्थ होते हैं कि कोई वाक्य बोला जा रहा है या हँसने-रोने की आवाजें हैं। दूसरों शब्दों में जब कोई बोलता है या केवल हँसता है, चिल्लाता है या रो रहा होता है। यह बिलकुल स्पष्ट है कि हम इस बारे में जरा भी नहीं सोचते हैं। इसका मतलब यह है कि हम सभी शब्दों को अलग-अलग अच्छी तरह से पहचानते हैं। हम ऐसा कर सकते हैं, जब हम उस भाषा को जानते हैं। यदि हमें भाषा की जानकारी होती है, तो उन शब्दों के अर्थ अच्छी तरह समझते हैं जिन्हें हम सुनते हैं। यदि हमें उस भाषा की जानकारी नहीं होती है, तो भी हम उन शब्दों की विशेषताओं को समझ पाते हैं।

हम विशेष भाषा के अलग-अलग ध्वनियों के उच्चारण को सुनकर उसे पहचान सकते हैं:

1. बोलने की ध्वनि की सबसे बड़ी विशेषता यह है कि इसके उच्चारणों को एक-दूसरे से अलग किया जा सकता है। उदाहरण के लिए जब हम 'बस' शब्द को सुनते हैं, तो अलग-अलग अक्षरों 'ब' और 'स' को सुनते हैं। लेकिन जब हम हँसते हैं या खाँसते हैं, तो हम उन्हें अलग-अलग नहीं कर सकते हैं, जिससे हँसने की ध्वनि बनती है। इसलिए भाषा की एक विशेषता है कि यह अलग-अलग ध्वनियों से मिलकर बनी है, जिसे एक-दूसरे से अलग किया जा सकता है।
2. किसी शब्द को उसमें प्रयुक्त अक्षरों में विभाजित कर पाना ध्वनि (उच्चारण) की दूसरी विशेषता है। पृथक अल्फाबेट (वर्णों) b, u, s का अपने आप में कोई अर्थ नहीं होता है, लेकिन ये आपस में जुड़ जाये, तो अर्थपूर्ण शब्द 'bus' बन जाता है।
3. अलग ध्वनि का स्वयं में कोई अर्थ नहीं है, लेकिन दूसरी ध्वनि के साथ जुड़कर एक विशेष अर्थ का निर्माण करते हैं। उदाहरण के लिए हम t, e, l को लें। इनका स्वयं में कोई अर्थ नहीं निकलता हैं। अगर इसे सार्थक तरीके से जोड़ा जाये, तो उनका एक अर्थ निकलता है, जैसे- l,e और t को जोड़ने पर सार्थक शब्द let बनता है। अगर इसी अल्फाबेट l, e, और t से tel, elt, tle, जैसे शब्द बनाये जायें, तो इसका कोई शब्द नहीं बनता है। इसका कारण है कि अंग्रेजी में let एक स्वीकृत शब्द है जबकि tle, elt, इत्यादि निरर्थक शब्द हैं। इस प्रकार के सार्थक और निरर्थक शब्द हर भाषा में होते हैं।
4. ध्वनि या यूँ कहें कि सार्थक ध्वनि को दूसरी ध्वनियों से अलग किया जा सकता है, क्योंकि इसके चार अभिन्न अंग होते हैं।

क. ये अर्थपूर्ण शब्द हैं।

ख. इनमें प्रयुक्त अक्षरों का स्वयं में कोई अर्थ नहीं है।

ग. इनमें प्रयुक्त अक्षरों का अर्थ तभी निकलता है, जब इन अक्षरों को एक विशेष क्रम में जोड़ा जाता है।

घ. अगर अक्षरों का क्रम बदल दिया जाये और फिर भी शब्द सार्थक हो, तो अर्थ बदल जाते हैं।

ध्वनियों की पहचान

दूसरी भाषाओं की तरह अंग्रेजी की अपनी विशिष्ट ध्वनि है। अंग्रेजी में प्रयुक्त ध्वनियों का प्रयोग दूसरी भाषाओं में भी पाया जा सकता है। 'pot', 'tin', 'keep', 'interest', 'egg' और 'art' की शुरुआती ध्वनि इसके उदाहरण हैं। लेकिन अंग्रेजी में दूसरी ध्वनि भी पायी जाती है। जो दूसरी भाषा में नहीं पायी जाती है। जैसे 'tool' और 'zoo' की शुरुआती ध्वनि में। बहुत सी भारतीय भाषाओं में ऐसी ध्वनि नहीं पायी जाती है। उल्टे भारतीय भाषाओं में 'l' और 'n' ध्वनि होती है जो अंग्रेजी में नहीं पायी जाती है। इसलिए प्रत्येक भाषा में विशिष्ट ध्वनि की पहचान जरूरी है।

भाषा की ध्वनि की पहचान करने के लिए हम बोलने की ध्वनि के दो विशिष्ट गुणों का उपयोग करते हैं। एक तो शब्दों को बनाने के लिए विशिष्ट तरीके से संकुचन करते हैं। हम दो ध्वनि को अलग करने के लिए लेते हैं। उदाहरण के लिए हम 'pin' शब्द में 'p' की जगह 'b' शुरुआती ध्वनि का प्रयोग करते हैं, तो हम उसकी जगह नया शब्द 'bin' को पाते हैं। इससे हम निष्कर्ष निकाल सकते हैं कि 'p' और 'b' अंग्रेजी भाषा की अलग-अलग ध्वनि है।

इसी प्रकर 'set' और sit शब्दों के मध्य में 'e' तथा 'i' भी अंग्रेजी भाषा की अलग-अलग ध्वनि है। इस प्रकार की प्रक्रिया दोहराकर हम अंग्रेजी के पूरे अक्षर प्राप्त कर सकते हैं। उदाहरण के लिए pin, bin, tin, kin, din, gin, thin, sin, shin, tin और hin आदि सभी शब्दों की शुरुआती ध्वनि भिन्न है। उन सभी की दूसरी और तीसरी ध्वनि एक समान है। इस प्रकार हम अंग्रेजी के अलग-अलग शब्दों की पहचान करते हैं। इसी प्रक्रिया को दोहराकर हम अंग्रेजी की 44 ध्वनियाँ पाते हैं। इनमें से 20 Vowel हैं तथा 24 Consonant हैं। ये अलग-अलग ध्वनि स्वनिम (Phonemes) कहलाते हैं। एक स्वनिम भाषा में ध्वनि की न्यूनतम इकाई है। शब्दों का एक जोड़ा sum और sun जिसमें किसी अन्य के द्वारा एक ध्वनि का प्रतिस्थापन हमें भाषा के अलग-अलग शब्दों पहचान में मदद करता है। एक न्यूनतम जोड़ी शब्दों की वह न्यूनतम जोड़ी है, जो केवल एक ध्वनि में भिन्न होती है। यही ध्वनि दो शब्दों के अन्तर को दर्शाती है। अंग्रेजी में न्यूनतम जोड़ी के कुछ उदाहरण- bat और mat, chip और ship है, जहाँ शुरुआत की ध्वनियाँ अलग हैं। जैसे seat और seet, जहाँ मुख्य ध्वनि अलग है और tan, tin, pen, और pun जिसकी बीच की ध्वनि अलग है।

अंग्रेजी भाषा के बोलचाल में शुद्ध-शुद्ध उच्चारण करने का काफी महत्त्व है। अंग्रेजी ध्वनि प्रधान भाषा नहीं है। उदाहरण के लिए जो कुछ लिखा है, उसे ठीक-ठीक बोल नहीं सकते हैं। हम हिन्दी या अन्य प्रादेशिक भाषाओं में इस समस्या का सामना नहीं करते हैं। वे ध्वनि प्रधान होते हैं। हम वही पढ़ते हैं, जो लिखते हैं। अलग-अलग राज्य के लोग अंग्रेजी बोलने के दौरान अपने देश की भाषा के उच्चारण में मिश्रण करते हैं। इस कारणों से भारतीय अंग्रेजी, चाइनीज अंग्रेजी, जापानी अंग्रेजी और अमेरिकन अंग्रेजी, कई प्रकार की अंग्रेजी बोली जाती है। केवल हमारे देश में दक्षिण भारतीय, उत्तर भारतीय और बंगाली अंग्रेजी अलग-अलग उच्चारण के साथ बोली जाती है।

उसी प्रकार बहुत से अंग्रेजी शब्दों का उच्चारण सख्तीपूर्वक नहीं किया जाता है बहुत से शब्दों के एक से अधिक उच्चारण बोलने की गति तथा बोलने वाले के उच्चारण के अनुसार की जाती है। इसलिए हम लोग उच्चारण का प्रयोग उसी प्रकार करते हैं जिस प्रकार ब्रिटिश ब्राडकास्टिंग कारपोरेशन (BBC) व टीवी समाचारवाचक करते हैं। इस पुस्तक का मुख्य उद्देश्य आपको बताना है कि इंग्लैंड में लोग अंग्रेजी का उच्चारण सीखने के लिए साधारणतया किस प्रकार के उच्चारण का प्रयोग करते हैं।

किसी भी भाषा में हम लोग नियमित रूप से इस्तेमाल की गयी कुछ ध्वनियों को पहचान सकते हैं। (Vowels and Consonants) जिसे हम ध्वनिग्रामिक कहते हैं। उदाहरण के लिए 'pin' और 'pen' शब्द में Vowel का अलग स्वनिम (Phoneme) है और अंग्रेजी को सीखने के लिए खासतौर पर उच्चारण सीखना अल्फाबेट सीखने से ज्यादा महत्त्वपूर्ण है। जैसा कि ज्यादातर लोगों को पता है, हम बोलने की ध्वनि के लिए विशेष प्रकार के प्रतीक चिह्नों का इस्तेमाल भी करते हैं। इसके लिए पुस्तक के अन्त में एक विशेष अध्याय भी दिया गया है। शब्दों के उच्चारण में शब्दों के दबाव और उसकी स्वरशैली को जानना भी जरूरी है।

भाषा के बारे में हर कोई जानता है कि उसका उच्चारण भिन्न-भिन्न प्रकार से किया जाता है। अलग-अलग स्तर तथा अलग-अलग स्थान के लोगों द्वारा भाषा का अलग-अलग उच्चारण किया जाता है। सीखने के दौरान हमें ब्रिटिश शैली के उच्चारण की ओर ध्यान देना चाहिए।

Pronunciation of English Vowels and Consonants (अंग्रेजी के स्वरों एवं व्यंजनों के उच्चारण)

अंग्रेजी भाषा जिस प्रकार से लिखी जाती है, उससे अलग प्रकार से बोली जाती है, अर्थात् लिखने और बोलने में अन्तर होता है। जब हम अंग्रेजी भाषा सीखना शुरू करते हैं, तो हम अपना पूरा ध्यान पढ़ने में लगा देते हैं, जबकि सुनने में ध्यान बिल्कुल नहीं लगाते। हम New Words (नये शब्द) की Spelling (वर्तनी), Meaning (अर्थ) एवं उसके Use (प्रयोग) पर तो ध्यान देते हैं, परन्तु उस शब्द के सही Pronunciation (उच्चारण) पर जरा भी ध्यान नहीं देते हैं। अंग्रेजी में कई Vowels एवं Consonants का अकेले रूप में उच्चारण अलग होता है, लेकिन शब्दों के मध्य में प्रयोग होने पर उसका उच्चारण बदल जाता है, जैसे- F, G, H, L, M, N आदि वर्ण अकेले में एफ, जी, एच, एल, एम, एन आदि बोले जाते हैं तथा हिन्दी के शब्दों में इसका उच्चारण फ, ग, ह, ल, म, न आदि रूप में होता है।

जैसा कि हम जानते हैं कि अंग्रेजी भाषा में 5 Vowels (स्वर) एवं 21 Consonants (व्यंजन) हैं। अंग्रेजी भाषा में दो-चार अक्षरों के अलावा कोई भी अक्षर स्वर (Vowel) के बिना नहीं बन सकता। यदि किसी शब्द के अन्त में 'y' हो और कोई अन्य Vowel (a, e, i, o, u) न भी हो, तो उस शब्द में 'y' ही Vowel का काम करता है, जैसे- cry, dry, fry, my, sky, shy आदि।

1. 'A' Vowel (स्वर) के विविध उच्चारण

(i) A का उच्चारण 'आ' या 'ऑ' के रूप में होता है, जैसे-

शब्द	उच्चारण	अर्थ	शब्द	उच्चारण	अर्थ
All	(ऑल)	सब	Small	(स्माल)	छोटा, लघु
Ball	(बॉल)	गेंद	Are	(आर)	हैं, हो
Call	(कॉल)	बुलाना	Car	(कार)	गाड़ी
Fall	(फॉल)	गिरना	Far	(फार)	दूर
Mall	(मॉल)	मॉल	Jar	(जार)	जग
Tall	(टॉल)	लम्बा	Brass	(ब्रास)	काँसा
Wall	(वॉल)	दीवार	Glass	(ग्लास)	गिलास

(ii) A का उच्चारण 'ए' के रूप में, जैसे-

Way	(वे)	रास्ता	Grain	(ग्रेन)	अनाज
Game	(गेम)	खेल	Name	(नेम)	नाम
Day	(डे)	दिन	Clay	(क्ले)	मिट्टी

(iii) A का उच्चारण 'ऐ' के रूप में, जैसे-

Bad	(बैड)	बुरा	Sad	(सैड)	उदास
Man	(मैन)	आदमी	Bat	(बैट)	बल्ला

(iv) A का उच्चारण 'एअ' के रूप में, जैसे-

Care	(केअर)	परवाह	Rare	(रेअर)	दुर्लभ
Share	(शेअर)	अंश, हिस्सा	Bare	(बेअर)	प्रकट करना, नंगा करना
Pare	(पेअर)	कतरना			

2. 'E' Vowel (स्वर) के विविध उच्चारण

(i) 'ए' जैसे-

Bell	(बेल)	घंटी	Wet	(वेट)	गीला
Leg	(लेग)	पैर	Where	(वेयर)	कहाँ
When	(वेन)	कब	Were	(वेयर)	थे

(ii) 'इ' जैसे-

Female	(फीमेल)	मादा	Rebate	(रीबेट)	छूट
Emancipate	(इमैनसिपेट)	बंधनमुक्त	Endure	(इनड्युअर)	सहना

(iii) 'ई' जैसे-

Tree	(ट्री)	पेड़	Knee	(नी)	घुटना
He	(ही)	वह (पुल्लिंग)	Me	(मी)	मुझे
Legal	(लीगल)	कानूनी	Regal	(रीगल)	राजकीय, महत्त्वपूर्ण
We	(वी)	हम लोग			

(iv) 'e' के साथ 'a' होने पर 'ई' के रूप में, जैसे-

Read	(रीड)	पढ़ना	Team	(टीम)	दल
Heat	(हीट)	गर्म	Cheat	(चीट)	धोखा
Beat	(बीट)	पीटना	Clean	(क्लीन)	साफ
Dear	(डीअर)	प्रिय	Pea	(पी)	मटर

(v) 'e' के साथ 'e' होने पर 'ई' के रूप में, जैसे-

Wheel	(व्हील)	पहिया	Weep	(वीप)	रोना
Bee	(बी)	मधुमक्खी	See	(सी)	देखना
Sleep	(स्लीप)	सोना			

Remember (याद रखें)

★ किसी भी Word (शब्द) के अन्त में 'e' Vowel (स्वर) आने पर उसका अपना कोई उच्चारण नहीं होता तथा उससे पहले आये एक या एक से अधिक Consonants (व्यंजनों) को छोड़कर जो अन्य Vowel होता है, उसी का उच्चारण लम्बा हो जाता है, जैसे-

1. पूर्ववर्ती स्वर 'A' होने पर 'A' का उच्चारण 'ए' में होता है तथा 'e' का कोई उच्चारण नहीं होता है, जैसे- Game (गेम), Shame (शेम), Fame (फेम), Same (सेम), Name (नेम)।
2. पूर्ववर्ती स्वर 'I' होने पर 'I' का उच्चारण 'आई' में होता है तथा 'E' का कोई उच्चारण नहीं होता है, जैसे- Wine (वाइन), Life (लाइफ), Kite (काइट), Fine (फाइन), Nine (नाइन), Dine (डाइन), Wife (वाइफ)।
3. पूर्ववर्ती स्वर 'O' होने पर 'O' का उच्चारण 'ओ' में होता है तथा 'E' का कोई उच्चारण नहीं होता है, जैसे- Joke (जोक), Nose (नोज), Rome (रोम), Mock (मॉक), Lock (लॉक)।

4. पूर्ववर्ती स्वर 'U' होने पर 'U' का उच्चारण 'ऊ' या 'यू' में होता है तथा 'E' का कोई उच्चारण नहीं होता है, जैसे- Tune (ट्यून), Cute (क्यूट), Rule (रूल), Full (फुल), Bull (बुल)।

3. 'I' Vowel (स्वर) के विविध उच्चारण

(i) 'इ' जैसे

Bill	(बिल)	बिल	Kill	(किल)	मार देना
With	(विद)	साथ	Ship	(शिप)	जहाज
Ink	(इंक)	स्याही	Dig	(डिग)	खोदना

(ii) 'आइ' जैसे-

Right	(राइट)	सही	White	(व्हाइट)	सफेद
Tight	(टाइट)	कसा हुआ	Blind	(ब्लाइंड)	अंधा
Behind	(बिहाइंड)	पीछे	Kind	(काइन्ड)	दयालु

(iii) 'आय' जैसे-

Fire	(फायर)	आग	Tired	(टायर्ड)	थका हुआ
Wire	(वायर)	तार	Hire	(हायर)	किराया

(iv) 'e' के साथ 'e' होने पर 'I' की आवाज आती है, जैसे-

Perceive	(परसीव)	देखना, समझना	Conceive	(कन्सीव)	अनुमान होना
Receive	(रिसीव)	प्राप्त करना	Achieve	(अचीव)	पाना

4. 'O' Vowel (स्वर) के विविध उच्चारण

(i) 'ओ' जैसे-

Nose	(नोज)	नाक	Bold	(बोल्ड)	निर्भीक
Rose	(रोज)	गुलाब	Told	(टोल्ड)	कहा
Joke	(जोक)	मज़ाक	Post	(पोस्ट)	पद

(ii) 'व' जैसे-

Once	(वन्स)	एक बार	One-sided	(वन-साइडेड)	एक ओर
One-self	(वन-सेल्फ)	स्वयं	One-way	(वन-वे)	एक तरफा

(iii) 'उ' जैसे-

Hood	(हुड)	ढक्कन	Good	(गुड)	अच्छा
Cook	(कुक)	पकाना	Book	(बुक)	पुस्तक
Look	(लुक)	देखना	Foot	(फुट)	पैर

(iv) 'Ow'. 'आऊ' जैसे-

Now	(नाऊ)	अब	Cow	(काऊ)	गाय
How	(हाऊ)	कैसे			

(v) 'Oo' = 'ऊ' जैसे-

Boom	(बूम)	धमाका	Room	(रूम)	कमरा
Boot	(बूट)	लूट, जूता	Shoot	(शूट)	दागना
Food	(फूड)	खाना	Goose	(गूस)	कलहंस

(vi) 'Oy' = 'ऑय' जैसे-

Toy	(टॉय)	खिलौना	Boy	(बॉय)	लड़का
Joy	(जॉय)	खुशी	Oyster	(ऑयस्टर)	सीप

(vii) 'Ou' = 'आव' जैसे-

Hour	(आउअ्र)	घंटा	Our	(आवर)	हमारा
Sour	(सावर)	खट्टा			

5. 'U' Vowel (स्वर) के विविध उच्चारण

(i) 'यू' जैसे-

Union	(यूनियन)	जोड़	Unique	(यूनिक)	अनूठा
Useful	(यूजफूल)	उपयोगी	Universal	(यूनिवर्सल)	व्यापक
Unison	(यूनिसन)	तालमेल			

(ii) 'अ' जैसे-

Ultra	(अल्ट्रा)	अत्यन्त	Umpire	(अम्पायर)	निर्णायक
Uncle	(अंकल)	चाचा	Up	(अप)	ऊपर

Remember (याद रखें)

☆ अंग्रेजी भाषा में कोई भी नियम हमेशा लागू नहीं होता, बल्कि नियम बदलते रहते हैं, जैसे-

1. Fag, Fall, Fail, Far आदि शब्दों में 'A' का उच्चारण क्रमशः फैग (ऐ), फॉल (ऑ), फेल (ए) तथा फार (आर) के रूप में हुआ है।
2. Deep, Weep, Wet इन शब्दों में क्रमशः E का उच्चारण डीप, वीप, वेट होता है, अर्थात् ई, ई, ए।
3. Mine, Hope, Shame में 'ई' का कोई उच्चारण नहीं होता, बल्कि पहला स्वर क्रमशः i, o, a कुछ और दीर्घ हो जाता है।
4. I का उच्चारण 'अर' भी होता है, जैसे- Wire (वायर) तथा 'अ' भी होता है, जैसे-' Bird (बर्ड)।
5. O का उच्चारण 'ओ' तथा U का उच्चारण 'उ' तो होता ही है, O या U का उच्चारण 'अ' भी होता है, जैसे- Sun (सन) सूर्य तथा Son (सन) पुत्र।
6. 'OO' का उच्चारण 'Boot' (बूट) 'ऊ' भी होता है तथा Cook (कुक) 'उ' भी किया जाता है।

☆ Dictionary (शब्दकोश) में से इस तरह के विभिन्न शब्दों को ढूँढ़कर अंग्रेजी विषय के ज्ञान को आसानी से बढ़ाया जा सकता है।

Pronunciation of English Consonants (अंग्रेजी भाषा के व्यंजनों का उच्चारण)

अंग्रेजी भाषा के स्वरों (Vowels) के उच्चारण में जिस तरह भिन्नता पायी जाती है, उसी तरह Consonants (व्यंजनों) के उच्चारण में भी भिन्नता पायी जाती है। जैसे- 'C' का उच्चारण 'स' तथा 'क' दोनों रूपों में होता है तथा 'T' का उच्चारण 'च', 'श', 'थ', 'द' आदि रूपों में होता है, इसीलिए इन व्यंजनों के उच्चारण को सही ढंग से जानने एवं समझने हेतु बहुत अधिक अभ्यास की जरूरत होती है।

उदाहरण के लिए 'R' व्यंजन को लेते हैं जब हम 'अरर्' बोलते हैं, तब जीभ से थिरकन उत्पन्न होती है। 'धर्म' बोलते समय 'र' के समय जीभ में थिरकन महसूस होती है अर्थात् अंग्रेजी के 'R' का उच्चारण ही कुछ ऐसा है- Role, Rough आदि। इसका अन्तर हमें तब समझ में आयेगा जब हम इसे बार-बार बोलेंगे तथा सुनेंगे।

1. 'C' Consonant (व्यंजन) के विविध उच्चारण

(i) अगर 'C' के पश्चात् e, i, y, आये तो 'C' का उच्चारण 'स' होगा, जैसे-

Cease	(सीस)	बन्द होना	Cede	(सीड)	सौंप देना
City	(सिटी)	शहर	Cycle	(साइकिल)	साइकिल

(ii) अगर 'C' के पश्चात् a, o, u, k, r, t आदि आये तो 'C' का उच्चारण 'क' होगा, जैसे-

Cable	(केबल)	संदेश भेजना	Coach	(कोच)	प्रशिक्षक
Culture	(कल्चर)	संस्कृति	Dock	(डॉक)	कठघरा

(iii) अगर 'C' के पश्चात् ea या ia हो तो 'C' 'श' की ध्वनि भी दे सकता है, जैसे-

Racial	(रेशल्)	जातिय	Musician	(म्यूजिशियन)	संगीतकार
Ocean	(ओशन)	सागर			

2. 'G' Consonant (व्यंजन) के विविध उच्चारण

(i) अगर किसी शब्द में 'G' के बाद e या 'y' आये तो 'G' का उच्चारण 'ज' होगा, जैसे-

Gem	(जेम)	रत्न	Gym	(जिम)	व्यायामशाला
Gender	(जेंडर)	लिंग	Gene	(जीन)	जीन

(ii) अगर किसी शब्द में 'G' के बाद a, i, u, l, r हो तो 'G' का उच्चारण 'ग' होगा, जैसे-

Gas	(गैस)	गैस	Girth	(गर्थ)	घेरा
Gully	(गलि)	गढ़ा	Glow	(ग्लो)	आभा

3. 'K' Consonant (व्यंजन) के विविध उच्चारण-

(i) 'K' 'क' उच्चारण के साथ, जैसे-

Kid	(किड)	बच्चा	Kill	(किल)	हत्या करना
Keg	(केग)	पीपा			

(ii) K 'मूक' (Silent) के रूप में, जैसे-

Knob	(नॉब)	बटन	Knock	(नॉक)	खटखटाना
Knot	(नॉट)	उलझन	Knife	(नाइफ)	चाकू

(iii) अगर 'K' किसी शब्द के अन्त में आता है, तो प्रायः 'K' से पहले 'l' अथवा 'c' आता है, तो l तथा c का उच्चारण नहीं आता है, जैसे-

Sick	(सिक)	बीमार	Walk	(वॉक)	टहलना
Talk	(टॉक)	बोलना	Cock	(कॉक)	मुर्गा

4. 'Q' Consonant (व्यंजन) के विविध उच्चारण

(i) 'Q' के पश्चात् 'U' (Vowel) अवश्य आता है तथा 'Q' का उच्चारण 'क' होगा, जैसे-

Quit	(क्विट)	छोड़ना	Quality	(क्वालिटी)	गुणवत्ता
Quick	(क्विक)	जल्दी			

5. 'S' Consonant (व्यंजन) के विविध उच्चारण

(i) यदि शब्द के अन्त में 'S' तथा उससे पहले be, g, gg, ge, le, ef, y आदि आता है, तो 'S' का उच्चारण 'ज' होता है, जैसे-

Eggs	(एग्ज)	अंडे	Toys	(टॉयज)	खिलौना
Rays	(रेज)	किरणें	Boys	(बॉयज)	लड़के

(ii) यदि शब्द में 'S' अथवा 'ss' के बाद ia, ion आदि हो, तो 'S' 'श' की ध्वनि प्रकट करता है, जैसे-

Mission	(मिशन)	लक्ष्य	Lotion	(लोशन)	लोशन
Session	(सेशन)	सत्र	Russia	(रशिया)	रूस

(iii) यदि शब्द के अन्त में 'S' हो तथा उससे पहले f, p, ke, pe, ght, te आदि आता है, तो 'S' का उच्चारण 'स' होता है, जैसे-

Kites	(काइट्स)	पतंगें	Ships	(शिप्स)	जहाजें
Lips	(लिप्स	होंठ	Hips	(हिप्स)	कुल्हा

6. 'T' Consonant (व्यंजन) के विविध उच्चारण

(i) यदि किसी शब्द में 'T' के बाद ia, io तथा ie हो, तो 'T' का उच्चारण 'श' के रूप में होता है, जैसे-

Patient	(पेशेन्ट)	मरीज	Initial	(इनिशियल)	प्रारम्भिक
Ratio	(रेशो)	अनुपात	Promotion	(प्रमोशन)	पदोन्नति

(ii) यदि किसी शब्द में 'S' के बाद tion आये अथवा 'T' के बाद ure आये तो 'T' का उच्चारण 'च' के रूप में होता है, जैसे-

Question	(क्वेश्चन)	प्रश्न	Capture	(केप्चर)	गिरफ्तारी
Nature	(नेचर)	प्रकृति	Creature	(क्रीचर)	जीव-जन्तु

(iii) यदि किसी शब्द में 'T' के बाद h आये तो वह 'थ' तथा 'द' की ध्वनि देता है, जैसे-

Thick	(थिक)	मोटा	Thread	(थ्रेड)	धागा
Then	(देन)	तब	This	(दिस)	यह

(iv) अनेक ऐसे शब्द भी होते हैं जिसमें 'Th' हिन्दी के अक्षर 'ट' 'T' की ध्वनि देता है, जैसे-

Thoms	(टॉमस)	टॉम्स	Thames	(टेम्स)	टेम्स
Thyme	(टाइम)	अजवायन			

7. 'W' Consonant (व्यंजन) के विविध उच्चारण

(i) 'W' 'व' उच्चारण के रूप में, जैसे-

Want	(वांट)	चाहना	Warm	(वॉर्म)	गर्म
Wash	(वॉश)	साफ करना	Walk	(वॉक)	टहलना

(ii) 'W' 'मूक' (silent) के रूप में, जैसे-

Whole	(होल)	सम्पूर्ण, पूर्णता	Who	(हू)	कौन
Wrist	(रिस्ट)	कलाई	Wright	(राइट)	रचयिता

8. 'X' Consonant (व्यंजन) के विविध उच्चारण

(i) 'X' 'एक्स' उच्चारण के रूप में, जैसे

X-mas	(एक्समस)	एक्समस	Excess	(एक्सेस)	अधिकता
Fax	(फैक्स)	फैक्स			

(ii) 'X' 'ग्ज' उच्चारण के रूप में, जैसे

Example	(एग्जाम्पिल)	उदाहरण	Exit	(एग्ज़िट)	बाहर
Exult	(एग्जल्ट)	बहुत प्रसन्न	Xylem	(जाइलम)	तरू तंतु

(iii) 'X' 'ज' उच्चारण के रूप में, जैसे-

Xyster	(जिस्टर)	खुर्चनी	Xerox	(जीरोक्स)	प्रतिलिपि
Xenon	(जीनॉन)	जैनॉन			

9. 'Y' Consonant (व्यंजन) के विविध उच्चारण

(i) 'Y' 'इ' उच्चारण के साथ, जैसे-

Toy	(टॉइ)	खिलौना	Roy	(रॉइ)	रॉय
My	(माइ)	मेरा	Fly	(फ्लाई)	उड़ना

(ii) 'Y' 'य' उच्चारण के साथ, जैसे-

Yes	(येस)	हाँ	Yarn	(यार्न)	ऊन
Your	(योर)	तुम्हारा	Year	(यिअर)	वर्ष

10. 'Gh' का उच्चारण 'घ' या 'फ' होता है, जैसे-

Tough	(टफ)	कठिन	Rough	(रफ़)	कठोर, स्थूल
Ghost	(घोस्ट)	भूत	Ghat	(घाट)	घाट
Laugh	(लाफ़)	हँसना	Cough	(कफ़)	खाँसी

11. 'Ch' का उच्चारण दो रूपों में होता है 'च' के रूप में या फिर 'क' के रूप में, जैसे-

Touch	(टच)	स्पर्श	Bitch	(बिच)	कुतिया
Chair	(चेअर)	कुर्सी	Rich	(रिच)	धनी
Chord	(कॉर्ड)	जीवा	Charisma	(करिस्मा)	आकर्षण

12. 'Ph' का उच्चारण दो रूपों में होता है 'प्ह' या 'फ' के रूप में, जैसे-

Uphill	(अप्हिल)	कठिन	Uphold	(अप्होल्ड)	बनाये रखना
Phrase	(फ्रेज)	कहावत	Photo	(फोटो)	फोटो
Phobia	(फोबिया)	भय	Physics	(फिजिक्स	भौतिकी
Phone	(फोन)	फोन			

Remember (याद रखें)

1. अधिकांश लोग 'r' को प्रत्येक स्थान पर बोलते हैं, जो कि सही नहीं है। यदि 'r' के बाद कोई Consonant आये तो 'r' नहीं बोला जाता है, जैसे- Burn, Turn, Third, Firm, Harm.
2. यदि 'r' के पहले कोई Vowel आये तो 'r' बोला जाता है, जैसे- Hear, Rare, Father, Mother, Near आदि।
3. 'The' को दो रूपों में 'द' अथवा 'दि' के रूप में बोला जाता है तथा दोनों ही सही हैं। 'स्वर' से शुरू होने वाले शब्द से पहले 'दि' बोला जाता है, जैसे- The Egg (दि एग), The answer (दि आन्सर) तथा व्यंजन से प्रारम्भ होने वाले शब्द से पहले 'द' बोला जाता है, जैसे- The House (द हॉउस), The rat (द रेट), The mouse (द माउस) The man (द मैन)।
4. अंग्रेजी भाषा के व्यंजनों का उच्चारण मुख्यत: निम्न तरह से होता है-

B (ब)	C (स)	D (ड)	F (फ़)	G (ग)	H (ह)
J (ज)	K (क)				
L (ल)	M (म)	N (न)	P (प)	Q (क)	R (र)
S (स)	T (ट)				
V (व)	W (व)	X (क्स)	Y (य)	Z (ज़)	

5. उपर्युक्त व्यंजनों का उच्चारण अलग-अलग स्थानों पर अलग-अलग भी होता है। यह बात आपको तब पता चलेगी जब आप ध्यानपूर्वक अध्ययन करेंगे।

Silent Letters (अनुच्चरित वर्ण)

हिन्दी भाषा की देवनागरी लिपि में कुल 52 वर्ण हैं। जिसके कारण देवनागरी के वर्ण जैसे बोले जाते हैं वैसे ही लिखे जाते हैं, जैसे- विद्यालय, आश्रम आदि, परन्तु अंग्रेजी भाषा में सिर्फ 26 वर्ण होने के कारण ऐसा संभव नहीं है। अंग्रेजी के अनेक शब्दों में कुछ वर्ण ऐसे होते हैं जिन्हें लिखा तो जाता है लेकिन पढ़ा नहीं जाता है, जैसे- Knock, Knob, Knee आदि। इन सभी में 'K' अनुच्चरित (Silent) रहता है, इन्हें नॉक, नोब, नी पढ़ा जाता है।

Silent A

Artistically (आर्टिस्टिकलि)	कलात्मक ढंग से	Logically (लॉजिकलि)	तर्कपूर्वक
Musically (म्यूजिकलि)	सुर से/लय से	Romantically (रॅमैन्टिकलि)	काल्पनिकता/ भावुकता से
Stoically (स्टोइकलि)	आत्म-संयम से		

Silent B

Climb (क्लाइम)	चढ़ना	Comb (कोम)	कंघी/कंघी करना
Crumb (क्रम)	टुकड़ा/टुकड़े-टुकड़े होना या करना		
Debt (डेट)	कर्ज़/ऋण	Doubt (डाउट)	सन्देह (करना)
Numb (नॅम)	सुन्न/जड़वत्	Plumber (प्लॅम/अ)	नलसाज़
Subtle (सॅटल)	सूक्ष्म/जटिल	Thumb (थॅम)	अँगूठा
Tomb (टॉम)	कब्र/समाधि	Womb (वूम)	गर्भाशय/बच्चादानी

Silent C

Acquire (अक्वार)	प्राप्त करना/पाना	Muscle (मसल)	मांसपेशी/बाहुबल
Scissors (सिजर्ज)	कैंची/कतरनी		

Silent D

Wednesday (वेनेज्डे)	बुधवार	Sandwich (सैन्-विच)	बीच में रखना
Handsome (हैन्सम)	सुंदर/मनोहर	Handkerchief (हैन्ग्करची)	रूमाल
Edge (एज)	धार/किनारा	Bridge (ब्रिज)	पुल/सेतु (बाँधना/पार करना)

Silent E

Hate (हेट)	घृणा/नापसंद करना	Name (नेम)	नाम (रखना); ख्याति
Like (लाइक)	पसंद (करना)	Breathe (ब्रीद)	साँस लेना

Silent G

Sign (साइन)	हस्ताक्षर करना; लक्षण/चिह्न	Campaign (कैम्पेन)	अभियान/आंदोलन (करना)
Feign (फेन)	बहाना/स्वांग करना	Foreign (फॉरिन)	विदेशी/बाहरी
Gnat (नैट)	मच्छर	Gnaw (नॉ)	कुतरना
Gnome (नोम)	बौना; सूक्ति	High (हाई)	ऊँचा/श्रेष्ठ
Light (लाइट)	प्रकाश/रोशनी;	Reign (रेन)	शासन (करना) चमकना
Though (दो)	यद्यपि/हालाँकि	Through (थ्रू)	से/से होकर
Weight (वेट)	वजन/भार		

Silent H

Honest (ऑनिस्ट)	ईमानदार/सच्चा	Ghost (गोस्ट)	भूत-प्रेत/प्रेतात्मा
Heir (ऍअर)	उत्तराधिकारी/वारिस	Hour (आवर)	घंटा/समय
Whether (वेअदर)	यदि/दोनों में से एक		

Silent GH

Thought (थॉट)	विचार/मत	Through (थ्रू)	से/से होकर
Daughter (डॉट्र)	पुत्री/बेटी	Light (लाइट)	प्रकाश/रोशनी
Right (राइट)	ठीक/उचित	Fight (फाइट)	लड़ाई/संघर्ष (करना)
Might (माइट)	शक्ति/सामर्थ्य		

Silent K

Knead (नीड)	गूँधना/मलना	Knife (नाइफ)	चाकू/छुरा या छुरी (मारना)
Knight (नाइट)	शूरवीर/सूरमा	Knock (नॉक)	खटखट/खटखटाना
Knot (नॉट)	गाँठ (बाँधना)	Know (नो)	जानना/समझना
Knee (नी)	घुटना		

Silent L

Calf (काफ)	बछड़ा/बछिया	Chalk (चॉक)	खड़िया/खड़िया से लिखना
Half (हाफ)	आधा/अर्ध	Salmon (सैमन)	गेरुआ
Talk (टॉक)	बातचीत (करना)	Walk (वॉक)	चहलकदमी/ चलना-फिरना
Yolk (योक)	जरदी (अंडे की)		

Silent M

Mnemonic (निमॉनिक) स्मृति-विषयक

Silent N

Autumn (ऑटम)	शरद ऋतु	Column (कॉलम)	स्तंभ/खंभा
Condemn (कन्डेम्)	निंदा करना/दोषी ठहराना	Damn (डैम)	निंदा/आलोचना करना
Hymn (हिम)	भजन/स्तोत्र	Solemn (सॉलम)	विधिवत्/औपचारिक

Silent O

Colonel (कनल) कर्नल

Silent P

Corps (कॉर)	दल/समूह	Coup (कू)	चाल/आकस्मिक शासन-परिवर्तन
Pneumonia (न्यमोनिआ)	न्युमोनिया	Psychology (साइकॉलजि)	मनोविज्ञान
Receipt (रिसीट)	रसीद/पावती		

Silent S

Aisle (आइल)	गलियारा/रास्ता	Island (आइलन्ड)	द्वीप/टापू
Debris (डेब्री)	मलबा/कचरा	Apropos (ऐप्रोपो)	उपयुक्त/ठीक ही
Bourgeois (बुर्श्वा)	बुर्जुआ/मध्यवर्गीय		

Silent T

Asthma (ऐज़्मा)	दमा	Ballet (बैले)	नृत्य-नाट्य
Castle (कासल)	महल/दुर्ग	Fasten (फासन)	बाँधना
Gourmet (गुरमे)	स्वादिष्ट भोजन	Listen (लिसन)	सुनना/ध्यान देना
Rapport (रैपॉर)	सम्बन्ध/घनिष्ठता	Ricochet (रिकॅशे)	उछाल/टप्पा खाना
Soften (सॉफन)	हलका/मंद करना या हो जाना	Whistle (विसल)	सीटी बजाना

Silent U

Biscuit (बिस्किट)	बिस्कुट	Colleague (कॉलीग)	सहकर्मी/सहयोगी
Guess (गेस)	अनुमान/अंदाजा लगाना	Guard (गार्ड)	पहरेदार, रक्षक/रक्षा करना
Guide (गाइड)	मार्गदर्शक; मार्गदर्शन करना	Guilt (गिल्ट)	अपराध/दोष
Guitar (गिटार)	गिटार/सितार	Tongue (टन्ग)	जीभ; भाषा/बोली

Silent W

Answer (आन्सर)	उत्तर/जवाब (देना)	Sword (सॉड)	तलवार/कृपाण
Two (टू)	दो/युगल/जोड़ी	Whole (होल)	सम्पूर्ण/कुल योग

Wrist (रिस्ट)	कलाई	Write (राइट)	लिखना
Who (हू)	कौन		

Silent X

Faux pas (फौ पाज) — सामाजिक गलती/आचरण दोष

Silent Z

Rendezvous (रॉन्डिवू) — मिलन स्थान/मिलना

अनेक ऐसे शब्द होते हैं, जिसमें एक से ज्यादा Letter (वर्ण) Silent (अनुच्चरित) रहते हैं, जैसे Plough (प्लाऊ), Brought (ब्रॉट), Night (नाइट), Haughty (हाटी), Colleague (कलीग), Tongue (टंग) इत्यादि।

☞ **याद रखें**

ऊपर दी गयी सूची सिर्फ उदाहरण के रूप में दी गयी है। अंग्रेजी भाषा में ऐसे अनगिनत शब्द हैं जिनमें कितने ही अक्षर अनुच्चरित रहते हैं। अंग्रेजी भाषा पर अपनी पकड़ बनाने के लिए नये शब्दों को Dictionary (शब्दकोश) से ढूँढ़कर उन्हें याद करें।

How to Write Name (नाम कैसे लिखें)

वर्ण		उच्चारण	उदाहरण ध्वनि (Sound)		
a	→	अ	ka	→	क
aa or A	→	आ	kaa	→	का
i	→	इ	ki	→	कि
ii or I or ee	→	ई	kii	→	की
u	→	उ	ku	→	कु
uu or U or oo	→	ऊ	kuu	→	कू
e	→	ए	ke	→	के
ai	→	ऐ	kai	→	कै
o	→	ओ	ko	→	को
au	→	औ	kau	→	कौ
am	→	अं	km	→	कं
ah	→	अः	kh	→	कः

Consonants (व्यंजन)

k or c	→	क	d	→	द
kh	→	ख	dh	→	ध
g	→	ग	n	→	न
gh	→	घ	p	→	प
ch	→	च	ph or f	→	फ
Ch or chh	→	छ	b	→	ब

j	→	ज	bh	→	भ
jh	→	झ	m	→	म
T	→	ट	y	→	य
Th	→	ठ	r	→	र
D	→	ड	Dh	→	ढ
L	→	ल	N	→	ण
v or w	→	व	t	→	त
sh	→	श	th	→	थ
Sh or shh	→	ष	s	→	स
Ram = राम		Pooja = पूजा	h	→	ह
Radha = राधा		Rani = रानी	ksh	→	क्ष

Spelling Study (वर्तनी अध्ययन)

English Vacabulary (अंग्रेजी शब्दावली) में पाठक को बहुत अधिक कठिनाइयाँ होती हैं, जैसे कि हम English Words (अंग्रेजी शब्दों) का नियमानुसार Correct (शुद्ध) Pronunciation (उच्चारण) नहीं कर पाते हैं। अंग्रेजी में एक ही Letter (वर्ण) की विभिन्न Sounds (ध्वनियाँ) हैं, ऐसा इसलिए होता है, क्योंकि हिन्दी Alphabet (वर्णमाला) में 52 Letters (वर्ण) हैं, जबकि English Alphabet (अंग्रेजी वर्णमाला) में 26 Letters (वर्ण) होते हैं।

चूँकि हमारी Mother Tongue (मातृभाषा) हिन्दी है, अत: पहले हम हिन्दी में सोचते हैं फिर उसी का अंग्रेजी में Translastion (अनुवाद) करते हैं, लेकिन English (अंग्रेजी) में कुछ Words (शब्दों) के Pronunciation (उच्चारण) में कुछ Letters (वर्ण) Silent (अनुच्चारित) रहते हैं, कारण यह है कि English Words (अंग्रेजी शब्द) लैटिन, अमेरिकन, अरबिक, फ्रेंच आदि विभिन्न भाषाओं से बने हैं उदाहरण के तौर पर–

'A' Letter (वर्ण) का प्रयोग Word (शब्द) 'Farmer' (फार्मर) में 'आ' के लिए हुआ है, 'Cat' Word (शब्द) में 'ऐ' वर्ण के लिए हुआ है। इसके अतिरिक्त और भी उदाहरण है, जैसा कि हिन्दी में 'निमोनिया' Word (शब्द) को हम निमोनिया ही बोलेंगे और लिखेंगे भी, लेकिन English में Pronunciation (उच्चारण) करने पर 'निमोनिया' ही बोलेंगे और लिखेंगे भी, लेकिन English में Prounciation (उच्चारण) करने पर 'निमोनिया' की Spelling– Phnemonia में 'Ph' Silent (अनुच्चरित) है।

अत: हमें अंग्रेजी भाषा की Spelling (वर्तनी) को सीखने के लिए कुछ Rules (नियमों) को सीखना नितान्त आवश्यक है, जो निम्नवत् हैं–

Rules for Spelling

☞ **Rule 1.** Q के साथ सदैव u आता है, जैसे– queen, quite, quarrel, quality, quick, question

☞ **Rule 2.** यदि किसी शब्द के अन्त में 'full' जोड़ा जाये, तो 'full' का एक 'l' हटा देते हैं, जैसे– beautiful, harmful, faithful, blissful.

☞ **Rule 3.** यदि किसी शब्द के अन्त में 'y' हो, तो शब्द के अन्त में 'full' जोड़ते समय y को 'i' में बदलते हैं, जैसे– Duty + full = Dutiful, Beauty + full = Beautiful

☞ **Rule 4.** यदि किसी शब्द के अन्त में 'l' हो तथा 'l' से पूर्व कोई 'Vowel' हो, तो 'suffix' लगाते समय 'l' को 'double' कर देते हैं, जैसे– Label + ed = Labelled, Travel + ed = Travelled

अपवाद- Parallel + ed = Paralleled, Legal + ise = Legalise, Quarrel + some = Quarrelsome

☞ **Rule 5.** यदि किसी शब्द के अंत में 'will' या 'well' जोड़ा जाये, तो एक 'l' कम नहीं होगा, जैसे- Fare + well = Farewell, Good + will = Goodwill

☞ **Rule 6.** यदि किसी शब्द में 'i' तथा 'e' मिलकर 'ee' (ई) की ध्वनि दे तो 'i' पहले आयेगा तथा e बाद में, जैसे- believe, niece, piece, relieve, yield

अपवाद- seize

☞ **Rule 7.** यदि 'ई' ध्वनि से पूर्व c हो, तो e पहले आयेगा तथा i बाद में, जैसे- deceive, receive, conceive

अपवाद- neither, heir

☞ **Rule 8.** यदि किसी Verb के अन्त में e हो, तो उसमें ing जोड़ते समय e हटा देते हैं, जैसे- come + ing = coming, write + ing = writing

अपवाद- Be + ing = Being

☞ **Rule 9.** यदि किसी Verb के अन्त में ee, oe, ye हो, तो उसमें ing जोड़ते समय कुछ भी नहीं हटाते हैं, जैसे- Agree + ing = Agreeing, See + ing = Seeing, Shoe + ing = Shoeing, Eye + ing = Eyeing

☞ **Rule 10.** यदि किसी Verb के अंतिम अक्षर (w, r, y) को छोड़कर पहले Single Vowel हो, तो ing लगाते समय अंतिम अक्षर दो बार लिखते हैं, जैसे- Sit + ing = Sitting, Beg + ing = Begging

अपवाद- Pardoning, Opening, Burning

☞ **Rule 11.** जिन Verbs के अन्त में w, r, y हो तथा उनसे पूर्व Vowel हो, तो ing लगाते समय अंतिम अक्षर दो बार नहीं लिखा जाता है, जैसे- Blow + ing = Blowing, Play + ing = Playing

☞ **Rule 12.** जिन Verbs के अन्त में 'c' हो, तो उनके साथ –ed अथवा ing जोड़ते समय 'k' बढ़ा देते हैं, जैसे- Forlic + ed = Frolicked, Mimic + ing = Mimicking

☞ **Rule 13.** यदि किसी शब्द के अन्त में 'e' हो, तो उसके साथ able, age अथवा ish लगाते समय 'e' हटा देते हैं, जैसे- Move + able = Movable, Mile + age = Milage, Virtue + ous = Virtuous

अपवाद- Courage + ous = Courageous, Change + able = Changeable, Peace + able = Peaceable

☞ **Rule 14.** जिस Noun के अन्त में O हो तथा इनसे पूर्व कोई Consonant हो, तो Plural बनाते समय es जोड़ते हैं, जैसे- Mango = Mangoes, Hero = Heroes

स्मरणीय

(i) यदि आपने Spelling Study (वर्तनी अध्ययन) के Rules (नियमों) को भली-भाँति Learn (कंठस्थ) नहीं किया है, तो पुनः इस पुस्तक के Spelling Study (वर्तनी अध्याय) के Page 31 का अध्ययन करें।

(ii) यदि आप कुछ Hard words (कठिन शब्दों) की Spelling लिखने में समर्थ है, तो अन्य कठिन शब्दों को लिखने का अभ्यास करें।

(iii) याद रहे Word (शब्द) की Spelling सही न लिखे जाने पर अर्थ का अनर्थ हो जाता है।

शब्दभेद
(PARTS OF SPEECH)

Definition (परिभाषा)

Words are divided into eight different kinds or classes, called Parts of Speech. वाक्य में प्रयोग किये गये शब्दों को उनके भावों के अनुसार आठ भिन्न-भिन्न भागों में बाँटा जा सकता है, जिसे Parts of Speech कहते हैं।

ये आठ प्रकार के होते हैं-

1. Noun (संज्ञा) 2. Pronoun (सर्वनाम) 3. Verb (क्रिया) 4. Adjective (विशेषण) 5. Adverb (क्रिया विशेषण) 6. Preposition (सम्बन्ध सूचक) 7. Conjunction (संयोजक) 8. Interjection (विस्मयादिबोधक)

Noun (संज्ञा)

A Noun is the name of a person, place, animal, thing, quality, condition and action. किसी भी व्यक्ति, वस्तु, स्थान, गुण, कार्य या अवस्था को प्रकट करने वाले शब्द को Noun कहते हैं, जैसे-

Alok (आलोक), Nikita (निकिता) – व्यक्ति का नाम
Hospital (अस्पताल), Zoo (चिड़ियाघर) – जगह का नाम
Read (पढ़ना), Write (लिखना) – कार्य का नाम
Table (टेबल), Pen (कलम) – वस्तु का नाम
Good (अच्छा), Bad (बुरा) – गुण का नाम
Sleep (सोना), Childhood (बचपन) – अवस्था का नाम

- व्यक्तियों के नाम के साथ पशु-पक्षी के नाम भी शामिल हैं, जैसे- Cow, Horse, Dog, Crow, Parrot आदि।
- वस्तुओं के अन्तर्गत निम्न नाम आ सकते हैं-

नदियों के नाम - Ganga, Yamuna, Godavari
पहाड़ों के नाम - Himalayas, Vindhyachal
समुद्रों के नाम - Indian Sea, Atlantic Ocean
पुस्तकों के नाम - Ramayana, Mahabharata, Gita
दिनों के नाम - Monday, Tuesday, Wednesday
महीनों के नाम - January, February, March
प्राकृतिक धातुओं के नाम - Gold, Silver, Brass

Pronoun (सर्वनाम)

A Pronoun is a word which is used in place of a Noun. Noun के बदले में प्रयुक्त होने वाले शब्दों को Pronoun कहते हैं।

Example : Ravi went to Mumbai yesterday. ***He*** will return day after tomorrow.
रवि कल मुम्बई गया था। वह परसों वापस लौटेगा।

★ उपर्युक्त Sentence में 'He' शब्द का प्रयोग Noun Ravi के बदले में किया गया है। अतः 'He' Pronoun है।

Adjective (विशेषण)

An adjective is a word used to qualify a noun or pronoun. Noun या Pronoun की विशेषता प्रकट करने वाले शब्दों को Adjective कहते हैं।

Example* :** Ram is a ***good boy. राम एक अच्छा लड़का है।

★ उपर्युक्त Sentence में good राम की विशेषता को दर्शाता है, अतः 'good' Adjective है।

Verb (क्रिया)

A verb is a word used for saying something about a person or thing. Verb वह शब्दभेद जिससे किसी वाक्य में कार्य का होना प्रकट होता है।

Example* :** Sohan ***writes a letter. सोहन एक पत्र लिखता है।

★ उपर्युक्त Sentence में सोहन के द्वारा पत्र लिखने की क्रिया प्रकट होती है। अतः 'write' Verb है।

Adverb (क्रिया विशेषण)

An Adverb qualifies a Verb, an Adjective or another Adverb. क्रिया विशेषण Noun, Pronoun, Interjection को छोड़कर अन्य शब्द भेदों के गुण, दोष, अवस्था आदि के अर्थ में वृद्धि करके उसकी विशेषता प्रकट करता है।

Example **1.** Mohini runs ***fast***. मोहिनी तेज दौड़ती है।

2. Radhika laughs ***sweetly***. राधिका की हँसी मधुर है।

★ यदि हम कहें कि मोहिनी दौड़ती है तो इस वाक्य में हमें बस इतनी जानकारी मिलती है कि मोहिनी के द्वारा दौड़ने की क्रिया होती है, लेकिन मोहिनी तेज दौड़ती वाक्य में इससे हमें मोहिनी के तेज दौड़ने की जानकारी मिलती है। क्रिया की विशेषता बताने वाले ये शब्द ही Adverb हैं।

Preposition (सम्बन्धवाचक शब्द)

Preposition is a word used with a Noun or a Pronoun to show how the person or thing denoted by the Noun or Pronoun stands in relation to something else. Preposition वह शब्द है, जो Noun या Pronoun के पहले प्रयुक्त होकर उस Noun या Pronoun द्वारा सूचित व्यक्ति या वस्तु का सम्बन्ध अन्य Noun या Pronoun से प्रदर्शित करता है।

Example* :** The book is ***on the table. किताब मेज पर है।

★ उपर्युक्त Sentence में 'on' शब्द पुस्तक और मेज के बीच के सम्बन्ध को प्रदर्शित करता है। अगर वाक्य के बीच से 'on' शब्द हटा लें, तो वाक्य किताब मेज है, का अर्थ स्पष्ट नहीं होता है। इसी प्रकार 'in' यानी अंदर, के लिए 'for' तथा का के लिए 'of' Preposition का प्रयोग करते हैं।

Conjunction (समुच्चयबोधक अव्यय)

A conjunction is a word which joins two or more than two phrases, clauses, words or sentences. ऐसा शब्द, जो शब्दों या वाक्यों को जोड़ता है, उसे Conjunction कहते हैं।

Example **1.** Sita ***and*** Gita are sisters. सीता और गीता बहनें हैं।

2. Please, give me tea ***or*** coffee. कृपया! मुझे चाय या कॉफी दीजिए।

★ उपर्युक्त Sentence में 'and' तथा 'or' का प्रयोग सीता और गीता तथा चाय या काफी को जोड़ने के लिए हुआ है। अतः 'and' और 'or' Conjunction हैं।

Interjections (विस्मयादिबोधक)

An Interjection is a word which expresses some sudden feeling or emotion of the mind. It has no grammatical relation with any other word. Its symbol is (!) जिन शब्दों से हर्ष, दु:ख, घृणा और विस्मय आदि मनोभाव प्रकट किये जाते हैं, उन्हें Interjections कहते हैं, जैसे- hurrah, bravo, alas, oh, आदि।

★ Interjection के बाद जो भी शब्द आता है, उसका First letter, Capital में लिखा जाता है। Interjection के द्वारा प्राय: निम्नलिखित भाव व्यक्त किये जाते हैं।

1. हर्ष, प्रसन्नता, उल्लास, खुशी के लिए - Hurrah!
2. दु:ख, कष्ट, विषाद - Alas! Ah!
3. आश्चर्य, अचरज - Oh! What!
4. अनुमोदन, स्वीकृति, रजामंदी - Welldone! Ok!
5. ग्लानि, घृणा, नफरत - For Shame! Fie! Bosh!
6. संबोधन, पुकारना → Hello! Hay!
7. ध्यान - Listen! Look! Behold! Hush!

स्मरणीय

अभी तक आपने Parts of Speech के बारे में संक्षिप्त रूप से पढ़ा है। अगले अध्याय में हम इसे विस्तार से पढ़ेंगे।

संज्ञा
(NOUN)

Definition (परिभाषा)

A Noun is the name of a person, place, animal, thing, quality, condition and action. किसी व्यक्ति, स्थान, पशु, वस्तु, गुण, दशा या अवस्था के नाम को **Noun** (संज्ञा) कहते हैं, जैसे- Sandeep, Dog, Delhi, Book आदि।

Example **1.** ***Sandeep*** is a good ***boy.*** संदीप एक अच्छा लड़का है।
2. The ***dog*** is a faithful ***animal.*** कुत्ता एक वफादार जानवर है।
3. ***Delhi*** is the capital of ***India.*** दिल्ली भारत की राजधानी है।
4. This is a ***book.*** यह एक किताब है।

★ उपर्युक्त Sentence में Sandeep, Boy, Dog, Animal, Delhi, India और Book ये सभी **Noun** हैं।

Kinds of Noun (संज्ञा के भेद)

There are five kinds of Noun (संज्ञा के पाँच भेद होते हैं):

1. Proper Noun (व्यक्तिवाचक संज्ञा)
2. Common Noun (जातिवाचक संज्ञा)
3. Collective Noun) (समूहवाचक संज्ञा)
4. Material Noun (द्रव्यवाचक संज्ञा)
5. Abstract Noun (भाववाचक संज्ञा)

1. Proper Noun (व्यक्तिवाचक संज्ञा)

The name given to a particular person, animal, place or thing is a Proper Noun. किसी विशेष व्यक्ति, जानवर, स्थान या वस्तु के नाम को Proper Noun कहते हैं, जैसे- Sunidhi, Shubham, Patna, Chetak और Ramayana आदि।

Example **1.** ***Shubham*** is watching T.V. शुभम टी.वी. देख रहा है।
2. He went to ***Patna***. वह पटना गया।

★ उपर्युक्त Sentence में 'Shubham' व्यक्ति विशेष का नाम तथा 'Patna' एक विशेष जगह का नाम है। इस प्रकार 'Shubham तथा Patna Proper Noun हैं।

Note :

(i) प्रत्येक मनुष्य या जानवर का नाम Proper Noun है, जैसे-
Gautam Buddha, Tommy आदि।

(ii) Historical event (स्मारक तथा ऐतिहासिक) घटनाओं के नाम Proper Noun हैं, जैसे-
Qutub Minar, Indo-China War आदि।

(iii) Geographical (भौगोलिक) तथा Celestial (खगोलीय पिंडों) के नाम, जैसे-
Sun, Moon आदि।

(iv) दिन तथा महीनों के नाम, जैसे-
Sunday, December आदि।

(v) अवार्ड, वाहनों तथा कम्पनियों के नाम, जैसे-
The Gyanpith Award, Hero, Wipro इत्यादि।

★ Proper Noun उस समय Common Noun बन जाता है, जब उसका प्रयोग व्यक्ति या वस्तुओं को दर्शाते हुए वर्णात्मक रूप में किया जाता है।
Ram is the ***Dara Singh*** of his village. राम अपने गाँव का दारा सिंह है।

★ उपर्युक्त Sentence में 'Dara Singh' (जो कि एक Proper Noun है) का प्रयोग Common Noun के रूप में किया गया है।

2. Common Noun (जातिवाचक संज्ञा)

A Common Noun is a name shared in comman by everyone of the same class or group.जिस व्यक्ति, स्थान, वस्तु, गुण या अवस्था के नाम से उसके सम्पूर्ण जाति भर का बोध हो, उसे Common Noun कहते हैं, जैसे- Boy, Tree, Book, Cow आदि।

Boy (लड़का) : Boy से सभी लड़के जाति का बोध होता है।
Tree (पेड़) : Tree से सभी पेड़ों की जाति का बोध होता है।

Example **1.** The ***boy*** is writing a ***letter***. लड़का एक पत्र लिख रहा है।
2. ***Tree*** gives us ***fruit***. वृक्ष हमें फल देते हैं।

★ उपर्युक्त Sentence में boy, letter, tree तथा fruit से इनकी सम्पूर्ण जाति का बोध होता है। अतः ये सभी Common Nouns हैं।

3. Collective Noun (समूहवाचक संज्ञा)

A Collective Noun is a name given to a number of things regarded as a whole, group or collection.जिस Noun में समूह या समुदाय का बोध हो, उसे Collective Noun कहते हैं, जैसे- Class, team, army, bunch of flowers आदि।

Example **1.** He is the monitor of my ***class***. वह मेरे वर्ग का प्रतिनिधि है।
2. Our ***team*** won the cricket match. हमारी टीम क्रिकेट मैच जीत गयी।

★ उपर्युक्त Sentences में 'class' से वर्ग में उपस्थित छात्रों के समूह तथा 'team' से खिलाड़ियों के समूह का बोध होता है। अतः ये Collective Nouns हैं।

4. Material Noun (द्रव्यवाचक संज्ञा)

A Material Noun is the word used for the substance of which things are made. जिस Noun से किसी धातु या द्रव्य का बोध हो जिसकी माप-तौल की जा सके उसे Material Noun कहते हैं, जैसे- Gold, Copper, Brass आदि।

Example **1.** ***Copper*** is useful metal. ताँबा उपयोगी धातु है।
2. ***Brass*** is yellow. पीतल पीला होता है।

★ उपर्युक्त Sentences में Copper तथा Brass दोनों एक धातु है। इनसे दूसरी वस्तुएँ बनायी जाती हैं। अतः ये सभी Material Nouns हैं।

5. Abstract Noun (भाववाचक संज्ञा)

An Abstract Noun is the word used for mode of an action, state or quality. जिस Noun से गुण, भाव या अवस्था का बोध हो, उसे **Abstract Noun** कहते हैं, जैसे- Poverty, Laugh, Honesty, Beauty आदि।

Example **1.** ***Poverty*** is curse. गरीबी अभिशाप है।
2. ***Laugh*** is the best medicine. हँसना सबसे अच्छा उपचार (दवा) है।

3. ***Honesty*** is the best policy. ईमानदारी सबसे अच्छी नीति है।

- ★ उपर्युक्त Sentences में 'Poverty' से अवस्था, 'Laugh' से कार्यविधि तथा 'Honesty' से गुण का बोध होता है। अत: ये सभी Abstract Nouns हैं।
- ★ अभी तक हमने Noun के पाँच प्रकार के बारे में पढ़ा है। अब हम आपको Noun के नवीन अवधारणा के बारे में बताने जा रहे हैं। इसके अन्तर्गत Noun को दो भागों में बाँटा गया है। इसके बारे में हम निम्नलिखित तालिका के द्वारा आसानी से समझ सकते हैं-

Countable Noun (गणनीय संज्ञा)

The nouns that can be counted are called countable nouns. जिस Noun की गिनती की जा सके, उसे Countable Noun कहते हैं, जैसे- girl, books, tree, orange, chairs आदि।

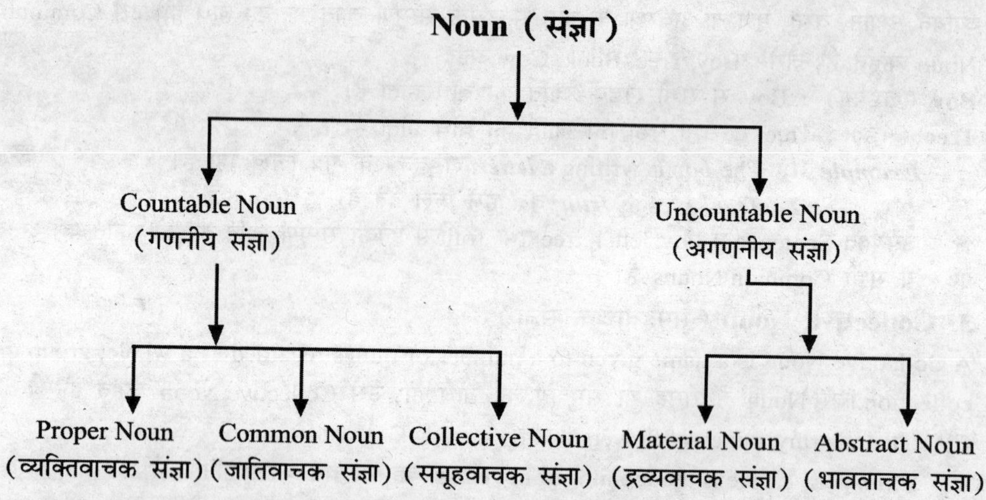

- ★ Proper Noun, Common Noun तथा Collective Noun की गिनती की जा सकती है, अतएव इन्हें Countable Nouns कहते हैं।

Uncountable Noun (अगणनीय संज्ञा)

It is the noun which cannot be counted. जिस Noun की गिनती करना संभव नहीं है, उसे अगणनीय संज्ञा कहते हैं, जैसे- Gold, Water, Butter इत्यादि।

स्मरणीय

अभी तक आपने Noun के परम्परागत तथा आधुनिक दोनों मान्यताओं के बारे में संक्षिप्त रूप से पढ़ा है। इस अध्याय में हमने Spoken English (अंग्रेजी बोलने) से सम्बन्धित नियमों की आसान व्याख्या की है तथा Written English (अंग्रेजी लेखन) के महत्त्वपूर्ण नियमों का वर्णन संक्षेप में किया है। जो पाठक अंग्रेजी लेखन सम्बन्धित नियमों का विस्तार से अध्ययन करना चाहते हैं, वे अंग्रेजी व्याकरण की कोई भी अच्छी पुस्तक पढ़कर अपने ज्ञान में वृद्धि कर सकते हैं।

सर्वनाम
(PRONOUN)

Definition (परिभाषा)

A Pronoun is a word which is used in place of a Noun. Noun के स्थान पर प्रयोग किये जाने वाले शब्द को Pronoun (सर्वनाम) कहते हैं। यह Place, Person या Animal तीनों हो सकते हैं, जैसे-

Example **1.** Sohan is good boy. सोहन अच्छा लड़का है।
He is reading. वह पढ़ रहा है।
2. Mumbai is a big city. मुम्बई बड़ा शहर है।
It is in Maharastra. यह महाराष्ट्र में है।

★ पहले Example में Sohan के लिए 'He' का प्रयोग किया है। इसलिए 'He' शब्द Pronoun है। दूसरे Example में Mumbai शहर के लिए 'It' शब्द का प्रयोग किया गया है। इसलिए 'It' शब्द Pronoun है। उपर्युक्त दोनों अंग्रेजी के वाक्यों में हमने देखा कि व्यक्ति के बदले प्रयोग किया गया शब्द 'He' तथा स्थान के लिए प्रयोग किया गया शब्द 'It' ये दोनों Pronoun हैं।

Kinds of Pronoun (सर्वनाम के भेद)

1. Personal Pronouns (पुरुषवाचक सर्वनाम)
2. Demonstrative Pronoun (संकेतवाचक सर्वनाम)
3. Interrogative Pronoun (प्रश्नवाचक सर्वनाम)
4. Relative Pronoun (सम्बन्धवाचक सर्वनाम)
5. Distributive Pronoun (व्यक्तिवाचक सर्वनाम)
6. Indefinite Pronoun (अनिश्चयवाचक सर्वनाम)
7. Reflexive Pronoun (निजवाचक सर्वनाम)
8. Reciprocal Pronoun (पारस्परिक सर्वनाम)

1. Personal Pronoun (पुरुषवाचक सर्वनाम)

Personal pronouns represent specific people or things. These pronouns are used for persons. जिस Pronoun का प्रयोग किसी व्यक्ति, जानवर या वस्तु के बदले में किया जाता है, उसे Personal Pronoun कहते हैं, जैसे- I, You, He, She, It, आदि।

Personal Pronouns तीन प्रकार के होते हैं-

(a) First Person (उत्तम पुरुष) : The pronoun used for the speaker is known as personal pronoun of first person. वह Pronoun जिससे बोलने वाले का बोध हो, उसे First Person कहते हैं, जैसे- I और We.

Example **1.** ***I*** am reading. मैं पढ़ रहा हूँ।
2. ***We*** are reading. हम लोग पढ़ रहे हैं।

★ उपर्युक्त Sentences में 'I' और 'We' First Person है।

(b) **Second Person (मध्यम पुरुष) :** The pronoun used for the hearer is known as personal pronoun of second person. वह Pronoun जिससे सुनने वाले व्यक्ति के बारे में पता चले उसे Second Person कहते हैं, जैसे- You.

Example **1.** ***You*** are reading. तुम पढ़ रहे हो।

2. ***You*** are waching cricket. तुम लोग क्रिकेट देख रहे हो।

उपर्युक्त Sentences में 'You' (तुम) और 'You' (तुम लोग) Second Person है। पहले 'You' का प्रयोग Singular Pronoun के रूप में किया गया है, और दूसरे 'You' का प्रयोग Plural Pronoun के रूप में किया गया है।

(c) **Third Person (अन्य पुरुष) :** The pronoun used for the person about whom the speaker and the hearer talk is known as personal pronoun of third person. वह Pronoun जिसमें किसी अन्य वस्तु या व्यक्ति के बारे में बताया जाता है उसे Third Person कहते हैं, जैसे- He, She, It, They आदि।

Example **1.** ***He*** is going to the school. वह स्कूल जा रहा है।

2. ***She*** is reading a book. वह एक पुस्तक पढ़ रही है।

3. ***It*** is a toy. यह एक खिलौना है।

4. ***They*** are playing. वे लोग खेल रहें हैं।

- ✯ उपर्युक्त Sentences में He, She and It Singular Pronouns है तथा They, Plural Pronoun है।
- ✯ Personal Pronoun के Number, Gender और Function के लिए निम्न तालिका का ध्यानपूर्वक अध्ययन करें-

Person (पुरुष)	**Number (वचन)**	**Gender (लिंग)**	**Function**		
			Subject (कर्त्ता)	**Object (कर्म)**	**Possessive (सम्बन्ध वाचक)**
First (उत्तम पुरुष)	Singular (एकवचन)	Common (उभयलिंग)	I (मैं)	Me (मुझे)	My, Mine (मेरा)
	Plural (बहुवचन)	Common (उभयलिंग)	We (हम लोग)	Us (हमें)	Our, Ours (हमारा, हम लोगों के)
Second (मध्यम पुरुष)	Singular एकवचन	Common (उभयलिंग)	You (तुम)	You	Your, Yours (तुम्हारा)
	Plural (बहुवचन)	Common (उभयलिंग)	You	You	Your, Yours

Third (अन्य पुरुष)	Singular (एकवचन)	Masculine (पुल्लिंग)	He (वह)	Him (उसे)	His (उसका)
	Singular (एकवचन)	Feminine (स्त्रीलिंग)	She (वह)	Her (उसे)	Her (उसका)
	Singular (एकवचन)	Neuter (नपुसंक लिंग)	It (यह)	It (यह)	Its (इसका)
	Plural (बहुवचन)	Common (उभयलिंग)	They (वे लोग)	Them (उन्हें)	Their (उनका) Theirs (उन लोगों का)

2. Demonstrative Pronoun (संकेतवाचक सर्वनाम)

A demonstrative pronoun identifies and specifies a noun or pronoun. These pronouns indicate some nouns. जो Pronoun किसी Noun की ओर संकेत करता है, उसे Demonstrative Pronoun कहते हैं, जैसे- This, That, These, Those.

Example **1.** ***This*** is my book. यह मेरी पुस्तक है।
2. ***That*** is your car. वह तुम्हारी कार है।
3. ***These*** are my pens. ये मेरी कलम है।
4. ***Those*** are your shirts. वे तुम्हारी कमीज है।

★ उपर्युक्त चारों Sentences में This, That, These, तथा Those का प्रयोग Pronouns के रूप में किया गया है। ये सभी Demonstrative Pronouns हैं।

★ इन Pronoun के तुरंत बाद Verb का प्रयोग किया जाता है। This, These नजदीक के अर्थ में प्रयोग किये जाते हैं तथा That, Those दूरी प्रकट करते हैं।

3. Interrogative Pronoun (प्रश्नवाचक सर्वनाम)

These pronouns are used to create questions in the sentence. जो Pronoun प्रश्न पूछने का कार्य करता है, उसे Interrogative Pronoun कहते हैं, जैसे- Who, Which, Whose, Whom.

Example **1.** ***Who*** is coming? कौन आ रहा है?
2. ***Whose*** pen is this? यह किसकी कलम है?

★ उपर्युक्त Sentences में 'Who' तथा 'Whose' प्रश्न पूछने का कार्य करते हैं, इसलिए ये दोनों Interrogative Pronouns हैं।

4. Relative Pronoun (सम्बन्धवाचक सर्वनाम)

These pronouns connect two sentences and express their connection with the antecedent. जो Pronoun दो वाक्यों को जोड़ता है और अपने से पहले Noun (जिसे Antecedent कहते है), से सम्बन्ध प्रकट करता है, उसे Relative Pronoun कहते हैं, जैसे- Who, Whom, That, Which आदि।

★ Relative Pronoun का प्रयोग दो प्रकार से होता है-

(i) **Continuative :** इसमें Relative pronoun अपने Antecedent की विशेषता प्रकट नहीं करता है, जैसे-

Example **1.** I met Shayam, ***who*** bought my books. मैं श्याम से मिला जिसने मेरी पुस्तक खरीदी।

2. Rashmi broke my slate, ***which*** I bought yesterday. रश्मि ने मेरी स्लेट तोड़ दी, जिसे मैंने कल खरीदा था।

★ उपर्युक्त Sentences में 'who' और 'which' द्वारा 'Shayam' और 'my slate' की विशेषता नहीं बतायी गयी है। अत: who और which continuative Relative Pronoun है।

★ **Remember :** Who और Which ऐसे Pronouns हैं, जिसका Continuative रूप में प्रयोग किया जा सकता है। इस प्रयोग में इनसे पहले comma(,) लगता है।

(ii) **Restrictive :** इसमें Relative Pronoun अपने Antecedent की विशेषता प्रकट करता है।

Example **1.** Where is the pen ***which*** you bought yesterday?
वह कलम कहाँ है, जिसे तुमने कल खरीदा था?

2. He has read the book ***that*** you presented yesterday.
उसने वह पुस्तक पढ़ ली, जिसे तुमने कल उसे उपहार में दिया था।

★ उपर्युक्त Sentences में which और that द्वारा 'Pen' और 'Book' की विशेषता बतायी गयी है। अत: 'which' और 'that' Restrictive Relative Pronoun है।

5. Distributive Pronoun (व्यक्तिवाचक सर्वनाम)

A distributive pronoun refers to a person or thing one at a time and is always singular in nature. जो Pronoun दो या दो से अधिक व्यक्तियों या वस्तुओं में से एक को अलग सूचित करे, उसे Distributive Pronoun कहते हैं। इनका स्वभाव हमेशा एकवचन होता है, जैसे- Either, Neither, Each, None, Any आदि।

Example **1.** ***Either*** of you can play. तुममें से कोई भी एक खेल सकता है।

2. ***Each*** of you can read this book. तुममें से हर कोई यह पुस्तक पढ़ सकता है।

★ उपर्युक्त Sentences में 'Either' और 'Each' का प्रयोग Distributive Pronoun के रूप में किया गया है।

Note : 'Either' एवं 'Neither' का प्रयोग दो के लिए तथा each, any, no one, none का प्रयोग दो से अधिक के लिए होता है।

6. Indefinite Pronoun (अनिश्चयवाचक सर्वनाम)

Sometimes the pronouns used in a sentence do not refer to any particular object or person. They are used in general. Such pronouns are known as indefinite pronouns. जिस Pronoun से किसी अनिश्चित वस्तु या व्यक्ति का बोध होता है, उसे Indefinite Pronoun कहते हैं, जैसे- Somebody, Nobody.

Example **1.** ***Somebody*** has stolen my mobile. किसी ने मेरा मोबाइल चुरा लिया है।

2. ***Nobody*** has come. कोई नहीं आया।

★ उपर्युक्त Sentences में 'Somebody' और 'Nobody' का प्रयोग Indefinite Pronoun के रूप में किया गया है। क्योंकि इनमें अनिश्चितता का बोध होता है।

7. Reflexive Pronoun (निजवाचक सर्वनाम)

A personal pronoun is referred to as a reflexive pronoun when it indicates that the action performed by the subject is on the subject itself. जिस Pronoun से काम का प्रभाव Subject पर पड़ना तय हो, उसे Reflexive Pronun कहते हैं, जैसे- Myself, Himself, Herself, Yourself.

Example **1.** I served ***myself***. मैंने अपनी सहायता स्वयं की।

2. Do you arrange some fruit for ***yourself***? क्या तुम अपने लिए कुछ फलों का इंतजाम करते हो?

★ उपर्युक्त Sentences में 'myself' और 'yourself' का प्रयोग Reflexive Pronouns के रूप में किया गया है।

Note : my, him, her, it और 'one' के साथ 'self' लगाया जाता है। 'our' तथा 'them' के साथ 'selves' लगाया जाता है। यदि 'your' का प्रयोग एक व्यक्ति के लिए किया जाये तो इसके साथ 'self' तथा एक से अधिक व्यक्तियों के लिए किया जाये तो उसके साथ 'selves' का प्रयोग किया जाता है।

Example **1.** Mohini hide ***herself***. मोहिनी ने स्वयं को छुपा लिया।

2. He has done it ***himself***. उसने यह स्वयं किया है।

★ उपर्युक्त Sentences में 'herself' और 'himself' का प्रयोग Reflexive Pronouns के रूप में किया गया है।

8. Reciprocal Pronoun (परस्परवाचक सर्वनाम)

These pronouns are made with two pronouns, which express mutual relation. We use reciprocal pronouns to indicate that two people can carry out an action and get the consequences of that action at the same time. वे Pronouns, जो दो Pronouns से मिलकर बनते हैं और परस्पर सम्बन्ध प्रकट करते हैं, उन्हें Reciprocal Pronouns कहते हैं, जैसे- Each other, One another.

Example **1.** The two neighbours helped ***each other***. दोनों पड़ोसियों ने एक-दूसरे की सहायता की।

2. Three brothers hated ***one another***. तीनों भाई एक-दूसरे से नफरत करते थे।

★ उपर्युक्त Sentences में 'Each other' और 'One another' का प्रयोग Reciprocal Pronoun के रूप में किया गया है।

Note : 'Each other' का प्रयोग दो के लिए तथा 'One another' का प्रयोग दो से अधिक व्यक्तियों के लिए होता है।

Pronoun के प्रयोग के कुछ नियम

जब हम हिन्दी में बातें करते हैं, तो अपनी इच्छा अनुसार सर्वनाम का प्रयोग कर सकते हैं। हिन्दी में सर्वनाम के प्रयोग करने के लिए कोई निश्चित नियम नहीं है परन्तु अंग्रेजी में Pronouns के प्रयोग के लिए नियम हैं, जैसे- यदि विभिन्न Pronouns एक ही Sentence में प्रयोग किये गये हों, तो उन्हें 231 के नियम के अनुसार व्यवस्थित करते हैं। 231 का अर्थ है, पहले Second Person फिर Third Person तथा सबसे अन्त में First Person. जैसे-

I, he and you shall play together. (Incorrect)

यह Sentence गलत है। इसकी जगह You, he and I shall play together. (Correct) सही होगा।

★ जब एक ही Sentence में विभिन्न Pronouns का प्रयोग करते समय यदि उसमें अपना दोष स्वीकार किया गया हो अथवा कोई बुरी बात कही गयी हो, तो Pronoun को 132 के नियमानुसार व्यवस्थित करते हैं, जैसे-

I, he and you shall never play together.

★ जब दो या दो से अधिक Singular Noun को 'and' से जोड़ा जाये, तो उनके लिए Plural Noun का Pronoun प्रयोग किया जाता है, जैसे-

Ram and Shayam are brothers.
They study together.

- ☆ Let, Like, Between, But एवं Preposition के साथ Objective Case का प्रयोग करते हैं।
  Let **him** go to the School.
  This is between you and **him**.
- ☆ जब वाक्य से हमें पता न चले कि हमारा अभिप्राय पुरुष से है अथवा स्त्री से तो Masculine Gender के Pronoun का प्रयोग होता है।
  Anyone can read English if **he** likes. (Correct)
  Anyone can read English if **she** likes. (Incorrect)
- ☆ उपर्युक्त Sentences में Pronoun के नियम के बारे में समझाया गया है। पहले वाक्य में 'He' Pronoun का प्रयोग किया गया है जो नियमानुसार सही है। दूसरे वाक्य में 'She' Pronoun का प्रयोग किया गया है। यह गलत है।

  नियम : Introductory Word 'It' के आगे Nominative Case (कर्त्ता कारक) का Pronoun लगाया जाता है, जैसे-
  It is you. यह तुम हो।
  It is I. यह मैं हूँ।

स्मरणीय

यहाँ पर Pronoun के कुछ प्रचलित नियमों के सही-सही उपयोग के बारे में संक्षिप्त रूप में बताया गया है। इस अध्याय में हमने Spoken English (अंग्रेजी बोलने) से सम्बन्धित नियमों की आसान व्याख्या की है तथा Written English (अंग्रेजी लेखन) के महत्त्वपूर्ण नियमों का वर्णन संक्षेप में किया है। जो भी पाठक अंग्रेजी लेखन सम्बन्धित नियमों का विस्तार से अध्ययन करना चाहते हैं, वे अंग्रेजी व्याकरण की कोई भी अच्छी पुस्तक पढ़कर अपने ज्ञान में वृद्धि कर सकते हैं।

विशेषण
(ADJECTIVE)

Definition (परिभाषा)

An adjective is a word used to qualify a noun or pronoun. किसी संज्ञा या सर्वनाम की विशेषता प्रकट करने वाले शब्द को **Adjective** कहते हैं, जैसे- **Red**, **three**.

Example **1.** She bought a ***red*** rose. उसने एक लाल गुलाब खरीदा।

2. Ram has ***three*** books. राम के पास तीन पुस्तकें हैं।

☆ उपर्युक्त Sentences में 'Red' और 'Three' adjective हैं, जो Noun, rose तथा book की विशेषता बताते हैं।

Kinds of Adjectives (विशेषण के भेद)

Adjectives आठ प्रकार के होते हैं-

1. Adjective of Quality (गुणवाचक विशेषण)

These adjectives indicate the kind, quality, colour or a particular speciality of noun. So they are also called 'Descriptive Adjective'. जो Adjective, Noun अथवा Pronoun के गुण, दोष या रूप-रंग प्रकट करता है, उसे Adjective of Quality कहते हैं, जैसे- good, intelligent आदि।

Example **1.** Komal is a ***good*** girl. कोमल एक अच्छी लड़की है।

2. Mohan is an ***intelligent*** boy. मोहन बुद्धिमान लड़का है।

☆ उपर्युक्त Sentences में 'good" और 'intelligent' क्रमशः कोमल और मोहन के गुणों के बारे में बताते हैं, इसलिए ये Adjective of Quality हैं।

Adjective का वाक्यों में दो प्रकार से प्रयोग किया जाता है।

(a) Attributive : जब किसी वाक्य में Adjective का प्रयोग Noun से पहले होता है, तो वह Attributive प्रयोग कहलाता है।

Example **1.** Ram is an ***intelligent*** boy. राम एक बुद्धिमान लड़का है।

2. He has a ***red*** bike. उसके पास एक लाल मोटर साइकिल है।

☆ उपर्युक्त Sentences में Adjective 'intelligent' और 'red' का प्रयोग Noun के पहले किया गया है। इसलिए ये Attributive प्रयोग कहलाता है।

(b) Predicative : जब Adjective का प्रयोग Verb के बाद होता है, तो यह Predicative प्रयोग कहलाता है।

Example **1.** My Shirt is ***new***. मेरी कमीज नई है।

2. The diamond is ***hard***. हीरा कठोर होता है।

☆ उपर्युक्त Sentence में Adjective 'new' तथा 'hard' का प्रयोग Verb के बाद किया गया है। इसलिए इसे Predicative प्रयोग कहते हैं।

2. Proper Adjective (व्यक्तिवाचक विशेषण)

The adjectives which are formed from proper nouns are called Proper Adjectives. Proper Noun से बनने वाले Adjective को Proper Adjective कहते हैं।

Example **1.** ***Indian Army*** is brave. भारतीय सेना बहादुर है।

2. ***English language*** is liked by all. अंग्रेजी भाषा को सभी पसन्द करते हैं।

☆ उपर्युक्त Sentences में 'Indian' और 'English', Proper Noun हैं, इससे बनने वाले शब्द 'Indian Army' तथा 'English language' Proper Adjective कहलाते हैं।

3. Adjective of Quantity (परिमाणवाचक विशेषण)

These adjectives indicate 'how much' (amount) of a particular thing. जो Adjective किसी वस्तु की मात्रा या परिणाम को स्पष्ट करता हो, उसे Adjective of Quantity कहते हैं।

Example **1.** There is ***some*** milk in the pot. बर्तन में थोड़ा-सा दूध है।

2. She has ***much*** weight. उसका वजन ज्यादा है।

☆ उपर्युक्त Sentences में 'some' और 'much' से मात्रा का पता चलता है। इसलिए ये Adjective of Quantity हैं।

4. Adjective of Number (संख्यावाचक विशेषण)

These adjectives indicate the number or order of a particular thing or person. जिस Adjective से व्यक्ति या वस्तु की संख्या प्रकट हो, उसे Adjective of Number कहते हैं।

Example **:** Ram has ***five*** books. राम के पास पाँच पुस्तकें हैं।

☆ उपर्युक्त Sentence में 'five' से संख्या का पता चलता है, इसे Adjective of Number कहते हैं। ये दो प्रकार के होते हैं-

(i) Definite (निश्चित) Number - जिससे निश्चित संख्या का बोध हो, जैसे- five, seven, two.

(ii) Indefinite (अनिश्चित) Number - जिससे अनिश्चितता का बोध हो, जैसे- few, many, some.

5. Demonstrative Adjective (संकेतवाचक विशेषण)

These adjectives point to the nouns that immediately follow it. जो Adjective अपने बाद तुरंत किसी Noun की ओर संकेत करता हो, उसे Demonstrative Adjective कहते हैं।

Example **1.** ***Those*** toys are costly. वे खिलौने महँगे हैं।

2. ***This*** dress is looking fine. यह पोशाक सही है।

3. ***These*** men are labourious. ये लोग मेहनती हैं।

☆ उपर्युक्त Sentences में 'those', 'this' और 'these' के बाद क्रमशः toys, dress, तथा men का प्रयोग किया गया है। इसलिए ये Demonstrative Adjective हैं।

6. Interrogative Adjective (प्रश्नवाचक विशेषण)

These adjectives are used to ask questions. जो Adjective प्रश्न पूछने का कार्य करे, उसे Interrogative Adjective कहते हैं। इनके बाद तुरंत Noun का प्रयोग किया जाता है।

Example **1.** ***Whose*** book is this? यह पुस्तक किसकी है?

2. ***Which*** car is yours? तुम्हारी कार कौन-सी है?

★ स्मरण रखें कि What, Which, Whose के बाद तुरंत Noun का प्रयोग हो, तो इन्हें Interrogative Adjective कहते हैं, लेकिन यदि इन शब्दों के बाद Noun न आकर Verb आये तो वे Interrogative Pronoun कहलाते हैं।

Example **1.** ***Which*** is your car? तुम्हारी कौन-सी कार है।

2. ***Whose*** is that book? किसकी यह पुस्तक है।

★ उपर्युक्त Sentences में 'which' एवं 'whose' के बाद Verb का प्रयोग किया गया है। इसलिए ये Interrogative Pronoun हैं।

7. Distributive Adjective (वितरकवाचक विशेषण)

These adjectives represent thing or person (each one of a number or of a particular group). जो Adjective किसी वर्ग की प्रत्येक वस्तु या व्यक्ति की ओर संकेत करे तो उसे Distributive Adjective कहते हैं।

★ Either, every, each, neither के तुरंत बाद जब Noun आता हो, तो वह शब्द Distributive Adjective होगा, लेकिन यदि either, every, each, neither के तुरंत बाद Noun नहीं आकर कोई अन्य शब्द आये तो वे शब्द Distributive Pronouns होंगे।

Distributive Adjective	Distributive Pronoun
1. **Each** girl reached school.	**Each** of the girls reached in the school.
2. **Neither** statement is false.	**Neither** of the statement is false.

8. Possessive Adjective (सम्बन्धवाचक विशेषण)

These adjectives are related to some person or thing. जो Adjective किसी व्यक्ति या वस्तु से सम्बन्ध बताते हैं, उन्हें Possessive Adjective कहते हैं।

Example **:** ***My*** pen is costly. मेरी कलम कीमती है।

★ उपर्युक्त Sentence में 'My' शब्द कलम के साथ अपना सम्बन्ध दर्शाता है। इसलिए यह Possessive Adjective है।

Comparative Study of Adjectives (विशेषणों का तुलनात्मक अध्ययन)

अंग्रेजी में Degrees of Comparison of Adjectives तीन प्रकार की होती हैं-

1. Positive Degree (मूल अवस्था)
2. Comparative Degree (उच्चतर अवस्था)
3. Superlative Degree (उच्चतम अवस्था)

1. Positive Degree (मूल अवस्था)

जब Adjective, Noun या Pronoun की विशेषता बताये तथा उसकी किसी से तुलना नहीं हो, तो ऐसी अवस्था में Positive Degree का प्रयोग होता है।

Example **:** Ram is a ***good*** boy. राम एक अच्छा लड़का है।

2. Comparative Degree (उच्चतर अवस्था)

जब किसी व्यक्ति, वस्तु या स्थान के गुण या दोष की तुलना किसी अन्य वस्तु या स्थान के गुण या दोष से की जाती है, तो ऐसी अवस्था में Adjective की Comparative Degree का प्रयोग करते हैं।

Example **:** Ram is ***better*** than Mohan. राम मोहन से अच्छा है।

3. Superlative Degree (उच्चतम अवस्था)

जब व्यक्ति या स्थान के गुण या दोष की तुलना किसी अन्य व्यक्ति या स्थान के गुण या दोष से की जाती है, इस अवस्था में Adjective की Superlative Degree का प्रयोग करते हैं।

Example **:** Ram is the ***best*** boy in the class. राम वर्ग में सभी लड़कों से अच्छा है।

Formation of Comparative and Superlative Degrees (विशेषण की उच्चतर और उच्चतम अवस्था बनाने की विधि)

☞ **नियम 1:** अधिकतर Adjective की Positive Degree के बाद 'er' लगाने से Comparative Degree और est लगाने से Superlative Degree बनते हैं।

Positive	Comparative	Superlative
Rich	Richer	Richest
Fast	Faster	Fastest

☞ **नियम 2:** जिस Adjective के अंत में e होता है उसमें केवल 'r' जोड़कर Comparative तथा st जोड़कर Superlative Degree बनाते हैं।

Positive	Comparative	Superlative
True	Truer	Truest
Wise	Wiser	Wisest
Large	Larger	Largest

☞ **नियम 3:** यदि Positive Degree में अंतिम Consonent से पहले Vowel हो तो Comparative तथा Superlative Degree में 'er' और est जोड़ने से पहले अंतिम Consonent को double कर देते हैं।

Positive	Comparative	Superlative
Hot	Hotter	Hottest

☞ **नियम 4:** यदि Positive Degree के अन्त में Y हो और X से पूर्व कोई Consonant हो तो X को 'i' में बदलने के पश्चात् 'er' जोड़कर Comparative तथा 'est' जोड़कर Superlative Degree बनाते हैं।

Positive	Comparative	Superlative
Easy	Easier	Easiest
Pretty	Prettier	Prettiest

☞ **नियम 5:** कुछ Adjective के अन्त में 'more' लगाकर Comparative तथा 'most' लगाकर Superlative Degree बनाते हैं या महत्त्व कम करने के लिए 'less' या 'least' लगाया जाता है।

Positive	Comparative	Superlative
Beautiful	More beautiful	Most beautiful
Difficult	More difficult	Most difficult
Delight	Less delight	Least delight

Irregular Comaprison : कुछ Adjectives की Comparative तथा Superletive Degree बनाते समय ऊपर में बताये गये नियमों में से कोई नियम लागू नहीं होता है।

Positive	Comparative	Superlative
Little	Lesser	Least
Good	Better	Best
Far	Farther	Farthest
Bad	Worse	Worst

1. interior, exterior, ulterior, major, perfect, excellent का प्रयोग सदैव Positive Degree में होता है।

   ***Example* :** Ramesh is an excellent artist. रमेश सबसे अच्छा कलाकार है।

2. साधारण Comparative Degree के पश्चात् 'than' का प्रयोग होता है, किन्तु superior, inferior, junior, senior, prior, anterior, posterior और preferable के पश्चात् 'than' की जगह 'to' का प्रयोग किया जाता है।

3. Superlative Degree के पहले सदैव 'the' का प्रयोग किया जाता है।

   Example : Ram is ***the*** best student of this college. राम अपने कॉलेज का सबसे अच्छा छात्र है।

4. Elder और Older का प्रयोग : Elder का प्रयोग सगे रिश्ते में किया जाता है।

   Example : Seema is ***elder*** sister of Reema. सीमा, रीमा की बड़ी बहन है।

   Older का प्रयोग: जब दो वस्तुएँ या व्यक्ति अलग-अलग हो तो Older का प्रयोग होता है, जैसे-

   Example : Ram is ***older*** than Shayam. राम, श्याम से बड़ा है।

5. Many और Much का प्रयोग : 'Many' संख्यावाची विशेषण है तथा 'Much' परिमाणवाची विशेषण है।

   Many boys बहुत-से लड़के, Much water बहुत-सा पानी।

Correct uses of some adjectives (विशेषण का सही प्रयोग)

1. Some और Any का प्रयोग

Some का प्रयोग: Affirmative Sentences में 'कुछ' के अर्थ में होता है, जैसे-

Example : There are ***some*** boys in this class. इस वर्ग में कुछ लड़के हैं।

Interrogative Sentences में इसका प्रयोग इस उद्‌देश्य से होता है कि वाक्य का उत्तर Affirmative ही हो, जैसे-

Example : Will you bring some water in the glass? क्या तुम गिलास में कुछ पानी लाये हो?

Any का प्रयोग: Any का अर्थ है- कोई, किसी, कैसा ही। इसका प्रयोग Negative तथा Interrogative Sentences में ही होता है।

Example **1.** Komal has not read ***any*** poem? कोमल ने कोई कविता नहीं पढ़ी है?

2. Is there ***any*** student in the class? क्या कक्षा में कोई लड़का है?

2. All और Whole का प्रयोग

All का अर्थ है सब। यह ऐसी Quantity अथवा Number को प्रकट करता है, जिसे अलग-अलग किया जा सके।

Example **1.** ***All*** the girls are present today. (Number) सभी लड़कियाँ कक्षा में उपस्थित हैं।

2. He drank ***all*** the water. वह सब पानी पी गया।

Whole का अर्थ है सम्पूर्ण। 'Whole' एवं 'A whole' तथा 'The whole', Common Noun से पहले Singular तथा Plural दोनों रूपों में प्रयोग होते हैं।

Example **1.** The thirsty cow drank ***a whole*** bucket of water. प्यासी गाय पूरी बाल्टी पानी पी गयी।

2. ***The whole*** village was under water. पूरा गाँव जलमग्न है।

3. Give your answers in ***whole*** members. सभी लोग मिलकर अपने उत्तर दें।

✯ All के पश्चात् तथा Whole के पहले 'The' का प्रयोग किया जाता है।

3. Each और Every का प्रयोग

Each का प्रयोग दो या दो से अधिक के लिए होता है। यह समूह में प्रत्येक की ओर संकेत करता है तथा निश्चित संख्या का बोध कराता है।

Example 1. ***Each*** one of the two boys is intelligent. दोनों में से प्रत्येक लड़का बुद्धिमान है।

2. The teacher will call ***each*** of you. शिक्षक प्रत्येक लड़के को बुलायेगा।

Every का प्रयोग समस्त समूह की ओर संकेत करता है तथा यह अनिश्चित संख्या का बोध कराता है।

Example 1. ***Every*** citizen should be loyal to the nation. प्रत्येक नागरिक को अपने देश के प्रति वफादार होना चाहिए।

2. It rained ***every*** day last week. पिछले सप्ताह प्रतिदिन वर्षा हुई।

4. Little, A littel, The little का प्रयोग

Little : Little का प्रयोग Negative अर्थ में किया जाता है तथा इसका अर्थ नहीं के बराबर होता है।

Example 1. There is ***little*** milk in the glsass. गिलास में नहीं के बराबर दूध है।

2. There is ***little*** hope of life. जीवन की आशा नहीं के बराबर है।

A little : A little का प्रयोग Positive Sense (सकारात्मक अर्थ) में कुछ के लिए अर्थात् अधिक नहीं के लिए किया जाता है।

Example 1. He knows ***a little*** of astrology. उसे ज्योतिष की थोडी जानकारी है।

2. Kangna has ***a little*** money. कंगना के पास कुछ रुपये हैं।

The little : The little का प्रयोग 'अधिक नहीं' लेकिन जो कुछ भी है, उस सब कुछ की ओर संकेत करता है।

Example : ***The little*** knowledge of computer proved helpful to me. कम्प्यूटर का थोडा ज्ञान मेरे लिए उपयोगी सिद्ध हुआ।

5. Few, A few, The few का प्रयोग

Few का प्रयोग Negative Sense में किया जाता है। इसका अर्थ 'थोड़ा' एकदम नहीं के बराबर होता है।

Example 1. Komal has ***few*** friends. कोमल के कुछ दोस्त हैं।

2. ***Few*** students can solve the sum. कुछ विद्यार्थी सवाल को हल कर सकते हैं।

3. ***Few*** girls can play this game. कुछ लड़कियाँ उस खेल को खेल सकती हैं।

A few का प्रयोग Positve अर्थ में किया जाता है। वह कम संख्या बताता है।

Example 1. They are going to Mumbai for ***a few*** days. वे लोग कुछ दिनों के लिए मुम्बई जा रहे हैं।

2. ***A few*** people speak french correctly. कुछ लोग शुद्ध फ्रेंच बोलते हैं।

3. I have ***a few*** pens. मेरे पास कुछ कलम है।

The few का प्रयोग : The few का अर्थ बहुत ज्यादा नहीं होता है, परन्तु जो होता है वह उसकी ओर संकेत करता है।

Example 1. I have read ***the few*** religious books I had. मेरे पास कुछ धार्मिक पुस्तकें हैं, वो मैंने पढ़ी हैं।

2. ***The few*** leaders in our country have served the nation. हमारे देश के कुछ नेताओं ने राष्ट्र की सेवा की है।

Errors in the use of adjectives (विशेषण के प्रयोग में होने वाली त्रुटियाँ)

★ Omit use of double Comparative and Superlative (विशेषण के उच्चतर एवं उच्चतम अवस्था के दोहरा प्रयोग न करें)

Incorrect	Correct
I have no any book.	I have no book.
I have not some money.	I have no money.
She is more stronger than you.	She is stronger than you.

★ Incorrect use of than (than का गलत प्रयोग)

This book is superior than that. (Incorrect) This book is superior to that. (Correct)

★ Incorrect order of words (शब्दों को सही क्रम में नहीं लगाना)

My all friends are rich. (Incorrect)

All my friends are rich. (Correct)

स्मरणीय

यहाँ पर Adjective के सही-सही उपयोग के बारे में संक्षिप्त रूप में बताया है। इस अध्याय में हमने Spoken English (अंग्रेजी बोलने) से सम्बन्धित नियमों की आसान व्याख्या की है तथा Written English (अंग्रेजी लेखन) के महत्त्वपूर्ण नियमों का वर्णन संक्षेप में किया है। जो पाठक अंग्रेजी लेखन सम्बन्धित नियमों का विस्तार से अध्ययन करना चाहते हैं, वे अंग्रेजी व्याकरण की कोई भी अच्छी पुस्तक पढ़कर अपने ज्ञान में वृद्धि कर सकते हैं।

क्रिया
(VERB)

Definition (परिभाषा)

A verb is a word used for saying something about some person or thing. जिस शब्द से किसी कार्य का करना या होना प्रकट हो, वह Verb कहलाता है, जैसे- Read, Write, Eat, Go.

Example 1. Ram ***reads***. राम पढ़ता है।

2. The boys are ***writing***. लड़के लिख रहे हैं।

3. He is ***eating***. वह खा रहा है।

4. They are ***going***. वे लोग जा रहे हैं।

✯ उपर्युक्त वाक्यों में reads, writing, eating और going शब्दों का प्रयोग हुआ है, जो क्रमश: Ram, boys, he और They के कार्य के विषय में बताते हैं। अत: ये सभी Verb हैं।

Kinds of Verb (क्रिया के भेद)

1. Transitive Verb (सकर्मक क्रिया)
2. Intransitive Verb (अकर्मक क्रिया)
3. Linking Verb (संयुक्त क्रिया)
4. Auxiliary or Helping Verb (सहायक क्रिया)

1. Transitive Verb (अकर्मक क्रिया)

In a sentence a transitive verb is a verb that requires one or more objects to complete its sense. जिस Verb के साथ किसी Object का प्रयोग किया गया हो उसे Transitive Verb कहते हैं।

Example 1. Shubham is ***reading*** a book. शुभम एक पुस्तक पढ़ रहा है।

2. Sarita is ***playing*** tennis. सरिता टेनिस खेल रही है।

✯ उपर्युक्त दोनों वाक्यों में Verb के साथ क्रमश: book और tennis का प्रयोग किया गया है। अत: ये Transitive Verb है।

2. Intransitive Verb (अकर्मक क्रिया)

In a sentence an intransitive verb is a verb that does not require one or more objects to complete its sense. जब क्रिया का फल किसी Object पर नहीं पड़कर Subject पर ही पड़े तो वह क्रिया Intransitive Verb कहलाता है।

Example 1. Shubham ***reads***. शुभम पढ़ता है।

2. He ***plays***. वह खेलता है।

✯ उपर्युक्त दोनों वाक्यों में Verb (reads और plays) का फल किसी Object पर नहीं पड़कर Subject के ऊपर ही पड़ता है। अत: ये Intransitive Verb हैं।

3. Linking Verb (संयुक्त क्रिया)

A verb that connects a subject with an adjective or noun that describes or identifies the subject.जिस वाक्य (क्रिया) का अर्थ पूरा करने के लिए किसी Complement (पूरक) का प्रयोग करना पड़े उसे Linkning Verb कहते हैं, जैसे-

Example **1.** She ***looks*** pretty. वह सुन्दर दिखती है।

2. He ***is*** absent. वह अनुपस्थित है।

★ उपर्युक्त Sentences में 'looks' और 'is' शब्द Linking Verb है। इसके अर्थों को पूरा करने के लिए pretty और absent का प्रयोग किया गया है।

Complements (पूरक) दो प्रकार के होते हैं-

1. Subjective Complement : जिस Complement के द्वारा Subject का वर्णन हो, उसे Subjective Complement कहते हैं।

Example **1.** Meera is ***glad***. मीरा खुश है।

2. He is ***angry***. वह गुस्से में है।

★ उपर्युक्त Sentences में 'glad' और 'angry,' Subjective Complement हैं, क्योंकि ये Sentence में प्रयुक्त Subject 'Meera' और 'he' का वर्णन करते हैं।

2. Objective Complement : जिस Complement द्वारा Object का वर्णन हो उसे Objective Complement कहते हैं।

Example **1.** We appointed Shayam our ***monitor***. हम लोगों ने श्याम को अपना वर्ग प्रतिनिधि नियुक्त किया।

2. They elected Mr. Singh as their ***leader***. उन लोगों ने मिस्टर सिंह को अपना नेता चुना।

★ उपर्युक्त Sentences में 'monitor' और 'leader' Objective Complements हैं, जो Objects Shayam और Mr. Singh का वर्णन करते हैं।

4. Auxiliary Verb (सहायक क्रिया)

An auxiliary verb (such as have, do, or will) determines the mood, tense, or aspect of another verb in a verb phrase. Auxiliary verbs always precede main verbs within a verb phrase. Auxiliaries are also known as helping verbs. Auxiliary Verb वास्तव में एक helping verb है, जो tense, mood या voice की रचना में main verb की सहायता करता है।

★ निम्नलिखित वाक्यों को ध्यानपूर्वक पढ़ें:

1.	Varsha is reading a book. वर्षा एक पुस्तक पढ़ रही है।	I shall help you. मैं तुम्हारी मदद करूँगा।
2.	He was writing a letter. वह एक पत्र लिख रहा था।	Rita will read a book. रीता एक पुस्तक पढ़ेगी।
3.	You have helped me. तुमने मेरी सहायता की है।	He can help me. वह मेरी सहायता कर सकता है।
4.	You do not eat a mango. तुम आम नहीं खाते हो।	You need not read this book. तुम्हें यह पुस्तक पढ़ने की जरूरत नहीं है।
5.	Did you visit the world book fair? क्या आप विश्व पुस्तक मेला गये?	He should work hard. उसे कड़ी मेहनत करना चाहिए।

★ उपर्युक्त Sentences में is, was, have, shall, will, can, need, should आदि का प्रयोग Main Verb के साथ Helping Verb के रूप में हुआ है। have, had का प्रयोग Verb के 3rd Form के साथ, Do का प्रयोग Negative Sentence बनाने के लिए तथा Did का प्रयोग Interrogative Sentence बनाने के लिए किया गया है। Helping Verb से विभिन्न Tense का निर्माण होता है। इसलिए इन्हें Primary Auxiliaries कहते हैं।

Primary Auxiliary Verb– इनमें be, have और do क्रियाओं की विभिन्न forms का प्रयोग होता है।

Be के प्रकार

Present Tense में Be के प्रकार is, am, are हैं-

Example **1.** I ***am*** a boy. मैं एक लड़का हूँ।
2. He ***is*** a boy. वह एक लड़का है।

Past Tense के रूप में Be का प्रयोग –

Example : I ***was*** reading. मैं पढ़ रहा था।

Present Continuous Tense में Be का प्रयोग –

Example : I ***am*** reading a book. मैं एक पुस्तक पढ़ रहा हूँ।

Past Continuous Tense में Be का प्रयोग –

Example **1.** I ***was*** reading a book. मैं एक पुस्तक पढ़ रहा था।
2. We ***were*** playing cricket. हम लोग क्रिकेट खेल रहे थे।

Passive Voice में:

Example **1.** The book ***is*** bought by me. पुस्तक मेरे द्वारा खरीदी गयी है।
2. The book ***is*** written by Sita. पुस्तक सीता के द्वारा लिखी गयी है।
3. The players ***are*** honoured by the President. खिलाड़ी राष्ट्रपति के द्वारा सम्मानित किये गये।

Note : जब is, are, am, was, were, shall, will का प्रयोग सहायक क्रिया के रूप में हो, तो इन्हें Auxiliary Verb तथा जब इनका प्रयोग Complement के रूप में हो तो उसे Linking Verb कहते हैं।

Have के प्रयोग

Present Tense में have, has का और Past Tense में had का प्रयोग करते हैं।

Example **1.** I ***have*** a book. मैं एक पुस्तक रखता हूँ अथवा मेरे पास एक पुस्तक है।
2. She ***has*** written a book. उसने एक पुस्तक लिखी है।
3. She ***had*** written a book. उसने एक पुस्तक लिखी थी।

Present Perfect Tense में–

Example **1.** I ***have*** written a book. मैंने एक पुस्तक लिखी है।
2. He ***has*** eaten a mango. उसने एक आम खाया है।

Past Perfect Tense में–

Example **1.** I ***had*** eaten a mango. मैंने एक आम खाया था।
2. He ***had*** read this book. उसने यह पुस्तक पढ़ी थी।

Do के Forms

Do → Do, Does (Present), Did (Past Tense)

(i) Present Indefinite Tense में 'Do' का प्रयोग––

Negative Sentence बनाने के लिए

Example **1.** I ***do*** not write a letter. मैं एक पत्र नहीं लिखता हूँ।

2. She ***does*** not wirte a letter. वह पत्र नहीं लिखती है।

(ii) Interrogative Sentence बनाने के लिए–

Example : ***Do*** I write a letter? क्या मैं एक पत्र लिखता हूँ?

(iii) Past Indefinite Tense में–

Example **1.** I ***did*** not write a letter. मैंने पत्र नहीं लिखा।

2. Mohini ***did*** not spend the money. मोहिनी ने रुपये खर्च नहीं किये।

Interrogative Negative Sentence बनाने के लिए–

Example **1.** ***Did*** I not write a letter? क्या मैंने पत्र नहीं लिखा?

2. ***Did*** Mohini not spend the money? क्या मोहिनी ने रुपये खर्च नहीं किये?

Note :

1. Singular Subject के साथ Singular Verb तथा Plural Subject के साथ Plural Verb का प्रयोग होता है।

Example **1.** He ***plays***. वह खेलता है।

2. They ***play***. वे लोग खेलते हैं।

★ पहले वाक्य में Subject के साथ Singular Verb का प्रयोग हुआ है, जबकि दूसरे वाक्य में They के साथ Plural Verb का प्रयोग हुआ है।

2. यदि दो Singular Nouns एक ही व्यक्ति का बोध कराते हैं, तो वाक्य में प्रयोग किये जाने वाला Verb Singular होता है।

Example **1.** The boss and secretary ***is*** present in the office. बॉस एवं सेक्रेटरी कार्यालय में उपस्थित हैं।

2. The father and son ***visited*** the factory. पिता और पुत्र ने फैक्टरी का दौरा किया।

3. बीते हुए कल के साथ Past Tense तथा आने वाले कल के साथ Future Tense का प्रयोग होता है।

Example **1.** They ***will*** come to Delhi tomorrow. (Future Tense) वे लोग कल दिल्ली आयेंगे।

2. I ***went*** to his home yesterday. (Past Tense) मैं कल उसके घर गया।

★ उपर्युक्त Sentences में is, was, have और will main verb के साथ helping verb के रूप में प्रयुक्त हुए हैं।

Different Forms of Verbs (क्रिया के प्रकार)

1. Present (1st Form) Verb का पहला रूप वर्तमान काल
2. Past (2nd Form) Verb का दूसरा रूप भूतकाल
3. Past Participle (3rd Form) Verb का तीसरा रूप
4. Present Participle (4th Form) Verb का चौथा रूप

Note : Tense की रचना करने के लिए Verb के विभिन्न रूपों/अवस्थाओं का प्रयोग करना पड़ता है।

1. Present (1st Form) Verb का पहला रूप वर्तमान काल : क्रिया के First Form का प्रयोग Present Indefinite Tense (वर्तमान काल) एवं Past Indefinite Tense (भूतकाल) के प्रश्नवाचक तथा नकारात्मक वाक्यों में (Future Indefinite तथा Imperative Sentences) में होता है।

2. Past (2nd Form) Verb का दूसरा रूप भूतकाल : क्रिया के दूसरे रूप का प्रयोग Past Indefinite के Affirmative (Positive) वाक्यों में होता है।

3. Past Participle (3rd Form) Verb का तीसरा रूप : Verb के तीसरे रूप का प्रयोग Present Perfect Tense, Past Perfect Tense, Future Perfect Tense तथा Passive Voice में होता है।

4. Present Participle (ing Form) का चौथा रूप : Verb का चौथे रूप का प्रयोग Present Continuous, Past Continuous, Future Continuous तथा Present Perfect Continuous, Past Perfect Continuous, Future Perfect Continuous, Tense में होता है।

Rules of Forms of Verbs

Verb के दूसरे और तीसरे रूप बनाने के कुछ नियम निम्नलिखित हैं:

☞ **Rule 1 :** Verb का दूसरा और तीसरा रूप बनाते समय Verb के अन्त में ed प्रत्यय जोड़ देते हैं, जैसे-

Present (1st Form)	Meaning	Past (2nd Form)	Past Participle (3rd Form)	Present Participle (ing Form)
Advice	सलाह देना	Advised	Advised	Advising
Ask	पूछना	Asked	Asked	Asking
Wash	धोना	Washed	Washed	Washing
Finish	समाप्त करना	Finished	Finished	Finishing

☞ **Rule 2 :** यदि Verb के अन्त में 'e' letter हो, तो इसे दूसरे और तीसरे रूप बनाते समय 'd' प्रत्यय जोड़ देते हैं, जैसे-

Present (1st Form)	Meaning	Past (2nd Form)	Past Participle (3rd Form)	Present Participle (ing Form)
Love	प्यार करना	Loved	Loved	Loving
Tire	थक जाना	Tired	Tired	Tiring
Change	बदलना	Changed	Changed	Changing
Bake	पकाना	Baked	Baked	baking
Close	बंद करना	Closed	Closed	Closing

☞ **Rule 3 :** Verb के पहले रूप के अन्त में यदि Y हो, तो क्रिया के दूसरे और तीसरे रूप बनाते समय Y को I में बदलकर 'ed' प्रत्यय लगा देते हैं, जैसे-

Present (1st Form)	Meaning	Past (2nd Form)	Past Participle (3rd Form)	Present Participle (ing Form)
Carry	ले जाना	Carried	Carried	Carrying
Try	कोशिश करना	Tried	Tried	Trying
Cry	रोना	Cried	Cried	Crying

Note : यदि Verb का अंतिम अक्षर Y हो और Y से पहले Vowel (a,e,i,o,u) हो, तो Y के बाद ed जोड़ते हैं, जैसे-

Present (1st Form)	Meaning	Past (2nd Form)	Past Participle (3rd Form)	Present Participle (ing Form)
Obey	आज्ञा पालन करना	Obeyed	Obeyed	Obeying
Play	खेलना	Played	Played	Playing

☞ **Rule 4 :** Verb के अंतिम अक्षर से पहले यदि एक Vowel (a,e,i,o,u) हो, तो 'ed' जोड़ने के पहले अंतिम अक्षर की पुनरावृत्ति की जाती है, जैसे-

Present (1st Form)	Meaning	Past (2nd Form)	Past Participle (3rd Form)	Present Participle (ing Form)
Stop	रोकना	Stopped	Stopped	Stopping
Rub	खेलना	Rubbed	Rubbed	Rubbing

☞ **Rule 5 :** अंग्रेजी में कुछ Verb के दूसरे व तीसरे रूप नियमानुसार नहीं बनते हैं, इनकी संक्षिप्त सूची यहाँ दी जा रही है।

Present (1st Form)	Meaning	Past (2nd Form)	Past Participle (3rd Form)	Present Participle (ing Form)
Arise	उठना	Arose	Arisen	Arising
Become	होना	Became	Become	Becoming
Blow	हवा का चलना	Blew	Blown	Blowing
Drink	पीना	Drank	Drunk	Drinking

☞ **Rule 6 :** कुछ Verb की तीनों Froms एक समान रहती हैं।

Present (1st Form)	Meaning	Past (2nd Form)	Past Participle (3rd Form)	Present Participle (ing Form)
Bet	शर्त लगाना	Bet	Bet	Betting
Cost	मूल्य लगाना	Cost	Cost	Costing
Let	देना	Let	Let	Letting
Quit	छोड़ना	Quit	Quit	Quitting

स्मरणीय

यहाँ पर Verbs के कुछ प्रचलित नियमों के सही-सही उपयोग के बारे में संक्षिप्त रूप में बताया है। इस अध्याय में हमने Spoken English (अंग्रेजी बोलने) से सम्बन्धित नियमों की आसान व्याख्या की है तथा Written English (अंग्रेजी लेखन) के महत्त्वपूर्ण नियमों का वर्णन संक्षेप में किया है। जो पाठक अंग्रेजी लेखन सम्बन्धित नियमों का विस्तार से अध्ययन करना चाहते हैं, वे अंग्रेजी व्याकरण की कोई भी अच्छी पुस्तक पढ़कर अपने ज्ञान में वृद्धि कर सकते हैं।

क्रिया विशेषण
(ADVERB)

Definition (परिभाषा)

An Adverb qualifies a Verb, an Adjective or another Adverb. क्रिया विशेषण, संज्ञा, सर्वनाम तथा विस्मयादिबोधक अव्ययों को छोड़कर सभी शब्द भेदों के अर्थ में वृद्धि करके उनकी विशेषता प्रकट करता है।

Example : Milkha runs ***fast***. मिल्खा तेज दौड़ता है।

☆ उपर्युक्त Sentence में Verb 'run' की विशेषता 'fast' दर्शाता है, अत: 'fast' शब्द Adverb है।

Kinds of Adverbs

Adverb तीन प्रकार के होते हैं-

1. Simple Adverb (सामान्य क्रिया विशेषण)

Simple Adverbs के द्वारा Time, Place, Number या Frequency, Manner, Reason, Degree, Affirmation or Negation का बोध होता है। इसके सात भेद हैं-

(i) Adverbs of Manner : जो क्रिया विशेषण तरीका दर्शाती है।

Example 1. Ram runs ***fastly***. राम तेजी से दौड़ता है।

2. Sita walks ***slowly***. सीता धीमा चलती है।

Note : Adjective से बनने वाले Adverbs जिनके अंत में 'ly' होता है, प्राय: Adverbs of Manner होते हैं।

☆ Manner दिखाने वाले मुख्य Adverbs हैं- thus, so, well, ill, badly, gladly, quickly, certainly

(ii) Adverbs of Time : यह Adverb समय को व्यक्त करते हैं, जैसे- after, ago, early, late, now, then soon, today, tomorrow, shortly, immediately, afterwards, yesterday आदि।

Example* 1.** Mohan came ***yesterday. मोहन कल आया।

(iii) Adverb of Place : जगह को दर्शाने वाले क्रिया विशेषण जैसे- above, here, there, near, anywhere, up, down, above, below, inside, outside आदि।

Example : Mohan will go ***inside***. मोहन अन्दर जाएगा।

(iv) Adverb of Number : संख्या की विशेषता दर्शाने वाले Adverbs हैं, जैसे- frequently, once, twice, again, seldom आदि।

Example : He failed ***twice*** in board examination.

☆ उपर्युक्त Sentence में twice संख्या की विशेषता को दर्शाता है।

(v) Adverb of Degree : परिमाण दिखाने वाले Adverbs हैं, जैसे- more, little, fully, any, enough, almost, much, very आदि।

Example **1.** Seema is ***more*** intelligent. सीमा बहुत बुद्धिमान है।

2. She is ***little*** weak. वह थोड़ी कमजोर है।

✯ उपर्युक्त Sentences में more और little क्रमशः सीमा की बुद्धिमत्ता और कमजोरी के परिमाण की ओर इशारा करते हैं।

(vi) **Adverb of Reason :** कारण दर्शाने वाले Adverbs हैं, जैसे- because, so, hence, therefore, consequently.

Example : He failed in annual exam ***because*** he did not work hard. वह अनुत्तीर्ण हो गया क्योंकि उसने कठिन परिश्रम नहीं किया था।

(vii) (a) **Adverb of Affirmation :** Affirmation को दर्शाने वाले मुख्य Adverbs हैं- yes, surely, certainly, truly आदि।

Example **1.** He will ***surely*** come here. वह यहाँ अवश्य आयेगा।

2. The exam will ***certainly*** be held in March. परीक्षा निश्चित रूप से मार्च में आयोजित होगी।

(b) **Adverb of Negation :** निषेधात्मक Adverbs को दर्शाने वाले शब्द निम्नलिखित हैं, जैसे- no, not, never आदि।

Example : We do ***not*** know him. हम लोग उसे नहीं जानते हैं।

☞ उपर्युक्त Sentence में 'not' शब्द के द्वारा निषेधात्मक Adverb का प्रयोग किया गया है।

2. Relative Adverb (सम्बन्धवाचक क्रिया विशेषण)

Relative Adverb दो Sentences को जोड़ता है। वह पूर्व में उल्लेख किये गये Noun या Pronoun की ओर संकेत करते हुए time, place, reason या manner बताता है, जैसे- when, how, why, where.

Example **1.** This is the reason ***why*** I was late. यही कारण है कि मुझे विलम्ब हुआ।

2. This is the place ***where*** Lord Krishna was born. यही जगह है, जहाँ भगवान कृष्ण का जन्म हुआ।

✯ उपर्युक्त Sentences के पहले Sentence में 'why' के द्वारा 'reason' तथा दूसरे Sentence में 'where' के द्वारा 'Place' (जगह) की ओर संकेत किया गया है।

3. Interrogative Adverb (प्रश्नवाचक क्रिया विशेषण)

वे Adverb जो प्रश्न पूछने के लिए प्रयोग किये जाते हैं, Interrogative Adverbs हैं, जैसे- How, Where, When etc.

Example **1.** ***Where*** did you go? तुम कहाँ गये थे?

2. ***Where*** has she gone? वह कहाँ गयी है?

3. ***When*** will Mohini return? मोहिनी कब लौटगी?

4. ***Why*** were you so glad? तुम इतने खुश क्यों थे?

Formation of Adverb (क्रिया विशेषण बनाने की प्रक्रिया)

☞ **Rule-1 :** Adjectives के अंत में 'ly' जोड़कर Adverbs of Manner बनाते है, जैसे-

Adjective	Adverb
Glad	Gladly
Honest	Honestly
Quick	Quickly

☞ **Rule-2 :** यदि किसी Adjective का अंतिम वर्ण 'le' हो तो अंतिम वर्ण 'e' को हटाकर वहाँ Y जोड़कर Adverb बनाते हैं, जैसे-

Adjective	Adverb
Single	Singly
Double	Doubly

☞ **Rule-3 :** यदि किसी Adjective का अंतिम वर्ण 'Y' हो और Y के पहले Consonant हो, तो Y को I में बदलकर उसमें ly जोड़कर उसे Adverb बनाते हैं, जैसे-

Adjective	Adverb
Happy	Happily
Ready	Readily

☞ **Rule-4 :** कुछ Nouns के Preposition जोड़कर Adverbs बनाते हैं, जैसे-

Preposition + Noun	Adverb
A + head	ahead
Be + low	below
A + long	along
A + cross	across

Position of Adverb

☞ **Rule-1 :** Adverb उस शब्द के निकट रखा जाता है, जिसको वह modify करता है। Adverb का प्रयोग खासतौर पर Adjective के पहले होता है।

Example **:** He runs ***very*** fast. वह बहुत तेज दौड़ता है।

✯ उपर्युक्त Sentence में दौड़ने की गति की विशेषता very शब्द के द्वारा दर्शाया गया है। अत: 'very' adverb है।

☞ **Rule-2 :** Auxiliary Verb एवं Main Verb के बीच में Adverb का प्रयोग किया जाता है।

Example **:** He will ***surely*** achieve his goal. वह निश्चय ही अपना लक्ष्य प्राप्त करेगा।

✯ उपर्युक्त Sentence में 'surely' adverb है।

Correct Use of Adverbs

Use of 'very'

1. 'अत्यंत' तथा 'बहुत' के अर्थ में good or bad गुण को व्यक्त करने वाले Positive Degree के Adjective के पहले very का प्रयोग किया जाता है।

   Example **1.** Radha is ***very*** beautiful. राधा बहुत खूबसूरत है।

   2. My brother is ***very*** nice. मेरा भाई बहुत सुन्दर है।

2. The + Very + Superlative Degree का प्रयोग किया जाता है।

   Example **1.** Tansen was the ***very*** best singer. तानसेन सबसे अच्छे गायक थे।

   2. She was the ***very*** best dancer. वह सबसे अच्छी नृत्यांगना थी।

Use of 'much'

1. Comparative Degree के Adjective विशेषण के पहले 'much' का प्रयोग किया जाता है।

   Example **1.** Jonson can run ***much*** faster. जॉनसन और अधिक तेज दौड़ सकता है।

2. Boss is ***much*** annoyed at Sunil's behaviour. बॉस, सुनील के व्यवहार से बहुत नाराज हैं।

2. Verb (क्रिया) की विशेषता प्रकट करने के लिए much का प्रयोग करते हैं।
Example : He likes it ***much***. वह इसे अधिक पसंद करता है।

Use of 'too'

1. अवगुणों को व्यक्त करने के लिए 'too' का प्रयोग करते हैं।
Example : Shayam is ***too*** lazy. श्याम बहुत आलसी है।

Use of 'too much'

1. Too much का प्रयोग Noun के पहले होता है।
Example : ***Too much*** of anything is bad. कोई भी वस्तु का बहुत अधिक होना खराब है।

Use of 'enough'

1. बहुत या काफी के अर्थ में Positive degree के Adjective या Adverb के बाद 'enough' का प्रयोग किया जाता है।
Example : Komal is tall ***enough***. कोमल काफी लम्बी है।
2. Sufficient के अर्थ में Adjective के रूप में Noun के पहले enough का प्रयोग किया जाता है।
Example **1.** Mukesh Ambani has ***enough*** money to spend. मुकेश अंबानी के पास खर्च करने के लिए बहुत अधिक धन है।
2. There is ***enough*** salt in the vegetable. सब्ज़ी में ज्यादा नमक है।

Use of 'quite'

1. पूर्णता का भाव दर्शाने के लिए Adjective से पहले 'quite' लगाते हैं।
Example **1.** It is ***quite*** cold today. आज काफी ठंड है।
2. He thinks she is ***quite*** well here. वह सोचता है कि वह यहाँ बिलकुल ठीक है।

Use of 'always'

हमेशा या सदैव के अर्थ में Adverb के रूप में Main Verb मुख्य क्रिया से पहले तथा Auxiliary Verb के बाद 'always' का प्रयोग होता है।

Example **1.** I ***always*** wake up in the morning. मैं हमेशा सुबह में उठता हूँ।
2. The earth ***always*** moves around the sun. पृथ्वी हमेशा सूर्य के चारों ओर चक्कर लगाती है।

Use of 'ago'

अतीत या भूतकाल के अर्थ में 'ago' Adverb का प्रयोग करते हैं।

Example : I came to Delhi exactly ten years ***ago***. मैं ठीक 10 वर्ष पहले दिल्ली आया।

Use of 'ever'

1. 'कभी भी' 'किसी भी समय' के अर्थ में Adverb के रूप में Negative या Interrogative Sentence में 'ever' शब्द का प्रयोग किया जाता है।
Example **1.** Have you ***ever*** been to Japan? क्या आप कभी जापान गये हैं?
2. Nothing ***ever*** happens in this city. इस शहर में कभी कुछ नहीं होता।
2. Comparative अथवा Superlative Degree के बाद 'ever' का प्रयोग किया जाता है।
Example : This is the best dish I have ***ever*** tasted. मेरे द्वारा चखा गया यह सबसे अच्छा पकवान है।

Use of 'presently, shortly and directly'

1. 'शीघ्र' तथा 'अभी' के अर्थ में 'presently' का प्रयोग करते हैं।

   Example* 1.** He will go ***presently. वह अभी जाएगा।

   2. He is ***presently*** a private employee. वह अभी प्राइवेट नौकरी में है।

2. 'शीघ्र ही' के अर्थ में 'shortly' word का प्रयोग करते हैं।

   Example* :** The train is arriving ***shortly. ट्रेन शीघ्र ही आने वाली है।

Comparison of Adverbs (क्रिया विशेषण की तुलना)

☆ Adjective की तरह Adverbs की भी तीन Degrees of Comparison होती हैं।

Positive	Comparative	Superlative
Near	Nearer	Nearest
Soon	Sooner	Soonest
Fast	Faster	Fastest
Cheap	Cheaper	Cheapest
Long	Longer	Longest

☆ यदि Positive Degree के Adverbs के अन्त में 'ly' हो तो शब्द के आगे 'more' तथा most जोड़कर Comparative तथा Superlative Degree को Adverb में बदलते हैं।

Positive	Comparative	Superlative
Beautifully	More beautifully	Most beautifully
Quickly	More quickly	Most quickly
Happily	More happily	Most happily

☆ कुछ Positive Degree के Adverbs, Comparative तथा Superlative Degrees में एकदम भिन्न होते हैं, जैसे-

Positive	Comparative	Superlative
Much	More	Most
Late	Later	Latest
Little	Less	Least
Well	Better	Best

स्मरणीय

यहाँ पर Adverb के कुछ प्रचलित नियमों के सही-सही उपयोग के बारे में संक्षिप्त रूप में बताया गया है। इस अध्याय में हमने Spoken English (अंग्रेजी बोलने) से सम्बन्धित नियमों की आसान व्याख्या की है तथा Written English (अंग्रेजी लेखन) के महत्त्वपूर्ण नियमों का वर्णन संक्षेप में किया है। जो पाठक अंग्रेजी लेखन सम्बन्धित नियमों का विस्तार से अध्ययन करना चाहते हैं, वे अंग्रेजी व्याकरण की कोई भी अच्छी पुस्तक पढ़कर अपने ज्ञान में वृद्धि कर सकते हैं।

सम्बन्धसूचक शब्द
(PREPOSITION)

Definition (परिभाषा)

Preposition is a word used with a Noun or a Pronoun to show how the person or thing denoted by the Noun or Pronoun stands in relation to something else. Preposition वह शब्द है, जो किसी Noun या Pronoun के पहले प्रयुक्त होकर, उस Noun या Pronoun द्वारा सूचित व्यक्ति या वस्तु का सम्बन्ध अन्य Noun या Pronoun शब्द से प्रदर्शित करता है।

Example **1.** The cow is ***in*** the field. गाय खेत में है।

2. He is always ***with*** me. वह हमेशा मेरे साथ है।

✯ उपर्युक्त पहले Sentence में cow, Noun का सम्बन्ध 'in' शब्द के द्वारा दूसरे field, Noun के साथ दर्शाया गया है। दूसरे Sentence में he 'Pronoun' का सम्बन्ध दूसरे Pronoun 'me' के साथ दर्शाया गया है। इस प्रकार दोनों वाक्यों में क्रमश: 'in' तथा 'with' Preposition का प्रयोग किया गया है।

Kinds of Preposition (सम्बन्धसूचक शब्द के भेद)

Preposition पाँच प्रकार के होते हैं-

1. Simple Prepositions (सामान्य सम्बन्धसूचक शब्द) जैसे- to, by, from, with, on, up, for
2. Compound Prepositions (मिश्रित सम्बन्धसूचक शब्द) जैसे- below, between, beside, inside.
3. Double Prepositions (दोहरे सम्बन्धसूचक शब्द) जैसे- outside of, from, behind, out of, from out, from beneath.
4. Participle Prepositions (पूर्वकालिक सम्बन्धसूचक शब्द) जैसे- notwithstanding, concerning pending, considering.
5. Phrasal Preposition (मुहावरेदार सम्बन्धसूचक शब्द) जैसे- because of, on account, with a view to, with regard to, in opposition to, in the event of, for the sake of, on behalf of.

Correct use of some important Prepositions (सम्बन्धसूचक शब्दों का सही प्रयोग)

Use of 'in'

1. बड़े-बड़े स्थानों, राज्यों एवं देशों के नाम के पहले 'in' Preposition का प्रयोग करते हैं।

   Example **1.** I live ***in*** Delhi. मैं दिल्ली में रहता हूँ।

   2. Pinki is ***in*** the room. पिंकी कमरे में है।

2. निश्चित स्थान के भीतर किसी वस्तु की स्थिर अवस्था को प्रकट करने के लिए 'in' का किया जाता है।

Example **1.** Water is ***in*** the glass. पानी गिलास में है।

2. Sandeep works ***in*** the hospital. संदीप अस्पताल में काम करता है।

Use of 'from'

1. अलगाव की स्थिति व्यक्त करने के लिए 'from' का प्रयोग करते हैं। 'from' का सामान्यतया अर्थ 'से' होता है।

   Example **1.** Mohan has come ***from*** Ranchi. मोहन राँची से आया है।

   2. The guava has fallen ***from*** the tree. अमरूद पेड़ से गिरा है।

2. 'से' के अर्थ में Source को अभिव्यक्त करने में from का प्रयोग किया जाता है।

   Example : This passage is taken ***from*** Ramayana. यह गद्यांश रामायण से लिया गया है।

3. 'से' के अर्थ में किसी वस्तु से अलग गुण वाली दूसरी वस्तु के लिए 'from' का प्रयोग किया जाता है।

   Example : This neckless is made ***from*** gold. यह हार सोने से (का) बना है।

Use of 'to'

1. किसी वाक्य के Object के पहले 'to' का प्रयोग किया जाता है।

   Example : I sent a message ***to*** her. मैंने उसे एक संदेश भेजा।

2. एक जगह से दूसरी जगह जाने के लिए 'to' का प्रयोग किया जाता है।

   Example : Mr. Gupta goes ***to*** the office daily. मिस्टर गुप्ता प्रतिदिन कार्यालय जाते हैं।

3. तुलनात्मक अध्ययन करने के लिए 'to' का प्रयोग किया जाता है।

   Example : He is junior ***to*** me. वह मुझसे छोटा है।

4. समय बताने के लिए 'to' का प्रयोग किया जाता है।

   Example : It is five minutes ***to*** twelve O'clock. बारह बजने में पाँच मिनट बाकी है।

5. 'पर' के अर्थ को प्रकट करने के लिए 'to' का प्रयोग किया जाता है।

   Example : He invited me ***to*** tea. उसने मुझे चाय पर निमंत्रण दिया।

6. 'के' प्रति का अर्थ व्यक्त करने के लिए 'to' का प्रयोग किया जाता है।

   Example : It is my duty ***to*** our nation. यह देश के प्रति मेरा कर्तव्य है।

Use of 'into'

1. रूप परिवर्तन करने के लिए 'into' का प्रयोग किया जाता है।

   Example **1.** Translate Hindi ***into*** English. हिन्दी को अंग्रेजी में बदलो।

   2. Milk turns ***into*** curd. दूध, दही में बदल जाता है।

2. गति को दर्शाने के लिए 'into' का प्रयोग किया जाता है।

   Example : The frog jumped ***into*** the well. मेढक कुँआ में कूद पड़ा।

3. 'का, के, की' के अर्थ व्यक्त करने के लिए 'into' का प्रयोग किया जाता है।

   Example : The crime branch enquired ***into*** the case. अपराध शाखा ने इस केस की जाँच की।

Use of 'on'

1. कोई वस्तु किसी दूसरी वस्तु के ऊपर रखी हो तो 'on' का प्रयोग किया जाता है।

   Example **1.** My pen is ***on*** the table. मेरी कलम मेज पर रखी है।

   2. The glass is ***on*** the floor. गिलास फर्श पर रखी है।

Use of 'of'

1. सम्बन्ध प्रकट करने के लिए 'of' का प्रयोग किया जाता है।

Example **1.** Mr. Singh is a resident ***of*** Delhi. मिस्टर सिंह दिल्ली के निवासी हैं।

2. He is the clerk ***of*** our school. वह हमारे स्कूल का क्लर्क है।

2. गुण अथवा कारण बताने के लिए 'of' का प्रयोग किया जाता है।

Example **1.** He is a man ***of*** high morals. वह उच्च गुणों वाला आदमी है।

2. She died ***of*** cancer. उसकी कैंसर होने के कारण मृत्यु हुई।

3. स्रोत का अर्थ प्रकट करने के लिए 'of' का प्रयोग किया जाता है।

Example : He is ***of*** a well-off family. वह उच्च कुल से सम्बन्ध रखता है।

Use of 'with'

1. 'से' के द्वारा अर्थ में 'with' का प्रयोग किया जाता है।

Example : She writes ***with*** a pen. वह कलम से लिखती है।

2. 'के साथ' के अर्थ में 'with' का प्रयोग किया जाता है।

Example : I went to Delhi ***with*** my son. मैं अपने पुत्र के साथ दिल्ली गया।

3. अलगाव के अर्थ को प्रकट करने के लिए 'with' का प्रयोग किया जाता है।

Example : Madhuri parted ***with*** her husband at Delhi station. माधुरी दिल्ली स्टेशन पर अपने पति से अलग हो गयी।

4. सहमति या विरोध प्रकट करने के लिए 'with' का प्रयोग किया जाता है।

Example : I agree ***with*** you. मैं तुमसे सहमत हूँ।

5. Manner तथा गुणों के भाव प्रकट करने के लिए 'with' का प्रयोग किया जाता है।

Example **1.** I face all challenges ***with*** confidence. मैं सभी चुनौतियों का सामना साहस से करता हूँ।

2. He is a boy ***with*** amazing talent. वह लड़का सुंदर गुणों से युक्त है।

Use of 'between'

1. दो वस्तुओं या व्यक्तियों के बीच स्थिति प्रकट करने के लिए किया जाता है

Example **1.** Divide these mangoes ***between*** Ram and Shayam. इन आमों को राम और श्याम के बीच बाँट दो।

2. You have to choose ***between*** life and death. तुम्हें जीवन और मौत के बीच किसी एक को चुनना है।

Use of 'among'

1. दो या दो से अधिक Nouns अथवा Pronouns के बीच 'among' का प्रयोग किया जाता है।

Example **1.** Distribute the books ***among*** students. छात्रों के बीच ये पुस्तकें बाँट दो।

2. Ram is the best ***among*** all students. राम सभी छात्रों में अच्छा छात्र है।

Use of 'above'

1. एकदम ऊपर के अर्थ में 'above' का प्रयोग किया जाता है।

Example **1.** The birds are flying ***above*** in the sky. चिड़िया आकाश में काफी ऊपर उड़ रही है।

2. संख्या या मात्रा की अधिकता में 'above' का प्रयोग किया जाता है।

Example 1. His working experience is ***above*** his earnings. उसके काम का अनुभव उसकी आमदनी से ज्यादा है।

2. The mountain peak is ***above*** the cloud. पर्वत शिखर बादलों से ऊपर है।

Use of 'behind'

1. 'के' पीछे के अर्थ में 'behind' का प्रयोग किया जाता है।

Example : Her son was hiding ***behind*** the wall. उसका बेटा दीवार के पीछे छुप रहा था।

Use of 'beneath'

1. 'नीचे' के अर्थ में किया जाता है।

Example : I have kept my luggage ***beneath*** the berth. मैंने अपना सामान शायिका के नीचे रखा है।

Use of 'by'

1. जिस व्यक्ति के द्वारा कार्य पूरा किया जाता है, उसके लिए 'by' का प्रयोग करते हैं।

Example 1. This work is finished ***by*** me. यह काम मेरे द्वारा पूरा किया गया।

2. This book is written ***by*** me. यह पुस्तक मेरे द्वारा लिखी गयी।

2. निकटता दिखाने के लिए 'by' का प्रयोग करते हैं।

Example : There is a hotel ***by*** the side of the bus stand. बस स्टैण्ड के नजदीक एक होटल है।

3. समाप्त होने वाले समय के लिए 'by' का प्रयोग करते हैं।

Example : I will return ***by*** evening. मैं शाम तक लौटूँगा।

4. यातायात या संचार साधन दिखाने के लिए 'by' का प्रयोग करते हैं।

Example 1. I travel ***by*** bus. मैं बस द्वारा यात्रा करता हूँ।

2. He sends letters ***by*** post. वह डाक द्वारा पत्रों को भेजता है।

5. Passive voice में 'के द्वारा' के अर्थ में 'by' का प्रयोग करते हैं।

Example : The flower is plucked ***by*** Nagesh. फूल नागेश के द्वारा तोड़ा गया।

6. 'By' का प्रयोग कुछ phrases में भी होता है।

by chance - संयोग से
by God - ईश्वर की कसम
by force - जबरदस्ती
by heart - कंठस्थ
by mistake - गलती से

Use of 'about'

1. कार्य के तुरंत हो जाने के अर्थ में about का प्रयोग किया जाता है।

Example 1. They are ***about*** to come. वे लोग आने ही वाले हैं।

2. I am ***about*** to finish the dinner. मैं खाना खत्म करने वाला हूँ।

2. किसी के सम्बन्ध में कुछ कहने के लिए 'about' का प्रयोग करते हैं।

Example : I want to say ***about*** my mother's health. मैं अपनी माँ के स्वास्थ्य के सम्बन्ध में बात करना चाहता हूँ।

Use of 'towards'

1. Direction प्रकट करने के लिए 'towards' का प्रयोग करते हैं।

   Example : He is going ***towards*** stadium. वह स्टेडियम की तरफ जा रहा है।

Use of 'under'

1. नीचे के अर्थ में 'under' का प्रयोग करते हैं।

   Example : The dog is sitting ***under*** the table. कुत्ता मेज के नीचे बैठा है।

2. अधीन के अर्थ में 'under' का प्रयोग करते हैं।

   Example : All ministers work ***under*** the Prime Minister. सभी मंत्री प्रधानमंत्री के अधीन होते हैं।

3. less than के अर्थ में 'under' का प्रयोग करते हैं।

   Example : The child is ***under*** age for admission to nursery. नर्सरी में नामांकन कराने के लिए बच्चे की उम्र कम है।

Use of 'at'

1. छोटी जगहों के नाम, गाँव, उपनगर, कॉलोनी के पहले 'में' के अर्थ में 'at' का प्रयोग किया जाता है।

   Example **1.** I live ***at*** Shalimarbagh.

   2. He was born ***at*** Bhagalpur.

2. निश्चित समय बताने के लिए 'at' का प्रयोग करते हैं।

   Example : I shall come ***at*** 9.30 am. मैं प्रातः साढ़े नौ बजे आऊँगा।

3. समयसूचक शब्दों के पहले 'at' का प्रयोग करते हैं।

   at dawn – उषाकाल का समय

   at noon – दोपहर का समय

   at night – रात्रि का समय

4. कीमत, दर आदि अभिव्यक्ति करने वाले शब्दों के पहले 'at' का प्रयोग करते हैं।

   Example : Mangoes are selling ***at*** rupees 40 per kg. आम 40 रुपये प्रति किलो बिक रहा है।

5. अस्थायी कार्य को अभिव्यक्त करने के लिए 'at' का प्रयोग करते हैं।

   Example : Men are ***at*** work. आदमी काम पर हैं।

6. उम्र व्यक्त करने के लिए 'at' का प्रयोग करते हैं।

   Example : Rajiv Gandhi became India's Prime Minister ***at*** the age of 42. राजीव गांधी 42 वर्ष की उम्र में भारत के प्रधानमंत्री बने।

स्मरणीय

यहाँ पर Preposition के कुछ प्रचलित नियमों के सही–सही उपयोग के बारे में संक्षिप्त रूप में बताया गया है। इस अध्याय में हमने Spoken English (अंग्रेजी बोलने) से सम्बन्धित नियमों की आसान व्याख्या की है तथा Written English (अंग्रेजी लेखन) के महत्त्वपूर्ण नियमों का वर्णन संक्षेप में किया है। जो पाठक अंग्रेजी लेखन सम्बन्धित नियमों का विस्तार से अध्ययन करना चाहते हैं, वे अंग्रेजी व्याकरण की कोई भी अच्छी पुस्तक पढ़कर अपने ज्ञान में वृद्धि कर सकते हैं।

संयोजक
(CONJUNCTION)

Definition (परिभाषा)

A conjunction is a word which joins two or more than two phrases, clauses, words or sentences.Conjunction वह शब्द है, जो दो या दो से अधिक शब्दों या वाक्यों को जोड़ता है।

Example **1.** Komal ***and*** Kavita are sisters. कोमल और कविता बहनें हैं।

2. Please give me Coke ***or*** Pepsi. कृपया मुझे कोक या पेप्सी दें।

3. I went to his school ***but*** he was not there. मैं उसके स्कूल गया लेकिन वह वहाँ नहीं था।

★ उपर्युक्त वाक्यों में 'and', 'or' तथा 'but' का प्रयोग दो शब्दों या वाक्यों को जोड़ने के लिए हुआ है। अत: ये तीनों Conjunctions हैं।

Kinds of Conjunction (संयोजक के भेद)

1. Co-ordinating Conjunction (समानपदीय संयोजक)
2. Subordinating Conjunction (आश्रित संयोजक)
3. Co-relative Conjunction (संकेतबोधक संयोजक)

Co-ordinating Conjunction (समानपदीय संयोजक)

ऐसे Conjunction जो दो समान पद वाले शब्दों तथा वाक्यों को एक-दूसरे से जोड़ते हैं, वे Co-ordinating Conjunction कहलाते हैं। ये अर्थ के लिए किसी पर निर्भर नहीं रहते हैं तथा स्वयं अपना भिन्न-भिन्न अर्थ प्रकट कर सकते हैं।

Example : Ram ***and*** Shayam are going to school. राम और श्याम स्कूल जा रहे हैं।

★ उपर्युक्त Sentence में Ram तथा Shayam दो समान पद वाले शब्द हैं, जो स्वयं अपना अलग-अलग अर्थ प्रकट कर सकते हैं। इन्हें and शब्द के द्वारा जोड़ा गया है। अत: and Co-ordinating Conjunction है।

Co-ordinating Conjunction के चार भेद हैं-

1. Cumulative Conjunction (संयुक्त संयोजक)
2. Alternative Conjunction (वैकल्पिक संयोजक)
3. Illative Conjunction (परिणामसूचक संयोजक)
4. Adversative Conjunction (विरोध दर्शक संयोजक)

1. Cumulative Conjunction (संयुक्त संयोजक) : वह Co-ordinating Conjunction जो एक statement को दूसरे statement से जोड़ने के लिए प्रयोग किये जाते हैं, Cumulative Conjunctions कहलाते हैं, जैसे- also, and, now, too आदि।

Example **1.** Radha is singer ***and*** dancer ***too***. राधा गायिका और नृत्यांगना दोनों है।

2. His mother is nobel and kind ***too***. उसकी माँ विनम्र होने के साथ दयालु भी है।

★ उपर्युक्त Sentences में 'and' तथा 'too' का प्रयोग दोनों वाक्यों को जोड़ने के लिए किया गया है। अत: ये Cumulative Conjunction हैं।

2. Alternative Conjunction (वैकल्पिक संयोजक) : इन Conjunctions के द्वारा दो में से एक विकल्पों को चुनने का बोध होता है, जैसे- either .... or, neither........ nor, else or, otherwise आदि।

Example **1.** Sita will love Ram ***or*** she will die. सीता राम से प्यार करेगी या वह मर जाएगी।

2. Make haste ***otherwise*** you will be late. जल्दी करो वरना तुम्हें देर हो जाएगी।

★ उपर्युक्त Sentences में 'or' तथा 'otherwise' के द्वारा दोनों में से एक को चुनने का बोध होता है। अत: ये Alternative Conjunction हैं।

3. Illative Conjunction (परिणामसूचक संयोजक) : वह Conjunction जो निष्कर्ष के भाव को व्यक्त करता है, Illative Conjunction कहलाता है, जैसे- for, therefore, so that, so, then आदि।

Example **1.** It is time to take rest, ***so*** let us go home. छुट्टी का वक्त हो गया है, इसलिए हमें घर जाना चाहिए।

2. Vikas did not work hard, ***so*** he failed. विकास ने कड़ी मेहनत नहीं की इसलिए वह अनुत्तीर्ण हो गया।

★ उपर्युक्त Sentences में 'so' Illative Conjunction है। इससे काम के परिणाम का बोध होता है।

4. Adversative Conjunction (विरोध दर्शक संयोजक) : वह Co-ordinating Conjunctions जो Statements के बीच अंतर अथवा Opposition के भाव दिखाते हैं, वे Adversative Conjunctions कहलाते हैं, जैसे- but, yet, still, however, only , never.., while आदि।

Example **1.** Sonu was angry, ***yet/still*** he kept quiet. सोनू गुस्से में था तथापि वह चुप रहा।

2. Good boys did hard work, ***while*** bad ones wasted their time. अच्छे लड़कों ने कड़ी मेहनत की जबकि बुरे लड़कों ने अपना समय बर्बाद किया।

3. Sohan was alright, ***only*** he was conservative. सोहन ठीक था, केवल वह संकीर्ण विचारों का था।

★ उपर्युक्त Sentences में yet, still, while और only अन्तर अथवा Opposition के भाव दिखाते हैं। अत: ये Adversative Conjunctions हैं।

Subordinating Conjunction (आश्रित संयोजक)

ऐसे संयोजक जो वाक्यों को आपस में जोड़ते हैं तथा जिनमें से दूसरा वाक्य अपने अर्थ के लिए पहले वाक्य पर निर्भर होता है, उसे Subordinating Conjunction कहते हैं। इसमें मुख्यतौर से पहला वाक्य स्वयं अपना अर्थ स्पष्ट कर सकता है।

दो साधारण वाक्यों को जोड़कर एक जटिल वाक्य बनाने की प्रक्रिया को Subordinating Conjunction कहते हैं। इन वाक्यों में जो वाक्य अपना अर्थ स्वयं प्रकट करता है, उसे Principal Clause तथा जो वाक्य अपना अर्थ स्वयं स्पष्ट न कर सके, उसे Subordinate Clause कहते हैं।

Example **1.** The train had left ***before*** they reached the station. उनके स्टेशन पहुँचने से पहले ट्रेन छूट चुकी थी।

2. ***Since*** Ram is ill, he cannot accompany you. जब से राम बीमार है, वह तुम्हारा साथ नहीं दे सकता।

★ उपर्युक्त Sentences में 'before', तथा 'since' Conjunctions द्वारा एक Clause को दूसरी

ऐसी Clause से जोड़ा गया जिसके बिना वह अपना अर्थ नहीं व्यक्त कर पाता है अर्थात् एक Clause दूसरी पर पूरी तरह आश्रित है। इनमें से एक वाक्य Principal Clause बनेगी और दूसरा Sub-ordinate Clause बनेगी।

★ अर्थ के आधार पर Subordinating Conjunction निम्नलिखित भाव प्रकट करते हैं:

1. Time (समय) – When, whenever, until, till, before, after, while, since, as soon as, as long as, just as आदि।

   Example **1.** ***When*** I called on her, she was sleeping. जब मैंने उसे बुलाया, तो वह सो रही थी।

   2. Suraj reached the station ***after*** the train had left. ट्रेन के छूटने के बाद सूरज स्टेशन पहुँचा।

2. Place (जगह) – Where, wherever, whence

   Example **1.** Place the diary ***where*** you can find it. डायरी वहाँ रखो, जहाँ तुम उसे पा सको।

   2. ***Wherever*** he went his friends went with him. वह जहाँ कहीं भी गया, उसके दोस्त उसके साथ थे।

3. Cause (कारण) – Since, because, as और that का प्रयोग कारण सूचित करने के लिए होता है।

   Example **1.** Mohini passed ***because*** she worked hard. मोहिनी उत्तीर्ण हो गयी, क्योंकि उसने कड़ी मेहनत की थी।

   2. He is happy ***that*** his father will come. वह खुश है, क्योंकि उसके पिता आयेंगे।

4. Purpose (उद्देश्य) – That, so that, in order, that, lest आदि का प्रयोग उद्देश्य का बोध कराता है।

   Example **1.** We eat **so *that*** we may live. हम इसलिए खाते हैं, ताकि जीवित रह सकें।

   2. He walked carefully ***lest*** he should slip. वह सावधानीपूर्वक चला नहीं तो वह गिर जाता।

5. Result (परिणाम) – So .... that, such .... that

   Example : Vikas is **so** clever ***that*** he won the prize. विकास इतना चालाक है कि उसने पारितोषिक जीत लिया।

6. Condition (शर्त) – If, suppose, unless, provided

   Example **1.** ***Suppose*** he fails, what will he do? फेल हो जाने पर वह क्या करेगा?

   2. I cannot pass ***unless*** I work hard. बिना कठिन मेहनत के मैं परीक्षा उत्तीर्ण नहीं कर सकता।

7. Manner (शैली) – As, as .... so, as it, as though, so far as

   Example **1.** Suraj talks ***as*** if he were very intelligent. सूरज ऐसी बातें करता है, मानो वह बहुत बुद्धिमान हो।

   2. ***So far as*** I could guess, he was duping me. जैसा कि मैं अनुमान लगा सकता हूँ, वह मुझे धोखा दे रहा था।

8. Comparion (तुलना) – As, as .... as, so .... as, than.

   Example **1.** A wise enemy is better ***than*** a foolish friend. एक चालाक दुश्मन मूर्ख दोस्त से बेहतर होता है।

   2. Anushka is **as** beautiful as she looks. अनुष्का उतनी ही खूबसूरत है, जितनी वह दिखती है।

9. Contrast (अंतर) – Though, although, however.

Example 1. ***Although*** he was ill, he attended the class. यद्यपि वह बीमार था, वह कक्षा में उपस्थित हुआ।

2. ***However*** fast you may run, you can not catch the bus. जितना भी तेज दौड़ लो, तुम बस नहीं पकड़ सकते।

Co-relative Conjunction (सहसम्बन्धित संयोजक)

कुछ Conjunctions ऐसे होते हैं, जिनका प्रयोग जोड़ों के रूप में ही होता है, जैसे- Either ...... or, neither .... nor, both .... and, not only, but also, though............yet, whether .... or.

Example 1. ***Either*** she ***or*** her brother has taken my pen. उसने या उसके भाई ने मेरी कलम ली है।

2. ***Neither*** he ***nor*** his brother is well behaved. न तो वह, न ही उसका भाई व्यवहारकुशल है।

3. He ***neither*** borrows nor lends money. वह न तो उधार लेता है और न ही उधार देता है।

4. I do not care ***whether*** you attend the party or not. मैं परवाह नहीं करता चाहे तुम पार्टी में आओ अथवा नहीं आओ।

Common Errors (साधारण गलतियाँ) in the use of conjunctions

Incorrect (गलत)	Correct (सही)
Sohan neither visited Delhi nor Patna.	Sohan visited neither Delhi nor Patna.
His sister was either there or his niece.	Either his sister or his niece was there.
Tell her that whether you will soon return.	Tell her whether you will soon return.
Sumit not only lost his purse but also his ATM Card.	Sumit lost not only his purse but also his ATM Card.
Not only Sita is wise but also beautiful.	Sita is not only wise but beautiful also.

Definition (परिभाषा)

An Interjection is a word which expresses some sudden feeling or emotion of the mind.

स्मरणीय

यहाँ पर Conjunction के कुछ प्रमुख नियमों के सही-सही उपयोग के बारे में संक्षिप्त रूप में बताया गया है। इस अध्याय में हमने Spoken English (अंग्रेजी बोलने) से सम्बन्धित नियमों की आसान व्याख्या की है तथा Written English (अंग्रेजी लेखन) के महत्त्वपूर्ण नियमों का वर्णन संक्षेप में किया है। जो पाठक अंग्रेजी लेखन सम्बन्धित नियमों का विस्तार से अध्ययन करना चाहते हैं, वे अंग्रेजी व्याकरण की कोई भी अच्छी पुस्तक पढ़कर अपने ज्ञान में वृद्धि कर सकते हैं।

विस्मयादिबोधक
(INTERJECTION)

It has no grammatical relation with any other word. Its symbol is (!). मन में छुपी भावनाओं (उद्‌गार) को प्रकट करने के लिए Interjection का प्रयोग किया जाता है। इसका संकेत चिह्न (!) है।

Example **1.** Wow! Is this your car? वाह! क्या यह तुम्हारी कार है?

2. Hurrah! We have won the race. हुर्रे! हम मैच जीत गये।

3. Ouch, You are standing on my foot! आउच! तुम मेरे पैरों पर खड़े हो।

4. Well done! You have got 98 out of 100 marks. शाबाश! तुमने 100 में से 98 अंक प्राप्त किये।

✯ नीचे कुछ प्रचलित Interjection (विस्मयादिबोधक) शब्द हैं, साथ में उनके अर्थ भी दिये गये हैं–

(1) Hi – परिचित लोगों या मित्रों से कहा जाने वाला अभिवादन का शब्द।

(2) Aha! – आश्चर्य, आनंद, विजय आदि प्रदर्शित करने वाला शब्द।

(3) Alas! – अरे, दुःख या तरस व्यक्त करने वाला शब्द।

(4) Hell – क्रोध या खीझ उत्पन्न करने वाला शब्द।

(5) Ouch – अचानक हुए दर्द अथवा वेदना को व्यक्त करने वाला उद्‌गार।

(6) Well done – शाबाश! (पीठ थपथपाने के अंदाज में बोला जाने वाला शब्द)

(7) Hurrah! – आनंद और उत्साह व्यक्त करने वाला शब्द।

(8) Thank God! – कोई मुश्किल, कष्टदायक अथवा बुरी बात टल जाने के बाद आनंद व्यक्त करने वाला शब्द।

(9) Oh! – विस्मय, दुःख या निराशा वगैरह व्यक्त करने वाला शब्द।

(10) O God! – परेशानी के समय ईश्वर को याद करने वाला शब्द।

(11) Oh dear! – स्नेह और प्यार व्यक्त करने वाला शब्द।

(12) How wonderful! – आश्चर्य और खुशी से मिला-जुला शब्द!

✯ उपर्युक्त शब्दों के द्वारा हमारे हृदय के अन्दर छिपे हर्ष, शोक, आश्चर्य, भय, निन्दा या प्रशंसा आदि के भाव व्यक्त किये जा सकते हैं।

✯ Interjection के बाद जो भी शब्द आता है, उसका First letter 'Capital' लिखा जाता है।

Use of Some Interjections

1. Joy (खुशी व्यक्त करने के लिए)

(a) Hurrah! We have won the cricket match. हुर्रे! हम लोग क्रिकेट मैच जीत गये।

(b) Wow! What a lovely scenery! वाह! कितना प्यारा दृश्य है!

2. Sorrow (दुःख प्रकट करने के लिए)

(a) Alas! My grandfather is no more. ओह! मेरे दादाजी नहीं रहे।

(b) Oh! Your mother is seriously ill. ओह! तुम्हारी माँ बहुत बीमार है।

3. Surprise (आश्चर्य)

(a) What a beautiful girl! कितनी सुन्दर लड़की है!

(b) Amazing! I did not expect to see you here. अद्‌भुत! मैंने तुम्हें यहाँ देखने की उम्मीद नहीं की थी।

4. **Calling (संबोधन)**
   (a) Hello! Listen to me. हैलो! मेरी बात सुनो।
   (b) Hey! Come here. अरे! यहाँ आओ।

5. **Attention (ध्यान)**
   (a) Hush! The child is sleeping. चुप! बच्चा नींद में है।
   (b) Listen! Someone is coming. सुनो! कोई आ रहा है।

6. **Approval (अनुमोदन)**
   (a) Well done! She has played well. शाबाश! वह अच्छा खेली।
   (b) Brave! This was a great goal. शाबाश! यह एक बड़ा उद्‌देश्य था।

7. **Contempt (घृणा)**
   (a) Fie! A soldier and afraid of war. छी:! सैनिक होकर युद्ध से डरते हो।
   (b) Ugh! What a fat woman. छी:! कितनी मोटी औरत!

Definition (परिभाषा)

A word that comes before a noun and is used to show which thing is being referred to is

स्मरणीय

यहाँ पर Interjection के कुछ प्रमुख नियमों के सही-सही उपयोग के बारे में संक्षिप्त रूप में बताया गया है।

निर्धारक
(DETERMINER)

called Determiner. Determiners (निर्धारक) ऐसे शब्द हैं, जो Noun के पहले आते हैं तथा प्रयोग में आने वाली संज्ञा की ओर संकेत करते हैं। चूँकि 'Determiners' Noun की स्थिति को स्थिर करते हैं, इसलिए इन्हें Fixing Words भी कहते हैं।

Example **1.** Chandan wanted to be ***an*** engineer. चन्दन इंजीनियर बनना चाहता था।
2. ***This*** apple is fresh. यह सेब ताजा है।
3. ***Every*** player was given ***a*** prize. प्रत्येक खिलाड़ी को पुरस्कार प्रदान किया गया।
4. There is not ***much*** hope of his recovery. उसके ठीक होने की ज्यादा उम्मीद नहीं है।
5. ***Every*** boy is intelligent. प्रत्येक लड़का बुद्धिमान है।

✯ उपर्युक्त वाक्यों में An, this, every, much आदि शब्द किसी Noun का प्रयोग होने का संकेत दे रहे हैं, ये Noun को संशोधित करते हैं। अत: ये शब्द Determiners कहलाते हैं।

Kinds of Determiners (निर्धारक के भेद)

Determiners पाँच प्रकार के होते हैं-

1. Article Determiners
2. Demonstrative Determiners
3. Possessive Determiners
4. Numeral Determiners
5. Quantitative Determiners

Article Determiners (अनुच्छेद निर्धारक)

'A' and 'an' are indefinite articles that serve the same purpose, 'The' is known as the definite article. 'A', 'An', और 'The' जिनमें 'A' और 'An' Indefinite Article कहलाते हैं तथा The Definite Article है।

(a) A का प्रयोग उस Singular Countable Noun [चाहे वह Vowel (स्वर) अथवा Consonant (व्यंजन) से प्रारंभ हो] से पहले किया जाता है जिसका आरम्भ किसी Consonant की ध्वनि से होता है।

Example **1.** It is ***a*** book. यह एक पुस्तक है।
2. She is ***a*** girl. वह एक लड़की है।

✯ उपर्युक्त Sentences में 'a' शब्द का प्रयोग किसी अनिश्चित पुस्तक तथा किसी अनिश्चित लड़की के लिए किया गया है। अत: ये Article Determiners हैं।

(b) An का प्रयोग उस Singular Countable Noun से पहले किया जाता है, जो किसी Vowel (स्वर) अथवा Vowel (स्वर) की ध्वनि देने वाले Consonant (व्यंजन) से आरंभ होता है।

Example **1.** It is ***an*** inkpot. यह एक दवात है।
2. She is ***an*** honourable woman. वह एक ईमानदार औरत है।

✯ उपर्युक्त Sentences में 'an' शब्द का प्रयोग किसी अनिश्चित दवात तथा किसी ईमानदार औरत के लिए किया गया है। अत: 'an' Article Determiners है।

☆ उपर्युक्त Sentences में honourable शब्द 'h' consonant से आरम्भ होता है, परन्तु ध्वनि स्वर 'o' की है, अत: 'a' की जगह 'an' का प्रयोग ही सही है।

(c) The का प्रयोग किसी व्यक्ति अथवा वस्तु को निश्चितता तथा विशिष्टता प्रदान करने के लिए किया जाता है।

Example **1.** ***The*** man, who is standing there is my father. व्यक्ति, जो वहाँ खड़े हैं, मेरे पिताजी हैं।

2. He has lost ***the*** book, I gave him yesterday. उसने पुस्तक खो दी, मैंने उसे कल दिया था।

3. ***The*** mangoes in our garden are very sweet. हमारे बागीचे के आम बहुत मीठे हैं।

4. Bring me ***the*** mobile laying on the table. टेबल पर पड़ा मोबाइल मुझे लाकर दो।

5. I like ***the*** apples of Kashmir. मैं कश्मीर के सेब पसन्द करता हूँ।

☆ उपर्युक्त Sentences में 'the' शब्द का प्रयोग किसी निश्चित व्यक्ति, पुस्तक, आम, मोबाइल तथा किसी निश्चित फल सेब के लिए प्रयोग किया गया है। अत: ये Article Determiners हैं।

Demonstrative Determiners (संकेतवाचक निर्धारक)

This, that, these and those are known demonstratives; they describe the position of an object. This, That, these, those Demonstrative Determiners की श्रेणी में आते हैं। ये Noun के पहले प्रयुक्त होकर उनके द्वारा निर्दिष्ट Object की ओर संकेत करते हैं।

(a) This तथा That का प्रयोग Singular Noun के साथ तथा These तथा Those का प्रयोग Plural Noun के साथ होता है।

(b) That तथा Those दूर में स्थित वस्तुओं की ओर इशारा करते हैं।

Example **1.** ***That*** is a book. वह एक पुस्तक है।

2. ***Those*** books are yours. वे तुम्हारी पुस्तकें हैं।

☆ उपर्युक्त Sentences में That और Those दूर में स्थित पुस्तक की ओर इशारा करते हैं। अत: ये Demonstrative Determiners हैं।

(c) This तथा These का प्रयोग निकट में मौजूद वस्तुओं की ओर इशारा करते हैं।

Example **1.** ***This*** is a nice pen. यह एक सुन्दर कलम है।

2. ***These*** books are mine. ये मेरी पुस्तकें हैं।

☆ उपर्युक्त Sentences में This और These निकट में स्थित कलम और पुस्तक की ओर इशारा करते हैं। अत: ये Demonstrative Determiners हैं।

Possessive Determiners (सम्बन्धवाचक निर्धारक)

Possesive pronouns and adjectives indicate the relationship with an object which they belong to. My, our, your, his, her, its, their, one's आदि words Possessive Detarminers की श्रेणी में आते हैं। सम्बन्धवाचक निर्धारक Singular Noun तथा Plural Noun के पहले प्रयुक्त होकर उनसे सम्बन्ध का बोध कराते हैं।

Example **1.** This car is ***mine.*** यह मेरी कार है।

2. This car is ***yours***. यह तुम्हारी कार है।

☆ उपर्युक्त Sentences में 'mine' और 'yours' कार से अपने सम्बन्ध के बारे में बताते हैं। अत: ये Possessive Determiners हैं।

Numeral Determiners (संख्यावाचक निर्धारक)

Numeral Adjectives तीन प्रकार के होते हैं-

(a) Definite Numerals : One, two, three, first, second, third आदि Definite Numeral हैं, क्योंकि इनसे निश्चित संख्या का बोध होता है।

Example **1.** The ***second*** boy in the first row is my brother. पहली पंक्ति में दूसरा लड़का मेरा भाई है।

2. ***Three*** girls are playing in the playground. तीन लड़कियाँ मैदान में खेल रही हैं।

★ उपर्युक्त Sentences में 'second' तथा 'Three', Definite Numerals हैं, जो निश्चित संख्या का बोध कराते हैं

(b) Indefinite Numerals : ये अनिश्चित संख्या को प्रदर्शित करते हैं, जैसे-

(i) Some का अर्थ है- 'कोई' या 'कुछ'। Indefinite Numerals के बाद Singular Noun या Plural Noun दोनों का प्रयोग किया जा सकता है।

Example **1.** There is ***some*** salt in the container. डब्बे में थोड़ा नमक है।

2. There are ***some*** girls in the class. वर्ग में कुछ लड़कियाँ हैं।

★ उपर्युक्त Sentences में some का प्रयोग अनिश्चित संख्या के लिए किया गया है, जो Indefinite Numeral का बोध करता हैं।

(ii) Many का अर्थ है- 'बहुत' इसके बाद Common Noun का प्रयोग Plural Number में करते हैं।

Example* :** ***Many girls are present in the class. वर्ग में बहुत सी लड़कियाँ उपस्थित हैं।

(iii) Many a का अर्थ है- 'बहुत सारे', इसके बाद Singular Noun का प्रयोग करते हैं।

Example* :** ***Many a people think of a good government. बहुत सारे लोग अच्छी सरकार के बारे में सोचते हैं।

(iv) Few का अर्थ है- 'बहुत ही कम'।

Example* :** You have ***few pens. तुम्हारे पास कुछ ही कलम है।

(v) A few का अर्थ है- 'कुछ', आवश्यकता के बराबर।

Example* :** I have ***a few books. मेरे पास थोड़ी पुस्तकें हैं।

(vi) The Few का अर्थ है- 'वे सभी संख्याएँ जो हैं'।

Example* :** I have read ***the few books I had. जितनी भी पुस्तकें मेरे पास थी मैंने पढ़ ली है।

(vii) All का अर्थ है- 'सारा या सब'। इसके पश्चात् Plural Noun का प्रयोग किया जाता है।

Example* : *All men are happy. सभी लोग खुश हैं।

(viii) Several का अर्थ है- 'कुछ एक या कई' (अनेक)।

Example* :** This issue will take ***several years. इस मुद्दे का हल तलाशने में कई वर्ष लगेंगे।

(c) Distributive Numeral : इसमें किसी वर्ग के प्रत्येक कार्य अथवा वस्तु का बोध होता है, जैसे-

(i) Every - सभी

Example* : *Every man has to die. सभी मनुष्य को मरना पड़ता है।

(ii) Each - इसका प्रयोग निश्चित संख्या में प्रत्येक के लिए किया जाता है।

Example* : *Each student got one book. प्रत्येक छात्र को एक पुस्तक मिली।

(iii) Either - दोनों में से कोई भी।

Example* : *Either of the man will do it. दोनों में से कोई भी आदमी इसे कर सकता है।

(iv) Neither – दोनों में से कोई भी नहीं।

Example : ***Neither*** of the girls is intelligent. दोनों में से कोई भी लड़की बुद्धिमान नहीं है।

Quantitative Determiners (परिणामवाचक निर्धारक)

Quantitative Determiners form a sub-class under determiners. They are adjectives. ये निर्धारक किसी वस्तु का परिमाण अथवा मात्रा का बोध कराते हैं। ये Adjective of Quality होते हैं, जैसे–

(i) Some – इसका प्रयोग Uncountable Nouns के साथ Affirmative वाक्यों में होता है।

Example : There is ***some*** water in the pot. बर्तन में थोड़ा पानी है।

(ii) Any का अर्थ है– 'कोई'। इसका प्रयोग Negative एवं Interrogative वाक्यों में होता है।

Example **1.** Is there ***any*** person? क्या वहाँ कोई व्यक्ति है?

(iii) No का अर्थ है– 'जरा भी नहीं'। इसका प्रयोग Negative Sentence में किया जाता है।

Example : Smriti has ***no*** brains. स्मृति को जरा भी अक्ल नहीं है।

(iv) Much का अर्थ है– 'बहुत' इसके द्वारा परिमाण या मात्रा व्यक्त किया जाता है।

Example : There is ***much*** water in the river. तालाब में बहुत पानी है।

(v) More का अर्थ है– 'अधिक मात्रा में'।

Example : Will he give me ***more*** money? क्या वह मुझे अधिक धन देगा?

(vi) Less का अर्थ है– 'कम' अर्थात् 'अल्प मात्रा में'। यह Much का विपरीतार्थक शब्द है।

Example : She devotes ***less*** time to her studies. वह अपनी पढ़ाई में कम समय देती है।

(vii) Little का अर्थ है– 'थोड़ा' या 'नहीं के बराबर'।

Example : There is ***little*** hope of his success. उसके सफल होने की संभावना थोड़ी है।

(viii) A little का अर्थ है– 'a small quantity' आवश्यकता के बराबर।

Example : Will he stay here ***a little*** longer? क्या वह यहाँ थोड़ी देर रुकेगा।

(ix) The little का अर्थ है– not much, but all that is अर्थात् थोड़ी मात्रा जो पहले थी, लेकिन अब नहीं है।

Example : Sudha spent ***the little*** money she had. सुधा के पास जो थोड़े पैसे थे, उसने खर्च कर दिये।

(x) Many का अर्थ है– 'बहुत' अथवा 'अधिक संख्या में'।

Example : ***Many*** of us went to book fair. हममें से अधिकतर लोग पुस्तक मेला गये थे।

Definition (परिभाषा)

स्मरणीय

इस अध्याय में Determiners के नियमों के सही–सही उपयोग के बारे में संक्षिप्त रूप में बताया गया है।

1. 'A', 'An' और The में A और An Indefinite Article है तथा 'The' Definite Article है।
2. An का प्रयोग Vowel अथवा Vowel का ध्वनि देने वाले Consonant के पहले किया जाता है।
3. 'The' Definite Article है।

रूपात्मक क्रियाएँ
(MODALS)

Auxiliaries that express the mode of an action denoted by the main verbs are called Modals. वे Helping Verb जो Main Verb के Mode को व्यक्त करते हैं, Modals कहलाते हैं, जैसे- shall, will, should, would, can, could, may, might, must, need, ought to, used.

(i) **Modals की विशेषताएँ :** ये काल्पनिक क्रिया, जैसे- Ability (सामर्थ्य), Power (शक्ति), Permission (अनुमति), Request (प्रार्थना), Possibility (सम्भावना), Willingness (इच्छा) आदि को व्यक्त करते हैं।

(ii) इनका प्रयोग सदैव Main Verb के साथ होता है।

(iii) इन पर Subject के Number (वचन), Gender (लिंग) अथवा Person (पुरुष) का कोई प्रभाव नहीं पड़ता है।

(iv) इनके साथ Infinitive 'without to' अर्थात् 1st Form of Verb का प्रयोग होता है, लेकिन ought एवं used to के साथ 'to infinitive' का प्रयोग होता है।

(v) Modals सदा एक ही रूप में रहते हैं। इनकी कोई भी form नहीं होती है।

Usage of 'Modals'

1. Use of 'Shall'

(i) Simple Future Tense में 1st Person के Subject (I तथा We) के साथ 'Shall' का प्रयोग किया जाता है।

Example 1. I ***shall*** teach him next month. मैं उसे अगले माह पढ़ाऊँगा।

2. We ***shall*** leave for Patna next week. हम लोग अगले सप्ताह पटना जायेंगे।

(ii) 1st Person के साथ प्रश्न करने में किसी दूसरे व्यक्ति की इच्छा जानने के लिए 'Shall' का प्रयोग किया जाता है।

Example : ***Shall*** I prepare a cup of coffee for you? क्या मैं आपके लिए एक कप कॉफी तैयार करूँ?

(iii) 2nd तथा 3rd Person के Subject (you, he, she, it, they) के साथ आदेश, वचन, धमकी, दृढ़ निश्चय आदि भाव प्रदर्शित करने के लिए 'Shall' का प्रयोग किया जाता है।

Example 1. ***Shall*** I use your bicycle? क्या मैं तुम्हारे साइकिल का प्रयोग करूँ? (अनुमति के लिए)

2. I say Mohan ***shall*** return my book. मैं मोहन से कहता हूँ कि वह मेरी पुस्तक वापस करेगा। (आदेश के लिए)

2. Use of 'Will'

(i) Second और Third Person के Subject (he, she, it, you, they) के साथ 'Will' का प्रयोग किया जाता है।

Example 1. You ***will*** read this book tomorrow. तुम कल यह किताब पढ़ोगे।
2. He ***will*** write a letter. वह एक पत्र लिखेगा।
3. She ***will*** come here. वह यहाँ आयेगी।

(ii) Willingness (दृढ़ इच्छा) व्यक्त करने के लिए 'Will' का प्रयोग किया जाता है।

Example : I ***will*** help you in your bad times. मैं तुम्हें बुरे वक्त पर मदद करूँगा।

(iii) Determination (दृढ़ निश्चय) व्यक्त करने के लिए 'Will' का प्रयोग किया जाता है।

Example : I ***will*** visit Agra Fort next month. मैं अगले महीने आगरा किला जाऊँगा।

(iv) Threat (धमकी) व्यक्त करने के लिए 'Will' का प्रयोग किया जाता है।

Example : I ***will*** teach her a lesson. मैं उसे सबक सिखाऊँगा।

(v) Polite (विनम्रतापूर्वक निवेदन) करने के लिए 'Will' का प्रयोग किया जाता है।

Example : ***Will*** you have dinner with me? क्या तुम मेरे साथ डिनर करोगी?

(vi) Prediction (भविष्यवाणी) का प्रदर्शन करने के लिए 'Will' का प्रयोग किया जाता है।

Example : Satish ***will*** never cheat me. (Prediction) सतीश मुझे कभी धोखा नहीं देगा।

3. Use of 'Should'

(i) Past Tense (भूतकाल) में Future Tense (भविष्यत काल) को व्यक्त करने के लिए 'Should' का प्रयोग किया जाता है।

Example 1. He told me that I ***should*** attend the meeting. उसने मुझसे कहा कि मैं बैठक में भाग लेने जाऊँगा।

Example 2. We said that they ***should*** reach home. हम लोगों ने कहा कि वे लोग घर आयेंगे।

(ii) Advice (सलाह) Suggestion (सुझाव) तथा Inference (निष्कर्ष) व्यक्त करने के लिए 'Should' का प्रयोग किया जाता है।

Example 1. We ***should*** obey our elders. हमें अपने बड़ों का सम्मान करना चाहिए।
2. He ***should*** work hard to get success. उसे सफलता पाने के लिए कड़ी मेहनत करना चाहिए।

(iii) Duty and Obligation (कर्तव्य पालन) को व्यक्त करने के लिए 'Should' का प्रयोग किया जाता है।

Example 1. The servant ***should*** bring the books. नौकर को किताबें लाना चाहिए।
2. We ***should*** help the needy persons. हमें जरूरतमंदों की सहायता करनी चाहिए।

4. Use of 'Would'

(i) Indirect Speech में Future Tense (भविष्यत काल) को Past Tense (भूतकाल) में प्रदर्शित करने के लिए 'Would' का प्रयोग किया जाता है।

Example 1. Meera said that she ***would*** also read the book. मीरा ने कहा कि वह भी पुस्तक पढ़ेगी।
2. I told him that I ***would*** go to the school tomorrow. मैंने उससे कहा कि मैं कल पाठशाला जाऊँगा।

(ii) Past habit (भूतकाल की आदत) के बारे में बताने के लिए 'Would' का प्रयोग किया जाता है।

Example 1. Alok ***would*** go for walk in the evening. आलोक शाम को टहलने

जाता था।

2. Mahatma Gandhi ***would*** spin every morning. महात्मा गांधी प्रतिदिन सुबह चरखा कातते थे।

(iii) Present Tense (वर्तमान काल) में Polite Request (विनम्रतापूर्वक प्रार्थना) के लिए 'Would' का प्रयोग किया जाता है।

Example 1. ***Would*** you please give me a few minutes? क्या आप मुझे कुछ समय देंगे?

2. ***Would*** you please show me your mobile phone? क्या आप मुझे अपना मोबाइल दिखायेंगे।

(iv) Unreal condition (असंभव स्थिति) दिखाने के लिए Would का प्रयोग किया जाता है।

Example : ***Would*** I were careful! क्या मैं असावधान था।

(v) Desire (इच्छा) व्यक्त करने के लिए 'Would' का प्रयोग किया जाता है।

Example : I ***would*** like to stage a dance. मैं एक डांस आयोजित करना चाहता हूँ।

(vi) Condition (शर्त) व्यक्त करने के लिए 'Would' का प्रयोग किया जाता है।

Example : He would stand first if he worked hard. वह प्रथम स्थान हासिल कर लेता, अगर उसने कड़ी मेहनत की होती।

5. Use of 'Can'

★ कर सकना के अर्थ में 'Can' का प्रयोग किया जाता है।

(i) Power (शक्ति) और Ability (योग्यता) व्यक्त करने के लिए 'Can' का प्रयोग किया जाता है।

Example 1. I ***can*** read english newspaper. मैं अंग्रेजी अखबार पढ़ सकता हूँ।

2. I ***can*** run two miles. मैं दो मील दौड़ सकता हूँ।

(ii) Permission (आज्ञा) देने के लिए 'Can' का प्रयोग किया जाता है।

Example 1. You ***can*** go now. तुम अब जा सकते हो।

2. You ***can*** finish this work. तुम यह काम पूरा कर सकते हो।

(iii) Possibility (संभावना) व्यक्त करने के लिए 'Can' का प्रयोग किया जाता है।

Example 1. Anyone ***can*** solve this sum. कोई भी इस सवाल को हल कर सकता है।

2. Anyone ***can*** go there. कोई भी वहाँ जा सकता है।

(iv) Nature (स्वाभाव) व्यक्त करने के लिए 'Can' का प्रयोग किया जाता है।

Example 1. He ***can*** insult you. वह तुम्हारा अपमान कर सकता है।

2. Chandini ***can*** bluff him. चाँदनी उसे धोखा दे सकती है।

(v) Prohibition (निषेध), Impossibility (असंभावना) और Compulsion (जबरदस्ती) व्यक्त करने के लिए 'Can' का प्रयोग किया जाता है।

★ ***Example*** 1. A man ***cannot*** enter in a ladies compartment. कोई पुरुष महिलाओं के कूपे में प्रवेश नहीं कर सकता। (Prohibition)

2. Shyam ***cannot*** attend the class because he is on tour. श्याम वर्ग में उपस्थित नहीं हो सकता, क्योंकि वह घूमने के लिए गया है। (Impossibility)

6. Use of 'Could'

(i) Past Tense (भूतकाल) में शक्ति दिखाने के लिए 'Could' का प्रयोग किया जाता है।

Example 1. My father asked me if I ***could*** help him. मेरे पिताजी ने मुझसे पूछा कि क्या मैं उनकी मदद कर सकता हूँ।

2. The headmaster asked me if I ***could*** solve the sum. हेडमास्टर ने मुझसे पूछा कि क्या इस सवाल को हल कर सकता है।

(ii) Past Tense (भूतकाल) में योग्यता (Ability) या सामर्थ्य दर्शाने के लिए 'Could' का प्रयोग किया जाता है।

Example **1.** Saurabh ***could*** tell rhymes when he was child. सौरभ कविताएँ पढ़ सकता था, जब वह छोटा था।

2. I lost my purse so I ***could*** not buy anything from the market. मेरा बटुआ खो गया इसलिए मैं बाजार से कुछ नहीं खरीद सका।

(iii) Past Tense (भूतकाल) में Possibility (संभावना) दर्शाने के लिए 'Could' का प्रयोग किया जाता है।

Example **1.** If I had money, I ***could*** buy a new car. अगर मेरे पास रुपये होते, तो मैं नई कार खरीद सकता था।

2. If Seema had secured good marks she ***could*** seek a good job. अगर सीमा अच्छे नम्बर लाती तो उसे अच्छी नौकरी मिल सकती थी।

(iv) Polite Request (विनम्र निवेदन) और Condition (शर्त) इत्यादि व्यक्त करने के लिए 'Could' का प्रयोग किया जाता है।

Example **1.** ***Could*** I use your mobile phone? क्या मैं आपके मोबाइल फोन का इस्तेमाल कर सकता हूँ?

2. I ***could*** have given you my car, if you had asked me. मैं अपनी कार तुम्हें दे सकता था, अगर तुमने मुझे कहा होता।

7. Use of 'May'

(i) Permission (अनुमति) लेने अथवा देने की स्थिति में 'May' का प्रयोग किया जाता है।

Example **1.** ***May*** I come in? क्या मैं अन्दर आ सकता हूँ?

2. You ***may*** use my pen. तुम मेरे कलम का प्रयोग कर सकते हो।

(ii) Possibility (संभावना) व्यक्त करने के लिए 'May' का प्रयोग किया जाता है।

Example **1.** It ***may*** rain today. आज वर्षा हो सकती है।

2. The Prime Minister ***may*** visit the flood affected area in Srinagar. प्रधानमंत्री श्रीनगर के बाढ़ पीड़ित इलाके का दौरा कर सकते हैं।

(iii) Factual Possibility (तथ्यात्म संभावना) दर्शाने के लिए 'May' का प्रयोग किया जाता है।

Example **1.** It is cloudy, it ***may*** rain. आज बादल है, वर्षा हो सकती है।

2. The ground is wet, the match ***may*** be delayed. मैदान गीला है, मैच देर से शुरू हो सकता है।

(iv) Purpose (उद्देश्य) व्यक्त करने के लिए 'May' का प्रयोग किया जाता है।

Example **1.** We eat so that we ***may*** become strong. हम इसलिए खाते हैं ताकि मजबूत हो सकें।

2. Ram works hard so that he ***may*** succeed. राम अधिक मेहनत करता है ताकि वह सफल हो सके।

(v) Wish (इच्छा) या Prayer (प्रार्थना) व्यक्त करने के लिए 'May' का प्रयोग किया जाता है।

Example **1.** ***May*** you live long! आप दीर्घायु हों!

2. ***May*** you prosper in life. आप समृद्धशाली हों।

★ अनुमति लेने अथवा देने के मामले में 'Can' की अपेक्षा 'May' का ज्यादा प्रयोग किया जाता है।

8. Use of 'Might'

(i) Past Tense (भूतकाल) में Purpose (उद्देश्य) दर्शाने के लिए 'Might' का प्रयोग किया जाता है।

Example 1. Komal wore fancy dress so that she ***might*** look beautiful. कोमल ने अच्छे कपड़े इसलिए पहने ताकि वह सुन्दर दिख सके।

2. Police ran fast so that they ***might*** catch the thief. पुलिस तेज इसलिए भागी ताकि चोरों को पकड़ सके।

(ii) भविष्य में Remote Possibility (संदेहात्मक संभावना) अथवा Permission (आज्ञा) व्यक्त करने के लिए 'Might' का प्रयोग किया जाता है।

Example 1. Maya has not attened my marriage party, but she ***might*** send a present. माया मेरी शादी की पार्टी में नहीं आयी, मगर वह उपहार भेज सकती है।

2. The sky is clear but it ***might*** rain heavily. आकाश साफ है, किन्तु अधिक वर्षा हो सकती है।

(iii) Request (आग्रह) व्यक्त करने के लिए 'Might' का प्रयोग किया जाता है।

Example : If you are going to the market you ***might*** bring me a book. अगर तुम बाजार जा रहे हो तो मेरे लिए एक पुस्तक लेते आना।

9. Use of 'Ought to'

(i) Ought to का अर्थ वही है जो 'should' का है। Reported speech में भूतकाल के साथ 'Ought to' का प्रयोग वही रहता है।

Example : He said that he ***ought to*** go. उसने कहा कि उसे जाना चाहिए।

(ii) Moral Duty (नैतिक कर्तव्य) अथवा Social Binding (सामाजिक बंधन) को दर्शाने के लिए 'Ought to' का प्रयोग किया जाता है।

Example : We ***ought to*** respect our elders. हमें बड़ों का आदर करना चाहिए।

10. Use of 'Need'

(i) Need का प्रयोग Necessity (आवश्यकता) का भाव प्रकट करने के लिए Negative (निषेधात्मक) तथा Interrogative (प्रश्नवाचक) वाक्यों में करते हैं।

Example 1. He ***need*** not walk so fast. उसे तेज चलने की आवश्यकता नहीं है। (निषेधात्मक वाक्य)

2. ***Need*** he go to so soon? क्या उसे शीघ्र जाने की आवश्यकता है? (प्रश्नवाचक वाक्य)

(ii) Principal Verb के रूप में 'Need' का प्रयोग किया जाता है।

Example 1. Seeta ***need*** to dine now. सीता को भोजन करने की जरूरत है।

2. Seeta does not ***need*** to dine now. सीता को अब भोजन की जरूरत नहीं है।

11. Use of 'Dare'

(i) Dare का अर्थ साहस/हिम्मत करना। इसका प्रयोग Negative एवं Interrogative दोनों प्रकार के वाक्यों में करते हैं।

Example 1. ***Dare*** he go? क्या उसे जाने की हिम्मत है?

2. He ***dared*** not go. उसे जाने की हिम्मत नहीं है।

(ii) Challenge (चुनौती) देने के अर्थ में 'dare' का प्रयोग करते हैं।

Example : Satish ***dared*** me to fight. सतीश ने मुझे लड़ने की चुनौती दी।

12. Use of 'Used' (to)

(i) Past Tense (भूतकाल) में आदत को दिखाने के लिए 'Used' का प्रयोग किया जाता है।

Example 1. I ***used to*** read the Ramayana regularly. मैं प्रतिदिन रामायण पाठ करता हूँ।

2. She ***used*** not to abuse anybody. वह किसी को गाली नहीं देती है।

13. Use of 'Must'

(i) Necessity (आवश्यकता) अथवा Obligation (कर्तव्य) व्यक्त करने के लिए 'Must' का प्रयोग किया जाता है।

Example 1. Mohini ***must*** run fast to catch the train. ट्रेन पकड़ने के लिए मोहिनी को तेजी से दौड़ना चाहिए।

2. We ***must*** pay our income tax in time. हमें अपना आयकर समय पर भरना चाहिए।

(ii) Emphatic Advice (जोरदार सलाह) व्यक्त करने के लिए 'Must' का प्रयोग किया जाता है।

Example 1. You ***must*** not cheat anyone. तुम्हें किसी को धोखा नहीं देना चाहिए।

2. Every one ***must*** respect their elders. सभी को अपने से बड़ों की अवश्य इज्जत करना चाहिए।

(iii) Compulsion (अनिवार्यता) प्रदर्शित करने के लिए 'Must' का प्रयोग किया जाता है।

Example : You ***must*** obey the laws of constitution. तुम्हें संविधान का अवश्य पालन करना चाहिए।

(iv) Prohibition (निषेधाज्ञा) व्यक्त करने के लिए 'Must' का प्रयोग किया जाता है।

Example 1. You ***must*** not read other's diary. तुम्हें दूसरों की डायरी नहीं पढ़ना चाहिए।

2. You ***must*** not enter a ladies compartment. तुम्हें महिलाओं के कोच में नहीं चढ़ना चाहिए।

★ निषेधात्मक वाक्य में must के बाद not का प्रयोग किया जाता है।

स्मरणीय

इस अध्याय में Modals के नियमों के सही-सही उपयोग के बारे में संक्षिप्त रूप में बताया गया है।

1. Modal का प्रयोग सदैव Main Verb के साथ होता है।
2. Modals सदा एक ही रूप में रहते हैं। इनकी कोई Form नहीं होती है।

काल
(TENSE)

Definition (परिभाषा)

Tense is the form of a verb which expresses the time of an action and its degree of completeness. Tense (काल) के द्वारा किसी क्रिया के समय का बोध होता है। इससे यह बात पता चलती है कि वाक्य में प्रयुक्त क्रिया का सम्बन्ध किस काल से है अर्थात् कार्य हो चुका है, अभी हो रहा है या अभी होगा।

हिन्दी के वाक्य का अंग्रेजी में सही-सही अनुवाद करने के लिए हिन्दी के वाक्यों के Tense की पहचान होना बहुत आवश्यक है। Tense की पहचान होने से ही हम Words का प्रयोग करके सही वाक्य बना सकते हैं। वाक्य की क्रिया को ध्यानपूर्वक पढ़ने से वाक्य के Tense की पहचान की जा सकती है।

Kinds of Tense (काल के भेद)

Tense तीन प्रकार के होते हैं-

1. Present Tense (वर्तमान काल)
2. Past Tense (भूतकाल)
3. Future Tense (भविष्यत काल)

Present Tense (वर्तमान काल)

When the timeframe of the action under discussion is current, it is said to be in the Present Tense. जिस वाक्य में कार्य के वर्तमान में होने का बोध हो, तो उसे Present Tense कहते हैं।

★ प्रत्येक Tense के चार भेद होते हैं-

1. Present Indefinite Tense (सामान्य वर्तमान काल)
2. Present Imperfect (Continuous) Tense (अपूर्ण वर्तमान काल)
3. Present Perfect Tense (पूर्ण वर्तमान काल)
4. Present Perfect Continuous (पूर्ण निरंतर वर्तमान काल)

1. Persent Indefinite Tense (सामान्य वर्तमान काल)

Present Indefinite Tense is used to present general truths and habitual actions. Present Indefinite Tense का उपयोग साधारण सत्य और आदतन हरकतों का वर्णन करने के लिए किया जाता है।

Example : I read. मैं पढ़ता हूँ।

★ उपर्युक्त Sentence में Subject के बाद Verb की 1st Form प्रयोग किया जाता है।

(a) **Affirmative form (सकारात्मक रूप)** - इस रूप में सबसे पहले Subject आता है तथा उसके बाद Verb की First form प्रयोग होती है। Object तथा दूसरे तथ्य सबसे बाद में आते हैं। यहाँ महत्त्वपूर्ण बात यह है कि I, we, you और they के साथ Verb की 1st Form

का प्रयोग किया जाता है, लेकिन Subject में Third Person Singular Number (He, She, it) अथवा कोई नाम जैसे- Mohan, Sohan आदि आये तो Verb के First Form के साथ 'S' या 'ES' का प्रयोग करते हैं।

Example **1.** He reads. वह पढ़ता है।
2. Sohan plays cricket. सोहन क्रिकेट खेलता है।
3. Ramesh goes to office everyday. रमेश प्रतिदिन ऑफिस जाता है।

(b) Negative Form (नकारात्मक रूप) – नकारात्मक रूप में पहले Subject उसके बाद do not/does not फिर Verb के 1st Form का प्रयोग करते हैं। Subject– Third Person, Singular Number– होने पर Does not का प्रयोग करते हैं।

Example **1.** I ***do not*** read. मैं नहीं पढ़ता हूँ।
2. He ***does not*** read. वह नहीं पढ़ता है।
3. Sita ***does not*** read. सीता नहीं पढ़ती है।

(c) Interrogative Form (प्रश्नवाचक रूप) : Present Indefinite Tense के वाक्यों को Interrogative Sentence वाक्य बनाने के पहले Subject के लिए Do अथवा Does तथा इसके पश्चात् Verb के First Form का प्रयोग करते हैं।

Example **1.** ***Do*** I read? क्या मैं पढ़ता हूँ?
2. ***Does*** he read? क्या वह पढ़ता है?

Use of Present Indefinite Tense (सामान्य वर्तमान काल के प्रयोग)

☞ **Rule 1 :** आदत अथवा दैनिक कार्य को व्यक्त करने के लिए Present Indefinite Tense का प्रयोग किया जाता है।

Example **1.** I get ***up*** daily in the morning at 5 O'clock. मैं प्रतिदिन सुबह पाँच बजे उठता हूँ।
2. Sita ***reads*** the Ramayana daily. सीता प्रतिदिन रामायण पढ़ती है।

☞ **Rule 2 :** General Truth (सामान्य सत्य) को व्यक्त करने के लिए Present Indefinite Tense का प्रयोग किया जाता है।

Example **1.** The sun ***rises*** in the east. सूर्य पूरब में उगता है।
2. The earth ***moves*** around the Sun. पृथ्वी सूर्य के चारों ओर चक्कर काटती है।
3. I ***live*** at Shalimarbagh in Delhi. मैं शालीमार बाग दिल्ली में रहता हूँ।

2. Present Imperfect (Continuous) Tense (अपूर्ण वर्तमान काल)

Present Continuous is used to describe actions that have not been completed in the current time. Present Continuous Tense का उपयोग वर्तमान काल के उन गतिविधियों के विवरण में किया जाता है, जो पूर्ण नहीं हुए हैं।

Example **:** I ***am*** reading. मैं पढ़ रहा हूँ।

(a) Affirmative form (सकारात्मक रूप) – Subject के पश्चात् Auxiliary Verb का प्रयोग किया जाता है तथा Main Verb (मुख्य क्रिया) में 'ing' लगाते हैं।

☞ **Rule :** इसमें I के साथ am तथा we, you तथा they के साथ are तथा he, she, it अथवा किसी नाम के साथ is लगाकर Verb के अंत में ing जोड़ते हैं।

Example **1.** I ***am*** teaching. मैं पढ़ा रहा हूँ।
2. Sohan ***is*** going. सोहन जा रहा है।

(b) **Negative Form (नकारात्मक रूप) :** Subject के बाद Auxiliary Verb (is, are, am) के साथ 'not' का प्रयोग करते हैं तथा Main Verb में ing जोड़ देते हैं।

Example 1. He ***is not*** reading. वह नहीं पढ़ रहा है।
2. I ***am not*** going. मैं नहीं जा रहा हूँ।

(c) **Interrogative Form (प्रश्नसूचक रूप) :** इसमें Subject के पहले Auxiliary Verb (is, are, am) का प्रयोग करते हैं तथा Verb के अन्त में 'ing' जोड़ देते हैं।

Example 1. ***Are*** you reading? क्या तुम पढ़ रहे हो?
2. ***Is*** she reading? क्या वह पढ़ रही है?

Use of Present Imperfect or Present Continuous (अपूर्ण वर्तमान काल के प्रयोग)

☞ **Rule :** वर्तमान समय में हो रहे कार्य को प्रकट करने के लिए Present Imperfect Tense का प्रयोग किया जाता है।

Example : You ***are*** reading. तुम पढ़ रहे हो।

☞ **Rule :** भविष्यत काल के किसी काम को प्रकट करने के लिए Present Imperfect Tense का प्रयोग किया जाता है।

Example : Shyam ***is*** going to Hawrah on Tuesday. श्याम मंगलवार को हावड़ा जा रहा है।

3. Present Perfect Tense (पूर्ण वर्तमान काल)

Present Perfect Tense is used to describe actions that have been completed in the current time. Present Perfect Tense का उपयोग वर्तमान काल के उन गतिविधियों के विवरण में किया जाता है, जो पूरे हो चुके हैं।

Example : I ***have*** read the book. मैं पुस्तक पढ़ चुका हूँ।

✯ I, you, We तथा Third Person They के साथ have का प्रयोग करते हैं, लेकिन Third Person Singular Number he, she और it के साथ has का प्रयोग करते हैं।

Example 1. He ***has*** read the book. वह पुस्तक पढ़ चुका है।
2. I ***have*** read the book. मैं पुस्तक पढ़ चुका हूँ।
3. Our boss ***has*** called a meeting. हमारे बॉस ने एक बैठक बुलायी है।

(a) **Affirmative Form (सकारात्मक रूप) :** Verb के Third Form Past Participle का प्रयोग करते हैं, जैसे- Play के स्थान पर 'played' का प्रयोग होता है। You, they, we के साथ have का तथा Subject यदि Third Person Singular Number (he, she, it) हो, तो इसके साथ 'has' का प्रयोग करते हैं।

Example 1. I ***have*** finished my work. मैं अपना कार्य समाप्त कर चुका हूँ।
2. They ***have*** gone to the hill station. वे लोग पर्यटक स्थल जा चुके हैं।

(b) **Negative Form (नकारात्मक रूप) :** Negative Form में 'has' तथा 'have' के साथ 'not' का प्रयोग करते हैं।

Example : I ***have not*** read the lesson. मैंने पाठ नहीं पढ़ा है।

(c) **Interrogative Form (प्रश्नसूचक रूप) :** ऐसे वाक्यों में Subject के पहले 'have' या 'has' का प्रयोग करते हैं। इसके पश्चात् Verb के Third Form का प्रयोग किया जाता है।

Example 1. ***Has*** he not gone? क्या वह नहीं जा चुका है?
2. ***Has*** the train left? क्या ट्रेन छूट चुकी है?

Uses of Present Perfect Tense (पूर्ण वर्तमान काल के प्रयोग)

इसका प्रयोग भूतकाल के ऐसे कार्य का वर्णन करने के लिए किया जाता है जो अभी-अभी पूरा हुआ हो और उसमें already, so far, recently, presently, till now, as yet, just now, this year आदि में से किसी शब्द का प्रयोग हुआ हो।

Example : I ***have*** finished my work just now. मैंने अभी-अभी अपना कार्य पूरा किया है।

☞ **Rule** : भूतकाल के अनुभव का वर्णन करने के लिए अर्थात् जब वाक्य के अन्त में once, twice, several times आदि शब्दों का प्रयोग दे रखा हो-

Example : I ***have*** gone to Delhi several times. मैं कई बार दिल्ली जा चुका हूँ।

4. Present Perfect Continuous (पूर्ण निरंतर वर्तमान काल)

Present Perfect Continuous Tense is used to indicate that some action in the current time has been going on for some time and is not yet over. जिस वाक्य से यह पता चले कि कार्य पहले प्रारम्भ होकर अर्थात् अभी जारी है, उसे Present Perfect Continuous Tense कहते हैं।

Example : I ***have been*** living in Mumbai for 10 years. मैं मुम्बई में दस वर्षों से रहता आ रहा हूँ।

☞ **Rule** : I, We, You तथा They के साथ have been तथा Third Person, Singular Number Subject के साथ has been तथा Verb के अंत में 'ing' जोड़ते हैं।

(a) **Affirmative Form (सकारात्मक रूप) :** Main Verb में 'ing' लगाते हैं। I, we, you, they के साथ have been तथा Third Person Singular Number का Subject रहने पर 'has been' का प्रयोग Verb के पहले करते हैं।

Example : He ***has been*** suffering from Dengue since two weeks. वह दो सप्ताह से डेंगू बुखार से पीड़ित है।

(b) **Negative Form (नकारात्मक रूप) :** have अथवा has के बाद तथा been के पहले not का प्रयोग करते हैं।

Example : I ***have not*** been living in Mumbai for 10 years. मैं मुम्बई में दस वर्षों से नहीं रहता आ रहा हूँ।

(c) **Interrogative Form (प्रश्नसूचक रूप) :** पहले has/have का प्रयोग करते हैं। बाद में Subject तब been तथा Verb के अंत में ing जोड़ देते हैं।

Example : ***Has*** he been living in Mumhai for 10 years. क्या वह मुम्बई में दस वर्षों से रहता आ रहा है?

★ समय अवधि के लिए 'for' का प्रयोग करते हैं।

Example : He has been living in Delhi ***for*** 2 years. वह दो वर्षों से दिल्ली में रहता आ रहा है।

★ जहाँ पर निश्चित समय अवधि दी गयी हो, वहाँ 'since' का प्रयोग करते हैं।

Example : He has been living in Delhi ***since*** 1990. वह 1990 से दिल्ली में रहता आ रहा है।

Past Tense (भूतकाल)

When the time frame of the action is described in the past, it is said to be in the Past Tense. यदि विवरण की जा रही घटना का समय गुजर चुका है, तो उसे Past Tense में घटित होना कहा जाता है। Past Tense चार प्रकार के होते हैं।

1. Past Indefinite Tense (सामान्य भूतकाल)
2. Past Imperfect (Continuous) Tense (अपूर्ण भूतकाल)
3. Past Perfect Tense (पूर्ण भूतकाल)
4. Past Perfect Contiunuous Tense (पूर्ण निरंतर भूतकाल)

1. Past Indefinite (सामान्य भूतकाल)

This tense shows an action completed in past. जिस वाक्य के क्रिया के अन्त में या, यी, ये अथवा आ, ई, ए हो उसे Past Indefinite Tense कहते हैं।

Example : I *came*. मैं आया।

☞ **Rule :** Past Indefinite के वाक्यों में Subject के बाद Verb के दूसरे Form का प्रयोग करते हैं।

(a) **Affirmative Form (सकारात्मक रूप) :** जब कार्य Past में हो तो Subject के साथ Verb की दूसरी form का प्रयोग करते हैं।

Example **1.** I *went* there. मैं वहाँ गया।
2. She *gave* me a book. उसने मुझे एक पुस्तक दिया।

(b) **Negative Form (नकारात्मक रूप) :** नकारात्मक वाक्यों में Subject के बाद did not लगाकर Verb के पहले form का प्रयोग करते हैं।

Example **1.** I *did not* come. मैं नहीं आया।
2. He *did not* behave well. उसने अच्छा व्यवहार नहीं किया।

(c) **Interrogative Form (प्रश्नसूचक रूप) :** प्रश्नसूचक रूप में Subject के पहले did तथा बाद में Verb की First Form का प्रयोग करते हैं।

Example **1.** *Did* he not come? क्या वह नहीं आया?
2. *Did* I not eat? क्या मैंने नहीं खाया?

Uses of Past Indefinite Tense (सामान्य भूतकाल के प्रयोग)

☞ **Rule 1:** It is used to express an action that is just completed or just happened, normally a short time before speaking. Time of action is not specified but it makes a sense that action is just completed. कार्य जो वाक्य बोलते समय से कुछ समय पहले ही पूर्ण हुआ हो या घटित हुआ हो Past Indefinite Tense के अन्तर्गत आता है।

Example : Raman learnt his lesson. रमन ने अपना पाठ याद कर लिया।

★ उपर्युक्त वाक्यों से पता चलता है कि कार्य भूतकाल में अनिश्चित समय पर हुआ है।

☞ **Rule 2:** It is used to express an action which has completed in past and time of action; e.g., 3 pm, yesterday, last evening, last mont, past years) is given in the sentence. कार्य जो भूतकाल में घटित या पूर्ण हो और वाक्य में कार्य का समय (जैसे– 3 बजे, कल, पिछले महीने, पिछले साल आदि) दिया हुआ हो, वह सामान्य भूतकाल काल के अन्तर्गत आता है।

Example : Dinesh met her yesterday. दिनेश उससे कल मिला।

☞ **Rule 3:** It is also used to express old habits also. Normally words "USED TO" is used to express old habits. इसका प्रयोग भूतकाल की आदत को व्यक्त करने हेतु भी किया जाता है। भूतकाल की आदत को बताने के लिए आमतौर पर 'Used to' का प्रयोग किया जाता है।

Example **1.** Rajkumar always wore white shoes. राजकुमार हमेशा सफेद जूते पहनता था।
2. Rajkumar used to wear white shoes. राजकुमार सफेद जूते पहनने के लिए इस्तेमाल किया।

2. Past Imperfect (Continuous) Tense (अपूर्ण निरंतर भूतकाल)

It denotes an action going on at a certain time which has not yet finished. जिस वाक्य से यह पता चले कि कोई कार्य भूतकाल में जारी था, उसे Past Imperfect Tense कहते हैं।

Example **:** I ***was*** reading. मैं पढ़ रहा था।

(a) **Affirmative Form (सकरात्मक रूप):** Subject के बाद was और were का प्रयोग किया जाता है तथा Verb के अन्त में 'ing' जोड़ देते हैं। Third Person Singular Number (he, she, it) अथवा First Person Singular Number (I) के Subject के रूप में होने पर मुख्य Verb के पहले 'was' का प्रयोग करते हैं। Second Person के Singular Number में तथा Third Person के Plural Number में 'were' का प्रयोग करते हैं।

Example **1.** Sita ***was*** laughing. सीता हँस रही थी।

2. You ***were*** going to the market. तुम बाजार जा रहे थे।

(b) **Negative Form (नकारात्मक रूप) :** इस रूप में was not अथवा were not का प्रयोग करते हैं।

Example **1.** I ***was not*** teaching you. मैं तुम्हें नहीं पढ़ा रहा हूँ।

2. You ***were not*** laughing. तुम नहीं हँस रहे हो।

(c) **Interrogative Form (प्रश्नसूचक रूप) :** इस रूप में was अथवा were का प्रयोग Subject से पहले करते हैं।

Example **1.** ***Was*** he reading a book? क्या वह एक पुस्तक पढ़ रहा था?

2. ***Were*** you not eating a mango? क्या तुम आम नहीं खा रहे थे?

Uses of Past Continuous Tense (अपूर्ण निरंतर भूतकाल के प्रयोग)

☞ **Rule 1 :** ऐसे action का वर्णन करने के लिए जिसके साथ when वाली Adverb clause Past Indefinite Tense में दे रखी हो।

Example **:** When I met her, she was doing her homework. जब मैं उससे मिला वह अपना गृहकार्य कर रही थी।

☞ **Rule 2 :** साथ-साथ होने वाले दो actions में से यदि एक action Past Continuous Tense में दे रखा हो, तो दूसरे action को भी Past Continuous Tense में रखते हैं।

Example **:** I was doing my work, while she was playing. मैं अपना काम कर रहा था, जब वह खेल रही थी।

3. Past Perfect Tense (पूर्ण भूतकाल)

This tense is used to denote an action completed in the past before a certain moment. जिस वाक्य के अन्त में चुका था, चुकी थी, चुके थे आदि हो उसे Past Perfect Tense कहते हैं।

Example **1.** I had read the novel. मैं उपन्यास पढ़ चुका था।

2. He had gone to the school. वह स्कूल जा चुका था।

☞ **Rule :** ऐसे वाक्यों में Subject के बाद had तथा Verb की Third Form Past Participle का प्रयोग किया जाता है।

Example **:** The train had left when Mohan reached the station. जब मोहन स्टेशन पहुँचा ट्रेन छूट चुकी थी।

(a) **Affirmative Form (सकरात्मक रूप) :** Subject के बाद में 'had' देकर Verb के Past Participle रूप का प्रयोग करते हैं।

Example : The train *had* left before Sohan reached the station. सोहन के स्टेशन पहुँचने के पहले ट्रेन छूट चुकी थी।

(a) **Negative Form (नकरात्मक रूप)** : had के बाद not का प्रयोग करते हैं।

Example : The police *had not* reached before the thieves ran away. पुलिस के नहीं पहुँचने के पहले चोर भाग चुके थे।

(b) **Interrogative Form (प्रश्नवाचक रूप)** : Subject से पहले had का प्रयोग करते हैं, Subject के बाद Verb की Third Form और बाद में होने वाले कार्य के लिए Past Indefinite का प्रयोग करते हैं।

Example : *Had* you finished your work before the bell rang? क्या तुम घण्टी बजने से पहले अपना कार्य समाप्त कर चुके थे?

Uses of Past Perfect Tense (पूर्ण भूतकाल के प्रयोग)

☞ **Rule 1 :** जब before अथवा when वाले clause में Past Indefinite Tense दे रखा हो, तो Main clause को Past Perfect Tense में लिखते हैं।

Example : The rain had stopped *before* we returned home. हम लोगों के घर लौटने से पहले वर्षा रुक चुकी थी।

☞ **Rule 2 :** ऐसे action का वर्णन करने के लिए जिसमें till, yesterday, till then दिया हो।

Example : Rashmi had not completed her work *till* night. रश्मि रात होने तक अपना कार्य समाप्त नहीं कर पायी थी।

4. Past Perfect Continuous Tense (पूर्ण निरंतर भूतकाल)

This tense is generally used to express an activity which was continuing but recently stopped. जिस वाक्य के अन्त में ता आ रहा था, ती आ रही थी, ते आ रहे थे आदि हो, तो उसे Past Perfect Continuous Tense कहते हैं।

Example : Ramesh *had been* living in Delhi for 10 years. रमेश दस वर्षों से दिल्ली में रहता आ रहा था।

(a) **Affirmative Form (सकारात्मक रूप)** : Subject के पश्चात् 'had been' का प्रयोग किया जाता है तथा Main Verb में 'ing' जोड़ देते हैं।

Example : He was free in the evening but *had been* working the whole day. वह शाम को खाली था, परन्तु वह दिन भर काम कर रहा था।

(b) **Negative Form (नकारात्मक रूप)** : इसमें Subject के बाद had तथा had के बाद not का प्रयोग करते हैं।

Example : He *had not* been living in Delhi for 10 years. वह दस सालों से दिल्ली में नहीं रहता आ रहा था।

(c) **Interrogative Form (प्रश्नसूचक रूप)** : इसमें Subject के पहले had का प्रयोग करते हैं फिर 'been' तथा Verb के अन्त में 'ing' जोड़ देते हैं।

Example : *Had* he not been living in Delhi for 10 years? क्या वह दिल्ली में दस वर्षों से नहीं रहता आ रहा था?

Uses of Past Perfect Continuous Tense (अपूर्ण निरंतर भूतकाल के प्रयोग)

यदि when अथवा before वाली Clause Past Indefinite Tense में दे रखी हो, तो Main Clause जिसमें since/for वाला time भी दे रखा हो Past Perfect Continuous का प्रयोग करते हैं।

Example : Shayam had been working hard for 20 years when he fell ill. श्याम बीस वर्षों से काम करता आ रहा था जब वह बीमार पड़ा।

Future Tense (भविष्यत काल)

When the time frame of the action under discussion is in the future, it is said to be in the Future Tense. भविष्य में किसी कार्य को करने के लिए सूचित किये गये समय को Future Tense कहते हैं।

Example **1.** I ***shall*** read this book. मैं यह पुस्तक पढ़ूँगा।

2. Reshma ***will*** write. रेशमा लिखेगी।

Future Tense चार प्रकार के होते हैं-

1. Future Indefinite Tense (सामान्य भविष्यत काल)
2. Future Continuous Tense (अपूर्ण भविष्यत काल)
3. Future Perfect Tense (पूर्ण भविष्यत काल)
4. Future Perfect Continuous Tense (पूर्ण निरंतर भविष्यत काल)

1. Future Indefinite Tense (सामान्य भविष्यत काल)

☞ **Rule :** Future Indefinite Tense में I, We के साथ shall तथा बाकी सभी Subject (you, he, she, it, they) के लिए will के बाद Verb के First form का प्रयोग करते हैं।

(a) **Affirmative Form (सकारात्मक रूप) :** ऐसे वाक्यों में We, I के साथ Shall तथा अन्य सभी Subject के साथ Will का प्रयोग करते हैं तथा इसके बाद Verb की First Form का प्रयोग करते हैं।

Example **1.** I ***shall*** miss you. मैं तुम्हें याद करूँगा।

2. You ***will*** go to Kanpur. तुम कानपुर जाओगे।

(b) **Negative Form (नकारात्मक रूप) :** ऐसे वाक्यों में will तथा shall के बाद not जोड़ देते हैं।

Example **1.** I ***shall not*** abuse. मैं अपशब्द नहीं बोलूँगा।

2. She ***will not*** run. वह नहीं दौड़ेगी।

(c) **Interrogative Form (प्रश्नसूचक रूप) :** ऐसे वाक्यों में Subject के पहले shall अथवा will का प्रयोग करते हैं।

Example **1.** ***Will*** she not come. क्या वह नहीं आयेगी?

2. ***Shall*** I read? क्या मैं पढ़ूँगा?

Uses of Future Indefinite Tense (सामान्य भविष्यत काल के प्रयोग)

☞ **Rule 1 :** ऐसे action का वर्णन करने के लिए जिसमें Future को दर्शाने वाला समय अर्थात् tomorrow, next आदि दे रखा हो।

Example **1.** It ***will*** rain today. आज वर्षा होगी।

2. I ***shall*** go tomorrow. मैं कल जाऊँगा।

☞ **Rule 2 :** Order, Promise, Threat तथा determination से सम्बन्धित वाक्यों में First Person के दोनों Number I तथा We के साथ 'Will' तथा Second तथा Third Person के साथ 'Shall' का प्रयोग करते हैं।

Example **1.** I ***will*** go to Delhi today. (Determination) मैं आज दिल्ली जाऊँगा।

2. Nobody ***should*** tell a lie. (Advice) किसी को भी झूठ नहीं बोलना चाहिए।

3. He ***shall*** leave this place at once. (Order) उसे अभी इस जगह से जाना होगा।

4. Rashmi shall be punished. (Threat) रश्मि को दण्डित किया जाएगा।

2. Future Continuous Tense (अपूर्ण भविष्यत काल)

जिस काल में कोई भी कार्य भविष्य में अथवा आने वाले समय में होता रहेगा उसे Future Continuous Tense कहते हैं।

(a) **Affirmative Form (सकारात्मक रूप):** 'Will' तथा 'Shall' का प्रयोग Future Indifinite की ही तरह होता है तथा उसके बाद 'be' लगाकर Main Verb में 'ing' जोड़ देते हैं।

Example **1.** Ram ***will be*** reading. राम पढ़ाई कर रहा होगा।

2. I ***shall be*** coming. मैं आ रहा होऊँगा।

(b) **Negative Form (नकारात्मक रूप):** ऐसे वाक्यों में will अथवा shall के बाद not जोड़ते हैं।

Example **1.** I ***shall not*** read. मैं नहीं पढ़ रहा होऊँगा।

2. Sita ***will not*** play. सीता नहीं खेल रही होगी।

(c) **Interrogative Form प्रश्नसूचक रूप :** ऐसे वाक्यों में Subject के पहले shall अथवा will का प्रयोग करते हैं।

Example **1.** ***Will*** he not be going? क्या वह नहीं जा रहा होगा?

2. ***Will*** you be reading? क्या तुम पढ़ रहे होगे?

3. Future Perfect Tense (पूर्ण भविष्यत काल)

जिस काल से यह बात पता चले कि कार्य आने वाले समय में पूरा हो चुका होगा उसे Future Perfect Tense कहते हैं।

(a) **Affirmative Form (सकारात्मक रूप):** Subject यदि First Person में हो तो shall have तथा यदि Subject Second Person या Third Person में हो तो will have का प्रयोग करते हैं तथा Verb के Third Form का प्रयोग करते हैं।

Example **1.** I ***shall have*** read this book. मैं यह पुस्तक पढ़ चुका होऊँगा।

2. His examination ***will have*** finished. उसकी परीक्षा समाप्त हो चुकी होगी।

(b) **Negative Form (नकारात्मक रूप):** ऐसे वाक्यों में Verb के Third Form के पहले यथास्थिति Subject के अनुसार shall not have अथवा will not have का प्रयोग करते हैं।

Example **1.** Ram's examination ***will not have*** finished. राम की परीक्षा नहीं समाप्त हो चुकी होगी।

2. I ***shall not have*** read this book. मैं यह पुस्तक नहीं पढ़ चुका होऊँगा।

(c) **Interrogative Form (प्रश्नसूचक रूप):** इस प्रकार के वाक्यों में shall या will का प्रयोग Subject के पहले तथा verb की Third Form का प्रयोग करते हैं।

Example* 1. *Shall I ***have*** read this book? क्या मैं यह पुस्तक पढ़ चुका होऊँगा?

2. ***Shall*** we ***have*** eaten our meal? क्या हम लोग खाना खा चुके होंगे?

4. Future Perfect Continuous Tense (पूर्ण निरंतर भविष्यत काल)

जिस काल से इस बात का बोध हो कि कोई भी कार्य आने वाले समय में अर्थात् भविष्यत काल में पहले से ही होता रहेगा उसे Future Perfect Continuous Tense कहते हैं।

(a) **Affirmative Form (सकारात्मक रूप) :** Subject I, We के साथ shall have been तथा Second Person तथा Third Person के साथ will have been का प्रयोग करते हैं। Verb के अन्त में 'ing' जोड़ देते हैं।

Example **1.** I ***shall have been*** reading for four hours. मैं चार घंटे से पढ़ता आ रहा होऊँगा।

2. He ***will have been*** teaching for two years. वह दो सालों से पढ़ता आ रहा होगा।

(b) **Negative Form (नकारात्मक रूप) :** इस रूप में Will have been या Shall have been के बीच में Not का प्रयोग करते हैं।

Example **1.** He ***will not have been*** reading for four hours. वह चार घंटे से नहीं पढ़ता आ रहा होगा।

2. Nobody ***will have been*** living in this flat for many years. अनेक वर्षों से इस घर में कोई नहीं रहता आ रहा है।

(c) **Interrogative Form (प्रश्नसूचक रूप) :** ऐसे वाक्यों में shall अथवा will को Subject के पहले लगाते हैं।

Example **1.** ***Will*** he ***have been*** reading for four hours? क्या वह चार घंटे से पढ़ता आ रहा होगा?

2. ***Shall*** she ***has been*** talking for many hours? क्या वह कई घंटों से बातें करती आ रही होगी?

स्मरणीय

यहाँ पर Tense के सही-सही उपयोग के बारे में संक्षिप्त रूप में बताया गया है।

1. हिन्दी के वाक्यों का अंग्रेजी में सही अनुवाद करने के लिए Tense (काल) की पहचान करना अत्यंत आवश्यक है।
2. अंग्रेजी में Tense (काल) तीन प्रकार के होते हैं– 1. Present Tense (वर्तमान काल) 2. Past Tense (भूतकाल) 3. Future Tense (भविष्यत काल)

वाच्य
(VOICE)

Definition (परिभाषा)

Voice is defined as the form of verb which shows that the person or thing denoted by the subject does something or something & done to the subject. Verb का वह रूप जिससे स्पष्ट होता है कि Subject स्वयं कार्य करता है अथवा उसके लिए कोई कार्य किया जाता है, Voice (वाच्य) कहलाता है।

Example **1.** ***Rama*** reads a book. राम एक पुस्तक पढ़ता है। (कर्त्ता राम स्वयं कार्य करता है।)

2. ***A book*** is read by Rama. एक पुस्तक राम के द्वारा पढ़ी जाती है। (कर्त्ता के लिए कुछ किया जाता है)

दूसरे शब्दों में हम कह सकते हैं कि Subject किसी कार्य के लिए Direct (प्रत्यक्ष) जिम्मेदार होता है या Indirect (अप्रत्यक्ष) रूप से जिम्मेदार होता है। यह Voice द्वारा ही पता चलता है।

Types of Voice (वाच्य के प्रकार)

Voice दो प्रकार के होते हैं-

(1) Active Voice (कर्तृवाच्य)

(2) Passive Voice (कर्मवाच्य)

Active Voice (कर्तृवाच्य)

A Verb is said to be in Active Voice, when the person or thing denoted by the subject acts. जब कोई व्यक्ति या वस्तु Subject (कर्त्ता) के रूप में कार्य करता है, तो उसे Active Voice कहते हैं।

Example :Sita writes a letter. सीता एक पत्र लिखती है।

★ उपर्युक्त Sentence में Subject (कर्त्ता) Sita लिखने की क्रिया का सम्पादन कर रही है। अतः यह Sentence Active Voice में है।

Passive Voice (कर्मवाच्य)

A Verb is said to be in the Passive Voice when the person or thing denoted by the subject does not act, but something is done to it. जिस वाक्य में Object (कर्म) की प्रधानता होती है। उसे Passive Voice कहते हैं।

Example : The book is written by the author. पुस्तक लेखक के द्वारा लिखी जाती है।

★ उपर्युक्त Sentence में पुस्तक लेखक के द्वारा लिखी जाती है। अतः यह Sentence Passive Voice में है।

Active Voice को Passive Voice में बदलने के नियम

☞ **Rule 1 :** Active Voice में जो शब्द Subject (कर्त्ता) रहता है, तो वह Passive Voice में Object (कर्म) के स्थान पर प्रयोग होता है।

Example **1.** ***I*** like a pen. (Active Voice) मैं कलम पसन्द करता हूँ।

2. ***Pen*** is liked by me. (Passive Voice) कलम मेरे द्वारा पसंद किया गया।

★ इस वाक्य में Active Voice का Subject (कर्त्ता) 'I' Passive Voice में Object (कर्म) के स्थान पर 'me' में प्रयुक्त हुआ है। साथ ही Verb के बाद 'by' का प्रयोग हुआ है।

Rule 2 : यदि Subject में Nominative Case का कोई Pronoun हो, तो उसे निम्न तालिका के अनुसार बदल दिया जाता है-

She – her	He – him	I – me	You – you
We – us	It – it	They – them	Who – whom

Rule 3 : Active Voice में जो Object है, वह Passive Voice में Subject की जगह प्रयुक्त होता है।

Example* :** **1.** ***Shayam likes Radha. (Active Voice) श्याम राधा को पसंद करता है।

2. ***Radha*** is liked by Shyam. (Passive Voice) राधा श्याम के द्वारा पसंद की जाती है।

★ Radha जो Active Voice में Object के स्थान पर है, उसका Passive Voice में Subject के स्थान पर प्रयोग किया गया। Object में Objective Case का Pronoun निम्नलिखित नियमों के अनुसार बदलता है।

Her – She	Him – He	Me – I	You – You
Them – They	It – It	Us – We	Whom – Who

Rule 4 : Active Voice की Main Verb को Passive Voice में Past Participle में बदल देते हैं।

***Example* :** Sita likes a boy. (Active Vocie) सीता एक लड़के को पसंद करती है।

A boy is liked by Sita. (Passive Vocie) एक लड़का सीता के द्वारा पसंद किया गया।

Rule 5 : Active Voice से Passive Voice में बदलते समय Passive Voice के Subject के Number, Person एवं Tense के अनुसार Verb to be (is, are, am, was, were, be, been अथवा being) का प्रयोग करते हैं।

Rule 6 : कुछ Verb के साथ Passive Voice में by न लगाकर दूसरे Preposition का प्रयोग करते हैं, जैसे- Known to, alarmed at, annoyed at, pleased with, married with, satisfied with, contained in, disgusted with, displeased with, lined with, offended with, surprised at, interested in, shocked at, etc.

Rule 7 : जब किसी कार्य को प्रमुखता देनी हो तब Passive Voice में 'by' के साथ Subject का प्रयोग नहीं करते हैं।

Example **1.** ***We*** ought to respect our parents. (Active Voice) हमें अपने माता-पिता का आदर करना चाहिए।

2. ***Our Parents*** ought to be respected by us. (Passive Voice) माता-पिता का हम लोगों द्वारा आदर किया जाना चाहिए।

Rule 8 : यदि कोई Universal truth (यथार्थ सत्य) बताया जाये तो उसे Passive Voice में 'It is said that' का प्रयोग करते हैं, जैसे-

Example **1.** People say that ***honesty is the best policy***. (Active Voice) लोग कहते हैं कि ईमानदारी सबसे अच्छी नीति है।

2. ***It is said*** that honesty is the best policy. (Passive Voice) यह कहा गया है कि ईमानदारी सबसे अच्छी नीति है।

Rule 9 : यदि Active Voice में दो Objects हो, तो Verb के पास वाले Object को Subject बनाकर आसानी से Passive Voice बनाया जाता है।

Example **1.** She teaches ***us French***. (Active Voice) वह हमें फ्रेंच पढ़ाती है।

2. ***We*** are taught French by her. (Passive Voice) हम लोगों को उसके द्वारा फ्रेंच पढ़ाया जाता है।

☞ **Rule 10** : अंग्रेजी में Verb के दो भेद होते हैं- Transitive Verb (सकर्मक क्रिया) तथा Intransitive Verb (अकर्मक क्रिया)। Intransitive Verb वह है, जिसमें Verb का फल केवल Subject पर पड़ता है।

Example : Mohan runs. मोहन दौड़ता है।

★ इस Sentence में 'दौड़ना' Verb (क्रिया) का फल है तथा उसका फल राम को ही मिल रहा है इसलिए इस Sentence का Voice परिवर्तन नहीं किया जा सकता।

Rules of Passive Voice of Tenses (कर्मवाच्य काल के नियम)

Present Indefinite (सामान्य वर्तमान काल)

☞ **Rule** : यदि Subject 1st Person Singular Number (I) हो, तो am, First Person Plural Number, Second Person के दोनों वचनों तथा Third Person के Plural Number ('we', 'you', 'they' हो तो 'are' तथा Third Person ('she', 'he', 'it') हो तो 'is' का प्रयोग करते हैं। इसके बाद Main Verb के बाद 'by' का नियमानुसार प्रयोग करते हैं।

Active Voice	*Passive Voice*
1st form + e/es	is/are/am + 3 form
I play football. मैं फुटबॉल खेलता हूँ।	Football is plyaed by me. फुटबॉल मेरे द्वारा खेला जाता है।
We love children. हम लोग बच्चों को प्यार करते हैं।	The children are loved by us. बच्चे को हमारे द्वारा प्यार किया जाता है।

Negative Sentences (नकारात्मक वाक्य)

Active Voice	*Passive Voice*
do not/does + not + 1st Form	is, am, are, + not, + 3rd Form
Ram does not teach her. राम उसे नहीं पढ़ाता है।	She is not tought by Ram. वह राम के द्वारा नहीं पढ़ाई जाती है।
We do not like mango. हम लोग आम पसंद नहीं करते हैं।	The mango is not liked by us. आम हम लोगों द्वारा पसंद नहीं किया जाता है।

Interrogative Sentences (प्रश्नात्मक वाक्य)

Active Voice	*Passive Voice*
(Do/Does + subject + Verb 1st Form)	is/am/are + Subject + Verb 3rd Form
Does he kill a rat?	Is a rat killed by him?
क्या उसने चूहा मारा है?	क्या चूहा उसके द्वारा मारा गया है?
Who kills a rat? किसने चूहे को मारा है?	By whom is the rat killed? किसके द्वारा चूहा मारा गया है?

Note: यदि प्रश्न का आरम्भ who अथवा whom से हो, तो Sentence को Passive Voice में बदलते समय who को by Whom एवं Whom को Who में बदलते हैं।

यदि Active Voice में what से प्रश्न बना हो तो वह Object का काम करता है लेकिन Passive Voice में वह Subject का काम करता है तथा Helping Verb से पहले लगाया जाता है। जैसे-

Active Voice	*Passive Voice*
What does he sell? वह क्या बेचता है?	What is sold by him? उसके द्वारा क्या बेचा गया है?

Present Continuous Tense

अपूर्ण वर्तमान काल में Active Voice से Passive Voice बनाते समय Principal Verb के तीसरे रूप Past Participle के 3rd Form के पहले 'being' का प्रयोग करते हैं तथा 'being' के पहले नियमानुसार 'is', 'am', 'are' लगाते हैं।

Active Voice	*Passive Voice*
is/am/are + 1st form + ing	is/am/are + being + 3rd form
I am writing a letter. मैं एक पत्र लिख रहा हूँ।	A letter is being written by me. पत्र मेरे द्वारा लिखी जा रही है।

Present Perfect Tense (पूर्ण वर्तमान काल)

Active Voice से Passive बनाते समय Active Voice का 'Object' Subject में बदल जाता है फिर उसके अनुसार have been या has been का प्रयोग कर Verb के Third Form का प्रयोग करते हैं।

Active Voice	*Passive Voice*
has/have + 3rd form	has/have + been + 3rd form
I have written a letter. मैंने एक पत्र लिखा है।	A letter has been written by me. एक पत्र मेरे द्वारा लिखा गया है।

Past Indefinite Tense (सामान्य भूतकाल)

Active से Passive बनाते समय First Person Singular Number (I) एवं Third Person Singular Number (he, she, it) के साथ 'was' तथा तीनों Person के Plural Number के साथ और Second Person के Singular Noun (you) के साथ 'were' तथा Verb की तीसरे रूप Past Participle का प्रयोग करते हैं।

Active Voice	*Passive Voice*
2nd form/did not + 1st form	was/were + not + 3rd form
I ate a mango. मैंने एक आम खाया।	A mango was eaten by me. एक आम मेरे द्वारा खाया गया था।

Past Continuous Tense (अपूर्ण भूतकाल)

Past Continuous में Active Voice से Passive बनाते समय Object के बाद 'was'/'were' तथा 'being' जोड़ देने के बाद Verb (क्रिया) के Third Form का प्रयोग करते हैं।

Active Voice	*Passive Voice*
was/were + 1st form + ing	was/were + being + 3rd form
I was eating a mango. मैं एक आम खा रहा था।	A mango was being eaten by me. एक आम मेरे द्वारा खाया जा रहा था।

Past Perfect Tense (पूर्ण भूतकाल)

Active Voice से Passive Voice बनाने के लिए Object के साथ 'had been' तथा Verb के Third Form Past Participle का प्रयोग करते हैं।

Active Voice	Passive Voice
had + 3rd form	had + been + 3rd form
I had eaten a mango. मैं एक आम खा चुका था।	A mango had been eaten by me. एक आम मेरे द्वारा खाया जा चुका था।

Future Indefinite Tense (पूर्ण भूतकाल)

Active Voice से Passive Voice बनाते समय Object को Subject में, फिर Subject के अनुसार 'shall be'/'will be' तथा Verb के तीसरे रूप का प्रयोग करते हैं।

Active Voice	Passive Voice
will/shall + 1st form	will/shall + be + 3rd form
I shall read a book. मैं एक पुस्तक पढ़ूँगा।	A book will be read by me. एक पुस्तक मेरे द्वारा पढ़ी जाएगी।
She will write a letter. वह एक पत्र लिखेगी।	A letter will be written by her. एक पत्र उसके द्वारा लिखा जाएगा।

Future Perfect Tense (पूर्ण भविष्यत काल)

Active Voice से Passive Voice बनाते समय Object को Subject में बदलने के बाद Subject के अनुसार 'shall have been' या 'will have been' का प्रयोग करते हैं।

Active Voice	Passive Voice
will/shall have + 3rd form	will/shall have been + 3rd form
I shall have written a letter. मैं एक पत्र लिख चुका होऊँगा।	A letter will have been written by me. एक पत्र मेरे द्वारा लिखा जा चुका होगा।
We shall have written a letter. हम लोग एक पत्र लिख चुके होंगे।	A letter will have been written by us. एक पत्र हम लोगों के द्वारा लिखा जा चुका होगा।
He will have written a letter. वह एक पत्र लिख चुका होगा।	A letter will have been written by him. एक पत्र उसके द्वारा लिखा जा चुका होगा।

Verbs Followed by Modals (Passive Voice में Modals के बाद 'be' तथा Verb के Third Form का प्रयोग)

जिन वाक्यों में 'would', 'should', 'may', 'might', 'can', 'could must', 'ought to' का प्रयोग हो तो इसे Passive Voice बनाने के दौरान Modals के बाद 'be' लगाकर Verb का Third Form प्रयोग करते हैं।

Active Voice	Passive Voice
You should not waste your time. तुम्हें अपना समय नष्ट नहीं करना चाहिए।	Your time should not be wasted. (by you) तुम्हारा समय नष्ट नहीं किया जाना चाहिए।
May I help the needy? क्या मैं जरूरतमंद की मदद कर सकता हूँ?	May the needy be helped (by me)? क्या जरूरतमंद की मदद की जा सकती है। (मेरे द्वारा)
Meera can solve this problem. मीरा इस समस्या का हल निकाल सकती है।	This problem can be solved by (Meera). इस समस्या का हल मीरा के द्वारा निकाला जा सकता है।

Imperative Sentences (आदेशात्मक वाक्य)

Imperative Sentences को Passive Voice बनाने के लिए वाक्य के आरंभ में 'Let' का प्रयोग करते हैं तथा उसके बाद Verb के Third Form के पहले 'be' का प्रयोग करते हैं। Please तथा kindly को हटाकर प्रार्थना, शिक्षा तथा आदेश वाले वाक्यों के साथ भावना के अनुसार Ordered to/advised to/requested to आदि लगाते हैं।

Active Voice	*Passive Voice*
Close the gate. फाटक बंद कर दें।	Let the gate be closed. फाटक बंद कर दिया जाये।
Make tea at one. फौरन चाय बनाओ।	Let tea be made at once. फौरन चाय बना दिया जाये।
Please sign this letter. कृपया पत्र पर हस्ताक्षर करें।	You are requested to sign this letter. आपसे प्रार्थना की जाती है कि पत्र पर हस्ताक्षर कर दिया जाये।

Optative Sentence (इच्छासूचक वाक्य)

Wish अथवा Blessing का भाव प्रकट करने वाले वाक्यों को Optative Sentence कहते हैं। ऐसे वाक्यों को Passive Voice में बदलने के लिए 'May' के स्थान पर 'It is prayed' का प्रयोग करते हैं।

Active Voice	*Passive Voice*
God save the poor! ईश्वर गरीबों की मदद करें।	It is prayed that the poor should be saved. यह प्रार्थना की गयी है कि गरीब बचाये जाने चाहिए।

Prepositional Sentence (इच्छासूचक वाक्य)

Active Voice में Verb के साथ Preposition लगी हो तो इसे Passsive Voice बनाते समय Verb की Third Form के साथ वही Preposition का प्रयोग करते हैं।

	Active Voice	*Passive Voice*
1.	I am listening to you.	You are being listened by me.
2.	A scooter ran over a boy.	A boy was run over by a scooter.

★ उपर्युक्त वाक्यों में Tense के केवल आठ प्रकारों के बारे में हमने बताया है, जिन Tenses के बारे में नहीं बताया गया है उनमें Present Perfect Continuous, Past Perfect Continuous, Future Perfect Continuous तथा Future Imperfect के Passive Voice का प्रचलन अंग्रेजी में नहीं है।

स्मरणीय

1. यहाँ पर Voice (वाच्य) के बारे में संक्षिप्त रूप में बताया गया है।
   Voice दो प्रकार के होते हैं–
   (i) Active Voice (कर्तृवाच्य)
   (ii) Passive Voice (कर्मवाच्य)
2. Active Voice में जो Subject रहता है, Passive Voice में वह Object बन जाता है।

कथन
(NARRATION)

Definition (परिभाषा)

There are two ways of expressing what a person has said. We may quote his actual words. This is called direct speech. We may report what he said without quoting his exact words. This is called indirect speech. किसी के द्वारा कही गयी बात को हम दो तरीकों से बता सकते हैं। पहले तरीके में हम वक्ता द्वारा कहे गये वाक्य को जैसा का तैसा बता सकते हैं। दूसरा तरीका यह है कि वक्ता द्वारा बोले गये वाक्य को हम अपने शब्दों में बता सकते हैं। पहले तरीके को Direct Speech (प्रत्यक्ष कथन) तथा दूसरे तरीके को Indirect Speech (अप्रत्यक्ष कथन) कहते हैं।

Example : He said. "I am going to school now." ***(Direct Speech)***
He said that he was going to school then. ***(Indirect Speech)***

☞ **Basic Rule:** वक्ता को Reporter कहा जाता है। वक्ता की बात को जिस Verb से आरंभ किया जाता है, उसे 'Reporting Verb' कहा जाता है तथा वक्ता के जिस कथन को हम दोहराते हैं, उसे Reported Speech कहा जाता है।

✯ Direct Speech से Indirect Speech में बदलने के कुछ नियम निम्नलिखित हैं–

1. Reporting Verb के 'said to' हटाकर इसे Reported Speech के Sentence (वाक्य) के अनुसार बदलते हैं।
2. Inverted Commas ("–") को हटाकर उनके स्थान पर Conjunction 'that' का प्रयोग करते हैं।
3. Pronoun को निम्न चार्ट के अनुसार बदलते हैं।

Nominative Pronoun	***Possessive Pronoun***	***Objective Pronoun***	***Reflexive Pronoun***
I	My	Me	Myself
He	His	Him	Himself
We	Our	Us	Ourselves
She	Her	Her	Herself
You	Yours	You	Yourself, Your selves
They	Their	Them	Themselves

☞ **Rule 1 :** Reported Speech में 1st Person के Pronoun (I, me, mine, we, us our, ours) को reporting verb के Subject के अनुसार बदलते हैं।

Example* 1.** Mohini says, "I am in 12th class." ***(Direct)
Mohini says that she is in 12th class. ***(Indirect)***

2. You say to me, "I will help you." ***(Direct)***
You tell me that you will help me. ***(Indirect)***

☞ **Rule 2 :** Reported Speech में आने वाले Second Person के Pronoun (you) को Object के अनुसार बदलते हैं।

Example **1.** I said to him, "You have done your work." ***(Direct)***
I told him that he had done his work. ***(Indirect)***

2. Ravi said to me, "You have made a mistake." ***(Direct)***
Ravi told me that I had made a mistake. ***(Indirect)***

☞ **Rule 3 :** Reported Speech में आने वाले Third Person (he, she, it they, him, her, its, them, their, us, theirs) के Pronoun में कोई परिवर्तन नहीं करते हैं।

Example : He said to me, "The woman is coming." ***(Direct)***
He told to me that the woman is coming. ***(Indirect)***

Change of Tense (काल का परिवर्तन)

Direct Speech के वाक्य का काल	Indirect Speech के वाक्य का काल
Present Indefinite Tense (सामान्य वर्तमान काल)	Past Indefinite Tense (सामान्य भूतकाल)
Past Indefinite Tense (सामान्य भूतकाल)	Past Perfect Tense (पूर्ण भूतकाल)
Present Continuous Tense (अपूर्ण वर्तमानकाल)	Past Continuous Tense (अपूर्ण भूतकाल)
Past Continuous Tense (अपूर्ण भूतकाल)	Past Perfect Tense (पूर्ण निरंतर भूतकल)
Present Perfect Tense (पूर्ण वर्तमान काल)	Past Perfect Tense (पूर्ण भूतकाल)
Past Perfect Tense (पूर्ण भूतकाल)	No change
Present Perfect Continuous (पूर्ण निरंतर वर्तमान काल)	Past Perfect Continuous (पूर्ण निरंतर भूतकाल)
will	would
shall	would/should
can	could
may	might

☞ **Rule 1 :** यदि Direct Speech में Reporting Verb, Present Tense या Future Tense में हो, तो Indirect Speech बनाते समय Reported Speech की Verb के Tense में कोई परिवर्तन नहीं करते हैं।

Example **1.** The teacher says, "Komal writes eassy very well." ***(Direct)***
The teacher says that Komal writes eassy very well. ***(Indirect)***

2. The teacher will say, "Komal is dancing." ***(Direct)***
The teacher will say that Radhika is dancing. ***(Indirect)***

☞ **Rule 2 :** यदि Reporting Verb Past Tense में हो तो Reported Speech को निम्नलिखित नियमों के अनुसार बदलते हैं।

(a) Simple Present Indefinite को Simple Past में बदलते हैं।

Example : Mohan said, "I learn my lesson." ***(Direct)***
Mohan said that he learnt his lesson. ***(Indirect)***

(b) Present Continuous को Past Continuous में बदलते हैं।

Example : Vikas said, " Vinay is studying in the high school. ***(Direct)***
Vikas said that Vinay was studying in the high school. ***(Indirect)***

(c) Present Perfect को Past Perfect में बदल देते हैं।

Example : Seema said to me, "I have seen the Red Fort many times." ***(Direct)***

Seema told me that she had seen the Red Fort many times. ***(Indirect)***

(d) Present Perfect Continuous को Past Perfect Continuous में बदलते हैं।

Example : Sita said, "I have been learning skating." ***(Direct)***

Sita said that she had been leartning skating. ***(Indirect)***

(e) Past Indefinite सामान्य भूतकाल को Past Perfect पूर्ण भूतकाल में बदलते हैं।

Example : Sudhir said, "I wrote a letter to my friend." ***(Direct)***

Sudhir said that he had written a letter to his friend. ***(Indirect)***

(f) Past Continuous को Past Perfect Continuous में बदलते हैं।

Example :. Sohan said, "They were listening the song." ***(Direct)***

Sohan said that they had been listening the song. ***(Indirect)***

(g) Past Perfect Tense तथा Past Perfect Continuous Tense में पूर्ण निरंतर भूतकाल में कोई बदलाव नहीं किया जाता है।

Example **1.** Reshma said, "She had killed a snake." ***(Direct)***

Reshma said that she had killed a snake. ***(Indirect)***

2. Shubham said, "I had been playing for two hours. ***(Direct)***

Shubham said that he had been playing for two hours. ***(Indirect)***

(h) यदि Reported Speech की Verb (क्रिया) Future Tense की हो, तो shall एवं will बदलकर would बन जाता है।

Example **1.** Ram said, "Sohan will do it." ***(Direct)***

Ram said that Sohan would do it. ***(Indirect)***

2. They said, "They shall go to see the Taj." ***(Direct)***

They said that they would go to see the Taj. ***(Indirect)***

(i) Can को could में तथा May को might में बदलते हैं।

Example **1.** Simran said, "I can solve this sum." ***(Direct)***

Simran said that she could solve that sum. ***(Indirect)***

2. Harish said, "It may rain today." ***(Direct)***

Harish said that it might rain that day. ***(Indirect)***

(j) is, am, are को बदलकर was, were कर देते हैं।

Example **1.** She said to Madhu, "You are stupid."

She told Madhu that she was stupid. ***(Indirect)***

2. He said, "I am ill." ***(Direct)***

He said that he was ill. ***(Indirect)***

(k) has, have को had में बदल देते हैं।

Example **1.** Rajan said, "I have a new bike." ***(Direct)***

Rajan said that he had a new bike. ***(Indirect)***

2. Sonu said, "He has a son." ***(Direct)***

Sonu said that he had a son. ***(Indirect)***

☞ **Rule 3 :** यदि Reporting Verb Past Tense में हो तथा Reported Speech में कोई Universal Truth (सार्वभौमिक सत्य) हो, जिसमें परिवर्तन की गुंजाइश न हो तो Indirect

Narration में Reporting Verb के Past Tense में होने के बावजूद Reported Speech के Verb में कोई बदलाव नहीं किया जाता है।

Example* 1.** The professor said to the students, "The Earth is round." ***(Direct)

The professor said to the students that the Earth is round. ***(Indirect)***

☞ **Rule 4 :** यदि Reporting Verb Past Tense का हो तथा Reported Speech में किसी Past Historical Fact (भूतकालीन ऐतिहासिक तथ्य) का वर्णन किया गया हो, तो Reported Speech का Tense Reported Verb के अनुसार नहीं बदला जाता है।

Example* 1.** The teacher said, "Ashoka renounced war after the Kalinga conquest." ***(Direct)

The teacher said that Ashoka renounced war after the Kalinga conquest. ***(Indirect)***

☞ **Rule 5 :** यदि Reporting Verb में किसी काल्पनिक घटना का वर्णन किया गया हो, तो उसके Tense में किसी प्रकार का परिवर्तन नहीं किया जाता है।

Example* 1.** Mohan said, "If I were rich, I should help the needy." ***(Direct)

Mohan said that if he were rich, he would help the needy. ***(Indirect)***

☞ **Rule 6 :** यदि Reporting Speech में would, could, should, must, might, ought अथवा had के साथ 3rd Form/to infinitive दे रखा हो, तो इनमें से कोई परिवर्तन नहीं किया जाता है।

Example* 1.** Shayam said to me, "You should obey your elders." ***(Direct)

Shayam told me that I should obey my elders. ***(Indirect)***

Parts of Speech के Adjective, Adverb अथवा Verb का बदलना

यदि Reporting Verb Past Tense में दिया गया हो, तो Reported Speech के सभी समीपता सूचक अथवा वर्तमान काल सूचक Adjective, Adverb अथवा Verb बदलकर दूरस्थता सूचक अथवा भूतकाल के Adjective, Adverb अथवा Verb में बदल जाते हैं।

Direct Speech	***Indirect Speech***
This (यह)	That (वह)
Here (यहाँ)	There (वहाँ)
Now (अब)	Then (तब)
These (ये सब)	Those (वे सब)
Thus (इस प्रकार)	So (इसलिए)
Hither (इधर)	Thither (उधर)
Hence	Thence
Ago (पहले)	Before (पहले)
May	Might
Can	Could
Shall	Should
Just (अभी)	Then (बाद में)

Tomorrow	Next day
Today	That day
Yesterday	The previous day
Last night	The previous night
Next week	The following week
Will	Would
Come (आना)	Go (आना)
Next day	The Previous day
The day before yesterday	The day before previous day
The day after tomorrow	The day after the next day

Example **1.** Ram said, "I saw Nikhil in ***this*** office today." ***(Direct)***
Ram said that he had seen Nikhil in ***that*** office that day. ***(Indirect)***

2. Shweta said, "***This*** is the place where my cousin lived." ***(Direct)***
Shweta said ***that*** was the place where her cousin had lived. ***(Indirect)***

Note :

(i) come को go में उसी समय बदला जाता है, जब उसके बाद समीपता प्रकट करने वाला कोई शब्द दे रखा हो।

Example : Meera said, "Shweta ***came*** here." ***(Direct)***
Meera said that Shweta had ***gone*** there. ***(Indirect)***

(ii) यदि here, this, now किसी ऐसी वस्तु, स्थान अथवा समय की ओर संकेत करते हैं, जो बोलते समय उसके सामने हों, तो Indirect Speech में इनमें कोई भी परिवर्तन नहीं किया जाता है।

Example : Seema said, "Hari will buy it ***now***." ***(Direct)***
Seema said that Hari would buy it ***now***. ***(Indirect)***

Assertive Sentence (कथनवाचक वाक्य)

☞ **Rule 1 :** Reporting Verb को Reporting Speech से जोड़ते वक्त सामान्यत: 'that' Preposition का प्रयोग करते हैं।

☞ **Rule 2 :** Said to को told में बदल देते हैं।

☞ **Rule 3 :** Indirect Speech का वाक्य प्रारम्भ करते समय Subject के साथ say अथवा tell का प्रयोग किया जा सकता है लेकिन कभी say/tell से आपेक्षित अर्थ स्पष्ट नहीं हो रहा हो, तो इसकी जगह आवश्यकतानुसार अन्य Verb जैसे complain, assure, admit, deny, add, remark, reply, boast, object, explain, protest, obesrve, whisper का प्रयोग किया जा सकता है।

Example **1.** Ramesh said to us, "I am very happy that I am here today." ***(Direct)***
Ramesh told us that he was very happy that he was there that day. ***(Indirect)***

2. Raman said, "This is my pen." ***(Direct)***
Raman said that that was his pen. ***(Indirect)***

3. He said to Ram, "I am going away tomorrow." ***(Direct)***
He informed Ram that he was going away the next day. ***(Indirect)***

★ उपर्युक्त Sentences के पहले Sentence में Direct Speech को Indirect Speech में बदलते समय said to को told में बदल दिया जाता है तथा Reported Speech के Subject तथा

Tense को सामान्य नियमों के अनुसार बदल दिया जाता है। वाक्य के अन्त में here को there में तथा today को that day में बदल दिया जाता है।

★ दूसरे Sentence में अवतरण चिह्न को हटाकर वहाँ 'that' का प्रयोग किया गया। Reporting Speech को Indirect Speech में बदलते समय पूर्व में बताये गये नियम के अनुसार 'This' को 'That' में बदलकर Sentence के Tense को Reporting Verb के Tense के अनुसार बदल दिया गया।

★ तीसरे Sentence में वाक्य की प्रकृति को देखते हुए Reporting Verb के 'said to' को informed में बदल दिया गया। अवतरण चिह्न को हटाकर 'that' Reporting Speech को जोड़ने के Reporting Speech के Subject तथा Tense को पहले बताये गये नियमानुसार बदल दिया गया। अन्त में tomorrow को next day में बदल दिया गया।

Interrogative Sentences (प्रश्नवाचक वाक्य)

1. Say को ask, enquire, want to know में बदला जाता है, said को asked में बदला जाता है।
2. Tense, Pronoun आदि का परिवर्तन कथनवाचक वाक्य के अनुसार किया जाता है।
3. Reporting Verb को Reporting Speech से जोड़ने के लिए 'if' अथवा whether का प्रयोग करते हैं लेकिन यदि Reporting Speech की शुरुआत Interrogative Word से हो, तो जोड़ने के लिए उसी Interrogative शब्द का प्रयोग किया जाता है।
4. Interrogative Sentences को बदलकर Assertive Sentence कथनात्मक हो जाता है।

   Example : Ram said, "Is it so?" ***(Direct)***
   Ram asked if it was so. ***(Indirect)***

5. Interrogative Sentence में यदि do/does का प्रयोग किया गया हो, तो इसे Indirect Speech में बदलते समय इसकी जगह 'did' का प्रयोग न करके Verb के Second Form का प्रयोग करते हैं।

   Example
   1. He said to me, "Where do you live." ***(Direct)***
   He asked me where I lived. ***(Indirect)***

   2. I asked him, "When did you come back from Allahabad?" ***(Direct)***
   I asked him when he had come back from Allababad. ***(Indirect)***

★ उपर्युक्त Sentences के पहले Sentence में 'said to' को asked में, अवतरण चिह्न की जगह if का प्रयोग करते हैं तथा do को हटाकर Reporting Speech का Tense ऊपर बताये गये नियमानुसार Past Indefinite में बदलते हैं। इसी प्रकार दूसरे Sentence में Reporting Speech को Past Indefinite से बदलकर Past Perfect में बदल देते हैं।

Imperative Sentence (आदेशात्मक वाक्य)

Imperative Sentence में Order (आदेश), Request (प्रार्थना) अथवा Advice (सलाह) के भाव रहते हैं। इन वाक्यों को Direct Speech से Indirect Speech में बदलने के निम्नलिखित नियम हैं-

☞ **Rule 1 :** ऐसे वाक्यों का Reporting Verb बदलकर command, order, request, ask, beg या pray हो जाता है।

☞ **Rule 2 :** अवतरण चिह्न को हटाकर वाक्य को जोड़ते समय 'to' का प्रयोग करते हैं।

☞ **Rule 3 :** यदि वाक्य में Prohibition (निषेध) हो तो Forbid, Prohibit या Prevent, Verb का प्रयोग Reporting Verb के लिए किया जाता है। इसका प्रयोग करने पर Imperative Sentence का 'not' Indirect Speech से हटा देते हैं।

☞ **Rule 4 :** Reported Speech मुख्य क्रिया के पहले 'to' जोड़कर उसका Indirect प्रयोग करते हैं। Reported Speech नकारात्मक हो तो उसमें से 'do' हटाकर 'not to' का प्रयोग करते हैं।

Example **1.** The teacher said to the boys, "Do not make a noise." ***(Direct)***
The teacher ordered the boys not to make a noise. ***(Indirect)***

2. My parents said to me. "Do not tell a lie." ***(Direct)***
My parents adviced me not to tell a lie. ***(Indirect)***

✯ उपर्युक्त Sentences में Reported Speech के मुख्य क्रिया के पहले 'do' को हटाकर not to का प्रयोग किया गया है।

☞ **Rule 5 :** यदि Reported Speech के प्रारम्भ में 'Let' का प्रयोग हुआ हो और वह कोई Proposal (प्रस्ताव) या Suggestion (सुझाव) दर्शाये तो Reporting Verb 'said to' को बदलकर 'Proposed to' या 'Suggested to' में बदलते हैं तथा Let को हटाकर उसके स्थान पर should का प्रयोग करते हैं।

Example **1.** Sneha said to me, "Let us go to see the movie." ***(Direct)***
Sneha proposed to me that we should go to see the movie. ***(Indirect)***

2. Suraj said to the father, "Let me go out to play." ***(Direct)***
Suraj requested the father to let him go out to play. ***(Indirect)***

✯ पहले Sentence में Reporting Verb के 'said to' को हटाकर Proposed to तथा Let को हटाकर Reporting Speech के Pronoun में नियमानुसार बदलाव कर should का प्रयोग किया गया है। दूसरे Sentence में Indirect Speech में बदलते समय 'said to' हटकार Requested में तथा अवतरण चिह्न को हटाकर to का प्रयोग किया गया है। Pronoun 'me' को नियमानुसार 'him' में बदलते हैं।

Optative Sentences (इच्छासूचक वाक्य)

☞ **Rule 1 :** यदि Reported Speech से wish (इच्छा) अथवा Blessing (आशीर्वाद) का भाव प्रकट हो तो Indirect Speech में Reporting Speech के अर्थ के अनुसार wish, pray अथवा curse में बदल देते हैं।

☞ **Rule 2 :** Direct Speech में आने वाले Verb + Subject के क्रम को Indirect Speech में Subject + Verb के शब्दक्रम में बदलते हैं। Inverted Comma को हटाकर उसकी जगह that का प्रयोग करते हैं।

Example **1.** Ravi said to me, "May god bless you." ***(Direct)***
Ravi prayed that god might bless me. ***(Indirect)***

2. He said, "If we were a king." ***(Direct)***
He wished that he would be a king. ***(Indirect)***

✯ उपर्युक्त Sentence के पहले Sentence में प्रार्थना का भाव दर्शाया गया है, इसलिए said to को Prayed में बदल दिया गया। अवतरण चिह्न को हटाकर that का प्रयोग किया गया तथा Verb + Subject को हटाकर Sentence तथा Tense को नियमानुसार Subject + Verb में बदलकर Object you को me में बदल दिया गया है। दूसरे Sentence में said की जगह wished का प्रयोग किया गया तथा अवरतण चिह्न को हटाकर that का प्रयोग किया गया है। Reporting Speech के Tense को पूर्व के नियमानुसार बदल दिया गया है।

☞ **Rule 3 :** यदि किसी वाक्य में अभिवादन सम्बन्धी सम्बोधन good morning .... good afternoon, good evening आदि हो तो Reporting Verb को wished में बदलते हैं।

Example : He said to the teacher, "Good morning sir!" ***(Direct)***
He respectfully wished his teacher good morning. ***(Indirect)***

★ उपर्युक्त वाक्य को Indirect Speech में बदलते समय 'said to' को हटकार Respectfully wished में बदलकर Reporting Speech को यथावत रहने देते हैं।

☞ **Rule 4 :** यदि Sentence में good bye, good night, farewell आदि word आये हों, तो Reporting Verb को bade में बदलते हैं।

Example* :** The departing bride said, "Good bye friend." ***(Direct)
The departing bride bade her friend good bye. ***(Indirect)***

Exclamatory Sentences (विस्मयादिबोधक वाक्य)

☞ **Rule 1 :** Interjection तथा Vocative (संबोधन) Indirect Narration में हटा दिये जाते हैं।

☞ **Rule 2 :** Reporting Verb के लिए 'Exclaim' का प्रयोग करते हैं।

☞ **Rule 3 :** Reporting Verb को निम्नलिखित विधियों से बदलते हैं।

(a) प्रसन्नता की अवस्था में - Exclaimed with joy
(b) शोक की अवस्था में - Exclaimed with sorrow
(c) हैरानी की अवस्था में - Exclaimed with surprise
(d) पश्चाताप की अवस्था में - Exclaimed with regret
(e) घृणा की अवस्था में - Exclaimed with contempt
(f) शाबाशी की अवस्था में - Applauded .... saying
(Bravo! Hear की अवस्था में)

☞ **Rule 4 :** अवतरण चिह्न के स्थान पर that का प्रयोग करते हैं।

☞ **Rule 5 :** What तथा How को हटाकर very या great का प्रयोग करते हैं। Tense, Pronoun आदि को पूर्व नियम के अनुसार बदलते हैं।

Example* 1.** The team said, "Hurrah! We have won the final match." ***(Direct)
The team exclaimed with joy that they have won the final match. ***(Indirect)***

2. Dev said, "Sorry! I cannot lend you my bike." (Direct)
Dev exclaimed with regret that he could not lend him his bike. ***(Indirect)***

3. Sonam said, "Alas! I have lost all of my money." ***(Direct)***
Sonam said that she had lost all of her money. ***(Indirect)***

★ उपर्युक्त पहले Sentence में खुशी की अभिव्यक्ति होने के कारण Indirect Speech बनाते समय said को बदलकर exclaimed with joy का प्रयोग करते हैं। अवतरण चिह्न को हटाकर that लगाते हैं तथा Reported Speech के Tense, Pronoun आदि का पूर्व नियमों के अनुसार परिवर्तन करते हैं।

स्मरणीय

यहाँ पर The Narration के नियमों के सही-सही उपयोग के बारे में संक्षिप्त रूप में बताया गया है। पाठक Narration को अच्छी तरह से समझने के लिए इसका अधिक से अधिक बार अभ्यास करें।

1. Narration (कथन) को हम दो तरीकों से बता सकते हैं। पहले तरीके में हम वक्ता द्वारा कहे गये वाक्य को जैसा का तैसा बता सकते हैं। इसे Direct Spech कहते हैं।
2. दूसरे तरीके में हम वक्ता द्वारा बोले गये वाक्य को अपने शब्दों में बता सकते हैं। इसे Indirect Speech कहते हैं।

प्रश्न जोड़ना
(QUESTION TAG)

Definition (परिभाषा)

'Tag' का अर्थ है- जोड़ना या नत्थी करना। इस प्रकार Question Tag का अर्थ है- किसी Sentence के अन्त में प्रश्न जोड़ना। बातचीत के क्रम में Speaker (वक्ता) अपने द्वारा कहे गये शब्दों की पुष्टि करने के लिए सुनने वाले या श्रोता से सवाल पूछ बैठता है- 'ऐसी बात है कि नहीं'? ये Sentence Question Tag कहलाते हैं।

Example **1.** We did not like her, did we? हम लोग उन्हें पसंद नहीं करते थे, क्या हम ....?
2. He could not do this, could he? वह इस काम को नहीं कर सका, क्या वह?
3. Sita is going to Kanpur, isn't she? सीता कानपुर जा रही है, क्या वह नहीं?
4. We should not go to the police station, should we? हम लोगों को थाना नहीं जाना चाहिए, क्या हमें?
5. She wasn't at home, was she? वह घर पर नहीं थी, क्या थी?

Rules of Question Tag

☞ **Rule 1 :** उपर्युक्त सभी Sentences को ध्यानपूर्वक पढ़ने से पता चलता है-

1. अगर Sentence Positive या Affirmative है तो Sentence के अन्त में जोड़ा गया 'Question Tag' Negative होगा।
2. Sentence Negative हो, तो अन्त में जोड़ा गया 'Quetion Tag' Positive होगा।
3. जो Tense Sentence में है, वही Tense Question Tag में होगा।

☞ **Rule 2 :** Question Tag बनाते समय हम लोग निम्नलिखित Verbs का प्रयोग करते हैं-
is, am, are, was. were.

Do – does – did Have – has – had
Will – would Shall – should
Can – could May – might
Must
Ought

☞ **Rule 3 :** Quetion Tag के कुछ और उदाहरण नीचे Box में दिये जा रहे हैं इसे पढ़कर आप Question Tag लगाना आसानी से सीख सकते हैं।

S. No.	*Sentence*	*Question Tag*
1.	Narendra Modi is the Prime Minister of India.	Isn't he?
2.	We ought to serve our country.	Oughtn't we?
3.	Your wrist watch is very old.	Isn't it?
4.	She will tell the truth.	Won't she?
5.	I am a student of this college.	Amn't I?

6.	The poor needs our help.	Doesn't he?
7.	He sang very well.	Didn't he?
8.	I won't be with you tomorrow.	Will I?
9.	Khushi should not go to bed late.	Should she?
10.	You should not talk like this.	Should you?

☞ **Rule 4 :** उपर्युक्त Sentences में जिनमें Helping Verb (सहायक क्रिया) हैं, जैसे- is, ought, will, am, won't, should आदि। इन Sentences के अन्त में उन्हीं Helping Verbs (सहायक क्रिया) के Tag के रूप में प्रयोग किया गया है, लेकिन जिन Sentences में केवल Main Verb है, जैसे- sang, need आदि, उनके Tense को do, does, did आदि लगाकर Tag बनाते हैं। Present Tense के Third Person, Singular Number के लिए does का तथा Plural Number के लिए do का प्रयोग करते हैं।

☞ **Rule 5 :** ऊपर दी गयी तालिका के सातवें Sentence में Main Verb का प्रयोग किया गया है। इसलिए उसके Question Tag में भी didn't तथा छठे वाक्य 'needs' Present Indifinite का Negative Question Tag का प्रयोग किया गया है।

A

A. अंग्रेजी के कुछ संयुक्त शब्दों के संक्षिप्त रूप अत्यंत प्रचलित हैं, इन्हें बोलने व लिखने का भी अभ्यास कीजिए-

do + not = don't
does + not = doesn't
did + not = didn't
is + not = isn't
are + not = aren't
was + not = wasn't
were + not = weren't
has + not = hasn't
have + not = haven't
had + not = hadn't
will + not = won't
shall + not = shan't
can + not = can't
must + not = mustn't
could + not = couldn't
need + not = needn't
would + not = wouldn't
should + not = shouldn't

B. n't forms में n पर लगे संकेत ('n') को Apostrophe कहते हैं।

B

Question Tag वाले वाक्यों में विपरीतार्थी जोड़े का भी प्रचलन है-

I did - Didn't I?
He is - Isn't he?
We are - Aren't we?
He was - Wasn't he?
You were - Weren't you?
They had - Hadn't they?
I must - Mustn't I?
You would - Wouldn't you?
She could - Couldn't she?
She does not - Does she?
You do not - Do you?

इन्हें भी पढ़ें-

I am – I'm – आइम
We are – We're – वी 'आर
You are – You're – यू 'अर
They are – They're – दे 'अर
He is – He's – ही 'ज
She is – She's – शी 'ज

इसी प्रकार I have – I've, You have – You've, She is – She's, We have – We've They have – They've आदि का प्रयोग करते हैं।

W - ग्रुप (शुरुआत)

W- ग्रुप में वे शब्द आते हैं, जिनका प्रारम्भ Wh से होता है, इसमें who, which, what, whose, when, whom, where, why और how शब्द आते हैं। ऐसे वाक्यों में Interrogative Word Sentence के पहले आता है, इसके पश्चात् Helping Verb, फिर Subject और Verb का प्रयोग किया जाता है। वाक्यों की रचना निम्न प्रकार होती है।

Interrogative Word + Name + Helping Verb + Subject + Verb ....?

Example : तुमने कौन-सा रंग पसंद किया?
Interrogative Word + Name + Helping Verb + Subject + Verb
Which + colour + did + you + prefer?

✯ उपर्युक्त वाक्य में Interrogative Word Which है। इसलिए Which का प्रयोग आरंभ में करते हैं। इस वाक्य में Object रंग है। इसलिए इसका प्रयोग नाम के स्थान पर करते हैं। इसके बाद क्रमशः Helping Verb (did), Subject (you) तथा Verb (prefer) का प्रयोग किया जाता है। वैसे Sentence जिसमें which के बाद Noun का प्रयोग नहीं होता है, उनमें Interrogative Word के बाद Noun का प्रयोग नहीं करते हैं।

Which – कौन-सा

Which शब्द का अर्थ कौन-सा या किस है। Which शब्द का प्रयोग प्रायः निर्जीव वस्तुओं के लिए होता है, लेकिन कभी-कभी (चुनाव की स्थिति में) सजीव के लिए भी इसका प्रयोग किया जाता है, जैसे–Which boy got distinction in English?

Which का प्रयोग

1. तुम्हें कौन-सा विषय पसंद है? — Which subject do you like? विच सब्जेक्ट डू यू लाइक?
2. तुमने कौन-सी पुस्तक खरीदी है? — Which book did you buy? विच बुक डिड यू बाय?
3. मैं कौन-सा लैपटाप खरीदूँ? — Which laptop shall I buy? विच लैपटाप शैल आइ बाय?
4. तुम्हें कौन-सा समय ठीक रहेगा? — Which time will suit you? विच टाइम विल सूट यू?
5. तुम कौन-सी भाषा बोलते हो? — Which language do you speak? विच लैंग्वेज डू यू स्पीक?
6. तुम किस डॉक्टर के पास जा रहे हो? — Which doctor are you going to? विच डॉक्टर आर यू गोईंग टु?
7. तुमने कौन-सा रंग पसंद किया नीला या काला? — Which colour did you prefer blue or red? विच कलर डिड यू प्रीफर ब्लू ऑर रेड?
8. तुम कौन-सी पुस्तक लिख रहे हो? — Which book are you writing? विच बुक आर यू राइटिंग?
9. तुम्हारी मनपसंद फिल्म कौन-सी है? — Which is your favourite movie? विच इज योर फेवरिट मूवी?
10. तुम्हारा मनपसंद खाना क्या है? — Which is your favourite dish? विच इज योर फेवरिट डिस?

What - क्या

What का अर्थ 'क्या' है। सामान्य तौर पर इसका प्रयोग निर्जीव पदार्थों के लिए किया जाता है।

Example : क्या उसे अच्छा लगता है?
What + does + he + like?
Interrogative Word + Helping Verb + Subject + Verb

☞ उपर्युक्त Sentence Present Indefinite Tense है। इसमें सबसे पहले Interrogative word की जगह What का प्रयोग किया गया है। Present Indefinite Tense का Sentence होने के कारण यहाँ Helping Verb की जगह does का प्रयोग करने के बाद नियम के अनुसार Subject 'he' का तथा इसके बाद Verb 'like' का प्रयोग किया गया है।

What का प्रयोग :

1. यह क्या बात है? — What's the matter? वाट्स द मैटर?
2. यह क्या है? — What's this? वाट्स दिस?
3. उसका नाम क्या है? — What's his name? वाट्स हिज नेम?
4. इसका मतलब क्या है? — What does it mean? वाट डज इट मीन?
5. आप क्या चाहते हों? — What do you want? वाट डू यू वांट?
6. इस समय कितने बजे हैं? — What's time? वाट्स टाइम?
7. तुम इस समय क्या करते हों? — What do you do at this time? वाट डू यू डू ऐट दिस टाइम?
8. वह क्या है? — What's this? वाट्स दिस?
9. आपने उनसे क्या कहा? — What did you tell him? वाट डिड यू टेल हिम?
10. तुम क्या खरीदना चाहते हों? — What do you want to buy? वाट डू यू वांट टु बाय?

When - कब

When शब्द का अर्थ 'कब' है। यह समय को दर्शाता है।

Example : तुम उससे कब मिले?
When + did + you + meet + her?
Interrogative Word + Helping Verb + Subject + Verb + Object

★ उपर्युक्त Sentence में Interrogative Word 'कब' है इसलिए सबसे पहले 'When' फिर नियम के अनुसार (चूँकि यह वाक्य Past Tense में है इसलिए) Helping Verb 'did' का प्रयोग किया गया है। इसके उपरान्त क्रमशः Subject (you), Verb (meet) एवं Object (her) का प्रयोग किया गया है। When के साथ प्रयोग होने वाले अन्य सभी प्रश्नवाचक वाक्यों की रचना इसी विधि से की जाती है।

When का प्रयोग

1. तुम प्रातः कितने बजे उठते हो? — When do you get up? वेन डू यू गेट अप?
2. तुम अपना पाठ कब दोहराते हो? — When do you revise your lesson? वेन डू यू रीवाइज योर लेसन?

3. तुम यहाँ कब आ रहे हो? — When are you coming here? वेन आर यू कमिंग हीयर?
4. तुम मुम्बई से कब लौटे? — When did you come back from Mumbai? वेन डिड यू कम बैक फ्रॉम मुम्बई?
5. तुम फिर कब आओगे? — When will you come back? वेन विल यू कम बैक?
6. तुम कब सोते हो? — When do you go to bed? वेन डू यू गो टु बेड?
7. यह कब हुआ? — When did it happen? वेन डिड इट हैपन?
8. तुम्हें इसका पता कब चला? — When did you come to know this? वेन डिड यू कम टु नो दिस?
9. तुम उससे पहली बार कब मिले? — When did you meet her the first time? वेन डिड यू मीट हर द फर्स्ट टाइम?
10. मुझे कब उठना चाहिए? — When should I get up? वेन शुड आइ गेट अप?

Where – कहाँ

'कहाँ' शब्द के लिए Where का प्रयोग किया जाता है। Where का प्रयोग स्थान के बारे में प्रश्न पूछने के लिए किया जाता है।

Example : तुम कहाँ काम करते हो?

Where + do + you + work?

Interrogative Word + Helping Verb + Subject + Verb

★ उपर्युक्त Sentence में Interrogative Word 'कहाँ' है। इसलिए सर्वप्रथम Where का प्रयोग किया गया है, फिर Helping Verb 'do' तथा Verb 'work' का प्रयोग किया गया। Where के साथ प्रयोग होने वाले अन्य सभी वाक्यों की रचना इसी विधि से की जाती है।

Where का प्रयोग

1. तुम कहाँ रहते हो? — Where do you live? वेर डू यू लिव?
2. वह कहाँ गयी? — Where did she go? वेर डिड शी गो?
3. तुम्हें यह पुस्तक कहाँ मिली? — Where did you find this book? वेर डिड यू फाइंड दिस बुक?
4. तुमने मेरा मोबाइल कहाँ रखा? — Where did you put my mobile? वेर डिड यू पुट माइ मोबाइल?
5. तुम अब कहाँ जाओगे? — Where will you go now? वेर विल यू गो नाउ?
6. तुम कहाँ से आ रहे हो? — Where are you coming from? वेर आर यू कमिंग फ्रॉम?
7. तुम कहाँ काम करते हो? — Where do you work? वेर डू यू वर्क?
8. आप पुस्तकें कहाँ से खरीदते हैं? — From where do you buy books? फ्रॉम वेर डू यू बाइ बुक्स?

9. आपने सूट कहाँ से खरीदा? — From where did you buy your suit? फ्रॉम वेर डिड यू बाइ यूअर सूट?

10. आप कहाँ रहते हैं? — Where do you live? वेर डू यू लाइव?

Whom – कौन

Whom शब्द का प्रयोग किसे, किसके और किसकी के लिए किया जाता है।

Example : तुम किसे बता रहे हो?
Whom + are + you + telling?
Interrogative Word + Helping Verb + Subject + Verb

★ उपर्युक्त वाक्य में Interrogative Word 'किसे' के लिए सर्वप्रथम Whom शब्द का प्रयोग किया गया है। Sentence Present Imperfect Tense होने के कारण Helping Verb 'are' का प्रयोग करने के बाद Subject 'you' तथा अन्त में Verb ('tell') लिखकर इसमें 'ing' जोड़ दिया गया।

Whom का प्रयोग

1. तुम किसे बता रहे हो? — Whom are you telling? हूम आर यू टेलिंग?
2. उसने किसकी मदद की? — Whom did he help? हूम डिड ही हेल्प?
3. हम लोग किससे पूछें? — Whom shall we ask? हूम शैल वी आस्क?
4. तुम किसकी सहायता करोगे? — Whom shall you help? हूम शैल यू हेल्प?
5. तुमने किससे पूछा था? — Whom did you ask? हूम डिड यू आस्क
6. उसे कौन अच्छा लगता है? — Whom does he like? हूम डज ही लाइक?
7. तुम्हें कौन अच्छा लगता है? — Whom do you like? हूम डू यू लाइक?

Why – क्यों

Why का प्रयोग क्यों शब्द के लिए करते हैं। इस शब्द का प्रयोग कारण पूछने के लिए किया जाता है।

Example : आप इतने खुश क्यों हैं?
Why + are + you + so happy?
Interrogative Word + Helping Verb + Subject + Verb

★ उपर्युक्त वाक्य में दिये गये Interrogative Word क्यों के लिए 'why' शब्द का प्रयोग किया गया इसके पश्चात् Helping Verb 'are' Subject 'you' तथा **Adjective** 'happy' का प्रयोग किया गया है।

Why का प्रयोग

1. आप क्यों तकलीफ करते हो? — Why do you trouble yourself? वाइ डू यू ट्रबल योरसेल्फ?
2. आप इतने गंभीर क्यों हैं? — Why are you so serious? वाइ आर यू सो सीरियस?
3. आप इतने खुश क्यों हैं? — Why are you so happy? वाइ आर यू सो हैप्पी?
4. आप/तुम मेरी बात क्यों नहीं सुनते हो? — Why don't you listen to me? वाइ डोंट यू लिसन टु मी?
5. क्या तुम उसे पहचानते हो? — Do you recognise her? डू यू रिकॉग्नाइज हर?

6.	तुम बाजार क्यों जा रहे हो?	Why are you going to the market? वाइ आर यू गोइंग टु द मार्केट?
7.	तुम चिंता क्यों करते हो?	Why do you worry? वाइ डू यू वरी?
8.	तुम यहाँ क्यों आये हो?	Why have you come here? वाइ हैव यू कम हीअर?
9.	आप इतना खुश क्यों दिखाई दे रहे हैं?	Why are you looking so happy? वाइ आर यू लुकिंग सो हैप्पी?
10.	तुम्हें ऐसा क्यों लगता है?	Why do you think so? वाइ डू यू थिंक सो?

How – कैसे

How का अर्थ कैसे या किस प्रकार है। इस शब्द का प्रयोग कार्यविधि पूछने के लिए तथा किसी व्यक्ति या स्थान की अवस्था के बारे में पूछने के लिए किया जाता है।

Example : आप कैसे जाते हैं?
How + do + you + go?
Interrogative Word + Helping Verb + Subject + Verb

★ उपर्युक्त वाक्य में Interrogative Word 'how' इसके पश्चात् Helping Verb 'do' Subject 'you' तथा Verb 'go' का प्रयोग किया गया है।

How का प्रयोग

1.	तुम्हारी उम्र क्या है?	How old are you? हाउ ओल्ड आर यू?
2.	तुम ऑफिस कैसे जाते हो?	How do you go to office? हाउ डू यू गो टु ऑफिस?
3.	तुम कैसे लौटे?	How did you return? हाउ डिड यू रिटर्न?
4.	नैनीताल में आपका स्वास्थ्य कैसा था?	How was your health in Nainital? हाउ वाज योर हेल्थ इन नैनीताल।
5.	वहाँ का मौसम कैसा था?	How was the weather? हाउ वाज द वेदर?
6.	आपके पुत्र की उम्र क्या है?	How old is your son? हाउ ओल्ड इज यूर सन?
7.	वह स्कूल कैसे जाता है?	How does he go to the school? हाउ डज ही गो टु द स्कूल?
8.	यहाँ से तुम्हारा घर कितना दूर है?	How far is your home from here? हाउ फार इज योर होम फ्रॉम हीयर?
9.	अब तुम कैसा महसूस कर रहे हो?	How are you feeling now? हाउ आर यू फीलिंग नाउ।
10.	आप कैसे जाते हैं?	How do you go? हाउ डू यू गो?

Who – कौन

Who का अर्थ 'कौन' है। इस शब्द का प्रयोग मनुष्यों के लिए किया जाता है। ऐसे शब्दों में साधारणतः कर्त्ता नहीं होता है। कर्त्ता नहीं होने का कारण यह है कि कर्त्ता कौन है, यही प्रश्न यहाँ पूछा जा रहा है। कर्त्ता नहीं होने पर भी Sentence की रचना पहले के समान की जाती है।

Example : कौन आ रहा है?
Who + is + coming?
Interrogative Word + Helping Verb + Verb

★ उपर्युक्त Sentence में सबसे पहले Interrogative Word 'who' इसके पश्चात् Helping Verb 'is' तथा Verb 'coming' का प्रयोग किया गया है।

Who का प्रयोग

1.	आप कौन हैं?	Who are you? हू आर यू?
2.	कौन सबसे पहले गया?	Who went first? हू वेन्ट फर्स्ट?
3.	कौन जाता है?	Who goes? हू गोज?
4.	वे कौन हैं?	Who are they? हू आर दे?
5.	इस काम को कौन कर सकता है?	Who can do this work? हू कैन डू दिस वर्क?
6.	इस घर का मालिक कौन है?	Who is the owner of this house? हू इज ऑनर ऑफ द हाउस?
7.	बाजार कौन जाएगा?	Who will go to the market? हू विल गो टु दी मार्केट?
8.	गीत किसने गाया?	Who sang the song? हू संग द साँग?
9.	वह कौन है?	Who is he? हू इज ही?
10.	मुझे मदद कौन करेगा?	Who will help me? हू विल हेल्प मी?

स्मरणीय

1. Tag का अर्थ होता है– जोड़ना या नत्थी करना। इस प्रकार Question Tag का अर्थ है किसी Sentence के अंत में प्रश्न जोड़ना।
2. W- ग्रुप में वे शब्द आते हैं, जिसका प्रारम्भ Wh से होता है, इसमें Who, Which, What, Whose, When, Whom, Where, Why और How शब्द आते हैं।

शब्द रचना
(WORD FORMATION)

Definition (परिभाषा)

The skill to change words from one part of speech to another part of speech is called 'Word Formation'. एक Part of Speech के शब्द को दूसरे Part of Speech में बदलने तथा दो शब्दों को जोड़कर एक शब्द (Compound Word) बनाने की विधि को Word Formation कहते हैं।

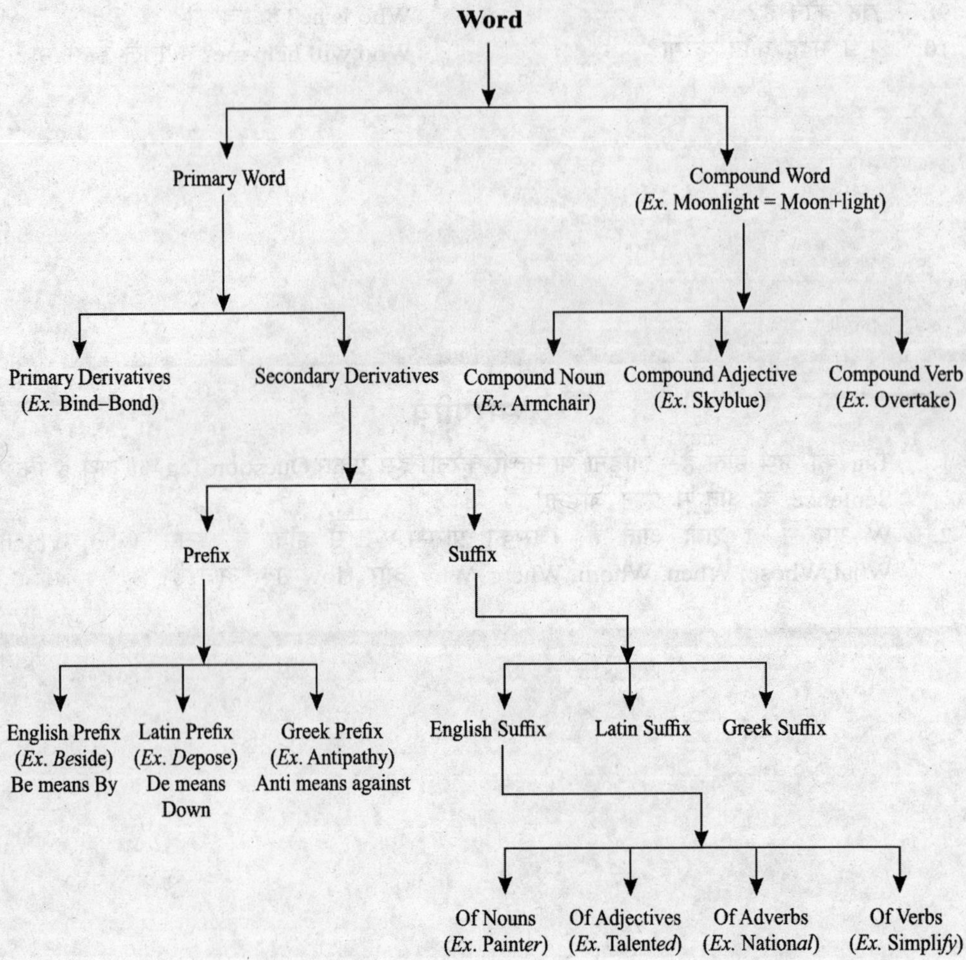

Formation of Words (शब्द निर्माण)

वे शब्द, जो दूसरों से Derived (व्युत्पन्न) या संयुक्त नहीं हुए हैं अथवा अन्य शब्दों से विकसित नहीं किये गये हैं, Primary Words (मूल या रूढ़ शब्द) कहलाते हैं। वे भाषा के मूलभूत या मौलिक शब्द होते हैं।

(i) Compound Words (संयुक्त या यौगिक शब्द): दो या अधिक सरल शब्दों को मिलाकर बनाये जाते हैं, जैसे–Moonlight, nevertheless, undertake, man-of-war.

(ii) Primary Derivatives (मुख्य व्युत्पन्न): सरल शब्दों के अंदर कुछ परिवर्तन करने से बनते हैं, जैसे–Bond from bind, breach from break, wrong from wring.

नोट–आंतरिक परिवर्तन से बनाये गये शब्दों का सबसे अधिक महत्त्वपूर्ण वर्ग उन मुख्य क्रियाओं के भूतकालों से बना होता है, जिन्हें प्रायः व्युत्पन्न के वर्ग में नहीं रखा जाता है।

(iii) Secondary Derivatives (गौण व्युत्पन्न): शब्द के प्रारंभ में या अंत में जोड़कर बनते हैं, जैसे–Unhappy, goodness.

शब्द के प्रारंभ में जुड़ने वाले को उपसर्ग या पूर्व प्रत्यय ***(Prefix)*** तथा अंत में जुड़ने वाले को प्रत्यय या परप्रत्यय ***(Suffix)*** कहते हैं।

(i) Compound Words (संयुक्त या यौगिक शब्द)

यौगिक शब्द अधिकतर संज्ञा, विशेषण और क्रिया होते हैं।

यौगिक संज्ञाएँ निम्नलिखित के योग से बनती हैं–

1. संज्ञा + संज्ञा, जैसे–

   Moonlight, chess-board, armchair, postman, railway, airman, manservant, fire-escape, jailbird, horse-power, shoemaker, ringleader, screwdriver, tax-payer, teaspoon, haystack, windmill.

2. विशेषण + संज्ञा, जैसे–

   Sweetheart, nobleman, shorthand, black-board, quick-silver, strong-hold, halfpenny.

3. क्रिया + संज्ञा, जैसे–

   Spendthrift, makeshift, breakfast, telltale, pickpocket, cut-throat, cutpurse, daredevil, scarecrow, hangman.

4. क्रियावाचक संज्ञा + संज्ञा, जैसे–

   Drawing-room, writing-desk, looking-glass, walking-stick, blotting paper, stepping-stone, spelling-book.

5. क्रियाविशेषण या सम्बन्धबोधक + संज्ञा, जैसे–

   Outlaw, afterthought, forethought, foresight, overcoat, downfall, afternoon, bypath, inmate, off-shoot, inside.

6. क्रिया + क्रियाविशेषण, जैसे–

   Drawback, lock-up, go-between, die-hard, send-off.

7. क्रियाविशेषण + क्रिया, जैसे–

   Outset, upkeep, outcry, income, outcome.

यौगिक विशेषण निम्नलिखित के योग से बनते हैं–

1. संज्ञा + विशेषण या Participle (कृदंत), जैसे–

   Blood-red, sky-blue, snow-white, pitch-dark, breast-high, skin-deep, purse-proud, lifelong, world-wide, headstrong, homesick, stone-blind, seasick, note-worthy, heart-rending, ear-piercing, time-serving, moth-eaten, heart-broken, bed-ridden, hand-made, sea-girl, love-lorn.

2. विशेषण + विशेषण, जैसे–

Red-hot, blue-black, white-hot, dull-grey, lukewarm.

3. क्रियाविशेषण + Participle (कृदंत), जैसे–

Long-suffering, everlasting, never-ending, thorough-bred, well-deserved, outspoken, down-hearted, far-seen, inborn.

यौगिक क्रियाएँ निम्नलिखित के योग से बनती हैं–

1. संज्ञा + क्रिया, जैसे–

Waylay, backbite, typewrite, browbeat, earmark.

2. विशेषण + क्रिया, जैसे–

Safe-guard, white-wash, fulfil.

3. क्रियाविशेषण + क्रिया, जैसे–

Overthrow, overtake, foretell, undertake, undergo, overhear, overdo, outbid, outdo, upset. ill-use.

नोटः अधिकांश यौगिक शब्दों में पहला शब्द दूसरे शब्द के अर्थ को स्पष्ट करता है। जब Amalgamation (मिश्रण) पूर्ण होता है, तो स्पष्ट करने वाले शब्द पर Accent (आघात) होता है। जब यौगिक के दोनों शब्द केवल अपूर्ण रूप से मिश्रित हों तब दोनों के बीच में संयोजक चिह्न Hyphen लगा देते हैं और यौगिक के दोनों शब्दों पर समान रूप से आघात पड़ता है।

(ii) Primary Derivatives (मुख्य व्युत्पन्न)

1. क्रिया और विशेषण द्वारा संज्ञा का निर्माणः

Verbs	Nouns	Verbs	Nouns
Advise	Advice	Gape	Gap
Bear	Bier	Gird	Girth
Bind	Bond	Grieve	Grief
Bless	Bliss	Live	Life
Break	Breach	Lose	Loss
Burn	Brand	Prove	Proof
Choose	Choice	Sing	Song
Chop	Chip	Sit	Seat
Deal	Dol	Speak	Speech
Deem	Doom	Strike	Stroke
Dig	Ditch	Strive	Strife
	Dike	Wake	Watch
Float	Fleet	Weave	Web
			Woof
Adjectives	**Nouns**	**Adjectives**	**Nouns**
Dull	Dolt	Hot	Heat
Proud	Pride		

2. क्रिया और संज्ञा द्वारा विशेषण का निर्माण।

Adjectives	Nouns	Adjectives	Nouns
Float	Fleet	Milk	Milch
Lie	Low	Wit	Wise

3. संज्ञा और विशेषण द्वारा क्रिया का निर्माण।

Nouns	Verbs	Nouns	Verbs
Bath	Bathe	Gold	Gild
Belief	Believe	Grass	Graze
Blood	Bleed	Half	Halve
Breath	Breathe	Knot	Knit
Brood	Breed	Price	Prize
Cloth	Clothe	Sale	Sell
Drop	Drip	Sooth	Soothe
Food	Feed	Tale	Tell
Glass	Glaze	Thief	Thieve
		Wreath	Wreathe
Adjectives	**Verbs**		
Cool	Chill		
Hale	Heal		

(iii) Secondary Derivatives (गौण व्युत्पन्न)

Prefix (उपसर्ग)

1. **Negative Prefix (नकारात्मक उपसर्ग)** - वे Prefix जो मूल शब्द में जुड़कर उसके अर्थ को नकारात्मक बना देते हैं। ये Prefix विशेषकर Noun और Adjective शब्दों और कभी-कभी Adverb के साथ लगते हैं।
   (a) Non (नॉन) - non-smoker (धूम्रपान नहीं करने वाला), non-collegiate (कॉलेज नहीं जाने वाला), non-effective (गैरप्रभावी), non-cooperation (असहयोग)।
   (b) Il (इल) - illiterate (अनपढ़), illegal (गैरकानूनी), illogical (तर्क विरुद्ध)
   (c) In (इन) - insane (पागल), ineffective (अप्रभावी), ineffectual (निष्प्रभावी), incurable (लाइलाज)
   (d) Im इम) - improper (अनुचित), immovable (अडिग), import (आयात)
   (e) Ir (इर) - Irrelevant (असंगत), irregular (अनियमित)
   (f) Dis (डिस) - Disloyal (निष्ठाहीन), disobey (अवज्ञा), dislike (नापसंद), disorder (विकार)
   (g) A (ए) - amoral (नीति भ्रष्ट), asexual (अलिंगी)
2. **Antonym Prefix (विपरीतार्थक उपसर्ग)** - विपरीतार्थक उपसर्गों के मूल शब्द में जोड़े जाने से इनका अर्थ विपरीत अर्थात् उलट जाता है, जैसे-

(a) Un - undo (पूर्ववत्), untie (खोलना), unfit (अनुपयुक्त)
(b) De - decode (समझना), defame (बदनाम), decentralize (विकेन्द्रीकरण)
(c) Dis – Disconnect (अलग करना), disown (छोड़ना), discolour (फीका पड़ना)

3. **Degenerative Prefix (अपकर्षक उपसर्ग)** - अपकर्षक उपसर्गों के प्रयोग से मूल शब्द के अर्थ में गिरावट आती है, जैसे-

(a) Mis (मिस) – कुर्क अर्थ वाला – Miscalculate (गलत हिसाब लगाना), Misfire (निशाना चूकना), mislead (बहकाना), misuse (दुरुपयोग), mismanage (कुप्रबंध), misrule (अराजकता)
(b) Mal (मल) - बुरा - Maltreatment (दुर्व्यवहार), malcontent (असंतुष्ट), malfunction (बिगड़ा काम), maltreat (बुरा बर्ताव), malformed (विकृत)
(c) Pseudo (स्यूडो) - नकल/झूठा - Pseudoscientific (झूठा वैज्ञानिक), pseudointellect (छद्म बुद्धि)

4. **Prefix of Size (अवस्था/आकार सूचक उपसर्ग)** - अवस्था/आकार सूचक उपसर्ग के प्रयोग से मूल शब्द का अर्थ, अवस्था स्थिति और आकार का बोध कराने लगता है, जैसे-

(a) Arch (आर्क) मुख्य/महा - Archbishop (प्रधान पादरी), archenemy (कट्टर दुश्मन), archangel (स्वर्गदूत या प्रधान देवदूत)
(b) Super (सुपर) बेहतर/अति - Supermodel (सुपर मॉडल), superfine (सर्वोत्तम), supermarket (सुपर बाज़ार)
(b) Out (आउट) बेहतर/ज्यादा - Outgrow (अधिक बढ़ना), outlive (अधिक जीना), outrun (आगे निकल जाना)
(d) Sur (सर) अति/ऊपर - Surtax (अतिरिक्त कर), surpass (उत्कृष्ट होना), surcharge (अधिशुल्क)
(e) Sub (सब) नीचा/निम्न - Subhuman (मनुष्य से निचले दर्जे का प्राणी), subnormal (मंदबुद्धि), substandard (उप मानक)
(f) Over (ओवर) अति - Overacting (बढ़ा-चढ़ाकर दिखाना), overwrite (अधि लेखित), overdrink (ज्यादा शराब पीना), overdo (थका मारना)
(g) Under (अण्डर) अल्प - Underprivileged (अल्प विशेषाधिकार प्राप्त), underfood (भोजन के तहत), underlock (लॉक के तहत)
(h) Hyper (हाइपर) अति - Hypertention (उच्च रक्तचाप), hypercritical (अत्यन्त आलोचनीय), hypersensitive (अत्यन्त अनुभुत)
(i) Ultra (अल्ट्रा) अति - Ultramodern (अत्याधुनिक), ultraviolet (पराबैंगनी), ultranationalism (अतिराष्ट्रवाद)
(j) Mini (मिनी) (छोटा) - Minibus (छोटी बस), miniskirt (छोटी स्कर्ट)

5. **Prefix Showing Behaviour (व्यवहार सूचक उपसर्ग)** - व्यवहार सूचक उपसर्ग का प्रयोग मूलशब्द को व्यवहारसूचक बनाता है, जैसे-

(a) Co (को) सह/साथ - Co-operate (सहयोग देना), co-exist (एक साथ होना), co-educate (सहशिक्षा)

(b) Counter (काउन्टर) (विरोध) - Co-unterrevolution (प्रतिक्रान्ति), co-unterattack (जवाबी हमला), counter-act (प्रतिक्रिया करना)

(c) Anti (एंटी) विरोधी - Antibody प्रतिरक्षी, antisocial (समाज द्रोही), antibiotics (प्रतिजीवी)

(d) Pro (प्रो) पक्ष में/पूर्व - Procommunist (कम्युनिस्ट समर्थक), proamerican (अमेरिकी समर्थक)

6. **Prefix of Location (स्थान सूचक उपसर्ग)** - स्थान सूचक उपसर्गों को जोड़ने से मूल शब्द का अर्थ स्थान सूचक हो जाता है, जैसे-

(a) Sub (सब) निम्न/छोटा - Subsection (उपखंड), subway (भूमिगत राह)

(b) Inter (इंटर) निम्न/मध्य - International अन्तरराष्ट्रीय, interview (साक्षात्कार), interweave (एक साथ गुथना), interstate (अंतरराज्यीय)

(c) Trans (ट्रांस) पार/दूसरे स्थान पर ले जाना - Transatlantic (पार-अटलांटिक), transplant (प्रत्योरोपित करना), transship (पार-जहाज)

7. **Prefix of Time (समय सूचक उपसर्ग)** - समय सूचक उपसर्ग का उपयोग करने से मूल शब्द समय सूचक शब्द में बदल जाता है, जैसे-

(a) Pre (प्री) पूर्व/अग्र - Premarital (विवाह पूर्व), premedical (चिकित्सा पूर्व), preschool (स्कूल पूर्व)

(b) Fore (फोर) पूर्व/पहले - Foreknowledge (पूर्वज्ञान), forewarn (पूर्व सचेत करना), foretell (भविष्यवाणी करना)

(c) Post (पोस्ट) उतर/पश्च/पश्चात् - Post-war (युद्ध के बाद), post-election (चुनाव के बाद)

(d) Ex (एक्स) पहले का - Ex-Prime Minister (भूतपूर्व प्रधानमंत्री), Ex-president (भूतपूर्व राष्ट्रपति), Ex-student (पूर्व छात्र)

(e) Re(R) पुनः/फिर से - Restructure (पुनर्गठन), reclaim (पुनः प्राप्त), rebuild (पुनर्निर्माण), re-sell (फिर से बेचना)

8. **Prefix of Numbers (संख्या सूचक उपसर्ग)** - संख्या सूचक उपसर्ग मूल शब्द से जुड़कर उन्हें संख्या वाचक बना देते हैं, जैसे-

(a) Uni (युनि) एक - Unisex (एक लिंग), unicycle (एक चक्रीय), unilateral (एकतरफा)

(b) Bi/Di (बाई-डाई) दो - Bifocal (द्वि-फोकसी), bilingual (द्वि-भाषी), decagram (दस ग्राम)

(c) Tri (ट्राई) त्रि/तीन - Tricycle (तीन पहियों की साइकिल)

(d) Multi/Poly (मल्टी/पॉलि) बहु/अनेक - Multinational (बहुराष्ट्र), multiplex (बहुखंडीय), multipurpose (बहुउदेश्यीय), polygamy (बहुविवाह), polytechnique (बहु शिल्पी)

9. **Other Prefixes (अन्य में)** - Vice, Neo, Semi, Proto और Auto आदि उपसर्ग में आते हैं, जैसे-

(a) Vice (वाइस) उप - Vice-admiral, vice-captain (उपकप्तान), vice-president (उपराष्ट्रपति)

(b) Neo (नियो) नया - Neo-romantism (नियो रोमानिक), neo-classicism (नियो क्लासिज्म)

(c) Semi (सेमि) आधा - Semi-transparent (अर्द्धपारदर्शी), semi-circle (अर्द्धवृत्त)

(d) Proto (प्रोटो) प्रथम/आदि - Proto-type (प्रतिकृति), proto-zoa (एककोशीय)

(e) Auto (ऑटो) स्वत: – Automatic (स्वचालित), autobiography (आत्मकथा)

(f) Pan (पैन) सर्व – Pan-American (अखिल अमेरिकी), Pan-African (अखिल अफ्रीकी)

☞ कुछ उपसर्ग ऐसे भी होते हैं जिनके प्रयोग से मूल शब्द Noun आदि से Verb बन जाते हैं, जैसे–
Be - Be-spectacled (चश्मा पहने होना), bewitch (जादूगर होना), becalm (शांत होना)
Em - Empower (सशक्त बनाना)
En - Enlighten (समझना), En-danger (खतरे में)

Negative और Positive Prefix के अन्य उदाहरण

Non – (नकारात्मक)

Non-academic	गैर–शैक्षिक	Non-alcoholic	अल्कोहलरहित
Non-aligned	निर्गुट	Non-committal	अनिश्चित
No-conformity	विरोध/अपालन	Non-existent	अनस्तित्व
Non-fiction	अकाल्पनिक साहित्य	Non-renewable	अपूर्व
Non-sense	मूर्खता	Non-smoker	धूम्रपान न करने वाला व्यक्ति
Non-violence	अहिंसा		

In – (नकारात्मक)

Inability	असमर्थता	Inaccurate	गलत
Inaction	निष्क्रियता	Inactive	निष्क्रिय
Inadequate	अपर्याप्त	Inadvisable	अविवेकहीन
Inappropriate	अनुपयुक्त	Inattentive	असावधान
Inauspicious	अशुभ/अमंगल	Incapable	अक्षम/असमर्थ
Incoherent	असंगत	Incomparable	अतुलनीय
Incompatible	परस्पर–विरोधी	Incompetent	असमर्थ/अयोग्य
Incomplete	अपूर्ण/अधूरा	Inconclusive	अनिर्णायक
Inconsiderate	अविवेकी	Inconvenience	असुविधा

Im – (नकारात्मक)

Imbalance	असंतुलन	Immature	अपरिपक्व/कच्चा
Immiscible	अमिश्रणीय	Immobile	अचल/स्थिर/गतिहीन
Immoral	अनैतिक/व्यभिचारी	Immortal	अमर/शाश्वत
Impatient	अधीर/आतुर	Imperceptible	अगोचर/अतिसूक्ष्म
Imperfect	अधूरा/अपूर्ण	Implausible	अविश्वसनीयता
Impolite	अशिष्ट/अभद्र	Impossible	असंभव
Impracticable	अव्यावहारिक	Improbable	असंभावित
Improper	अनुचित	Impure	अशुद्ध/दूषित

Ir – (नकारात्मक)

Irrational	विवेकहीन/अतर्क	Irreparable	अपूर्णीय
Irresistible	अप्रतिरोध्य	Irresponsible	गैर–जिम्मेदार

Mis – (बुरा, गलत)

Misapprehension	गलतफहमी	Misbehave	दुर्व्यवहार करना
Miscalculate	अशुद्ध गणना करना	Misconception	भ्रांत धारणा/भ्रांति

Misfortune	दुर्भाग्य	Misguide	विभ्रांत/बहकना
Misinform	गलत सूचना देना	Misinterpret	गलत अर्थ लगाना
Mismanage	कुप्रबंध करना	Misplace	गलत जगह पर रखना
Mispronounce	अशुद्ध उच्चारण करना	Misread	गलत पढ़ना
Misrepresent	गलत विवरण देना	Misspell	अशुद्ध वर्तनी देना
Misspend	अपव्यय करना	Mistrust	अविश्वास
Misunderstand	गलत अर्थ लगाना	Misuse	दुरुपयोग करना

Dis – (विपरीतार्थक भाव/क्रिया)

Disability	असमर्थता	Disabuse	भ्रम दूर करना
Disadvantage	घाटा/हानि	Disaffected	अप्रभावित/विरक्त
Disagree	असहमत होना	Disallow	अस्वीकार करना
Disappear	गायब हो जाना	Disappoint	निराश करना
Disapprove	नापसंद करना	Disarm	निरस्त्र करना
Disbelief	अविश्वास	Discharge	मुक्त/रिहा
Disclaim	दावा छोड़ देना	Disclosure	प्रकटीकरण
Discolour	फीका या मलिन हो जाना	Discomfort	असुविधा/बेचैनी
Disconnect	अलग करना	Discontent	असंतोष
Discontinue	बंद करना	Discourage	हतोत्साहित करना

Mal – (बुरा, गलत)

Maladjusted	अव्यवस्थित	Maladjustment	अव्यवस्था
Maladministration	कुप्रशासन	Malapropism	हास्यास्पद शब्द प्रयोग
Malcontent	असंतुष्ट	Maldistribution	कुवितरण
Malformation	कुरचना	Malfunction	ठीक से काम न करना
Malnutrition	कुपोषण	Malodorous	दुर्गन्धपूर्ण/बदबूदार
Malpractice	कदाचार	Maltreat	दुर्व्यवहार/अत्याचार करना

Un – (नकारात्मक)

Unable	असमर्थ	Unacceptable	अस्वीकार्य
Unaccompanied	अकेला	Unaffected	अप्रभावित
Unarmed	निहत्था	Unashamed	निर्लज्ज/लज्जाहीन
Unauthorized	गैरकानूनी/अवैध	Unavailable	अप्राप्य
Unavoidable	अनिवार्य	Unaware	अनभिज्ञ
Unbearable	असह्य	Unborn	आजन्मा
Uncertain	अनिश्चित	Unchanged	यथावत
Unchecked	अनियंत्रित	Unclean	अपवित्र
Unclear	अस्पष्ट या अनिश्चित	Uncomfortable	असुविधाजनक
Uncommon	असाधारण	Unconcerned	उदासीन

De – (कम करना या उल्टा)

Deactivate	निष्क्रिय करना	Debar	बहिष्कृत करना
Debase	भ्रष्ट/दूषित करना	Decamp	भाग जाना
Decease	मृत्यु	Declassify	गुप्त सूची से उतारना

Decolourise	विरंजित करना	Decompose	सड़ना
Decompress	दबाव हटाना	Deconsecrate	अप्रतिष्ठित करना
De-emphasize	महत्त्व कम करना	De-energise	निष्क्रिय होना
De-escalate	घटाना/मंद करना	Deface	विकृत करना/बिगाड़ना
Defame	मानहानि/निंदा करना	Deforestation	वन-कटाई
Deform	विकृत करना	Defray	चुकाना
Degenerate	बिगाड़ना/भ्रष्ट करना	Degrade	पदावनत करना

Under – (कम/अल्पतर)

Underachieve	कम सफलता प्राप्त करना	Underact	संयत अभिनय करना
Underbelly	पशु का निचला भाग	Underclass	निचला वर्ग
Underclothes	अंदर के कपड़े	Undercover	गुप्त
Underdeveloped	अविकसित	Underdress	कम कपड़े पहनना
Underestimate	वास्तविकता से कम आँकना	Underfeed	कम चखना
Underfoot	पैरों तले	Undergarment	अंदर के कपड़े
Undergo	झेलना/सहना	Undergraduate	पूर्वस्नातक
Underground	भूमिगत	Undergrowth	झाड़-झंखाड़
Underline	रेखांकित करना	Undermentioned	निम्नलिखित
Undermost	निम्नतम/सबसे निचला	Underneath	निचला भाग, तल

Re – (पुनः)

React	प्रतिक्रिया करना	Reaction	प्रतिक्रिया
Reactivate	पुनः सक्रिय करना	Reafforestation	पुनर्वनरोपण
Reassure	आश्वासन देना	Rebirth	पुनर्जन्म
Recapture	पुनः शक्ति/ऊर्जा मिलना	Reclaim	सुधारना
Recognition	मान्यता/पहचान	Recollect	याद/स्मरण करना
Recommend	सिफारिश करना	Reconsider	पुनः सोचना
Reconstitute	पुनर्संगठित करना	Reconstruct	पुनर्निर्माण करना
Record	दर्ज करना	Recount	दोबारा गिनना
Recreate	पुनः घटित होना	Recycle	पुनःआवर्तन
Refill	पुनः भरना	Refine	शुद्ध करना

Semi – (आधा, अंशतः)

Semi-annual	अर्धवार्षिक	Semi-arid	सूखा (जमीन आदि)
Semi-automatic	अर्ध-स्वचालित	Semi-centennial	अर्ध-शतवर्षीय
Semicircle	अर्धवृत्त	Semicolon	अर्धविराम
Semi-conductor	अर्धचालक	Semi-conscious	अर्धचेतन
Semi-final	उपांत	Semi-lunar	अर्धचन्द्राकार
Semi-monthly	अर्धमासिक/पाक्षिक	Semi-precious	अल्पमूल्य
Semi-rigid	अर्ध-कड़ा/अर्ध-सख्त	Semi-solid	अर्ध-ठोस
Semi-tropical	अर्ध-उष्णकटिबंधीय		

Equi – (सम)

Equiangular	बराबर कोण वाला	Equidistant	समदूरस्थ
Equilateral	समभुज/समबाहु	Equipoise	साम्यावस्था/संतुलन
Equitable	उचित/न्यायसंगत	Equivalence	समानता/बराबरी

Mini – (छोटा)

Minicomputer	छोटा कम्प्यूटर	Minidisc	छोटी डिस्क
Minimum	कम से कम		

Micro – (सूक्ष्म)

Microbiology	सूक्ष्म जीवविज्ञान	Microbrewery	लघु मद्यनिर्माणशाला
Microchip	धातु से बनी एक चिप	Microcircuit	सूक्ष्मसर्किट
Microcomputer	सूक्ष्म-कम्प्यूटर	Microeconomics	सूक्ष्म अर्थशास्त्र
Micrometer	सूक्ष्ममापी	Microorganism	सूक्ष्म जीव
Microphone	माइक/ध्वनिग्राहक	Microscope	सूक्ष्मदर्शी यन्त्र
Microwave	सूक्ष्म तरंग		

Macro – (बड़ा)

Macrobiotic	दीर्घ-जीवीय	Macroeconomics	वृहत् अर्थशास्त्र
Macromolecule	वृहत् अणु	Macroscopic	स्थूल

Mega – (बहुत बड़ा)

Megabit	एक मिलियन बिट	Megabucks	बहुत बड़ी धनराशि
Megalitre	एक मिलियन लीटर	Megaphone	भोंपू
Megapixel	एक मिलियन पिक्सेल	Megaproject	एक बड़ा प्रोजेक्ट
Megaton	एक मिलियन टन		

Inter – (अंतर, मध्य)

Intercalary	अंतर्विष्ट	Intercede	मध्यस्थता करना
Intercession	बीचबचाव/मध्यस्थता	Interchange	अदला-बदली करना
Intercity	शहरों के मध्य यात्रा	Intercommunion	पारस्परिक संपर्क
Intercotinental	अन्तरमहाद्वीपीय	Intercostal	अन्तरापुर्शक
Intercourse	मैथुन/समागम	Intercurrent	मध्यवर्ती
Interlock	गूँथना	Intermarriage	अन्तर्विवाह
Intermediate	मध्यवर्ती/मध्यस्थ	Intermission	मध्यान्तर
International	अन्तरराष्ट्रीय	Internet	अन्तर्जाल
Interpreter	दुभाषिया	Interracial	अन्तर्जातीय

Super – (उत्कृष्ट)

Superhuman	अलौकिक/अतिमानवीय	Superimpose	अध्यारोपित करना
Supernatural	अलौकिक/आधिदैविक	Supernova	अभिनव-तारा
Superpower	महाशक्ति	Supersonic	पराध्वनिक

Trans – (अंतर, आर-पार)

Transaction	सौदा/मामला	Transform	बदल देना
Translate	अनुवाद करना	Translucent	पारभासी
Transmission	प्रसारण/संचारण	Transparent	पारदर्शी
Transport	परिवहन/ढोना	Transpose	स्थान बदलना
Transverse	आड़ा/अनुप्रस्थ		

Ex - (भूतपूर्व)

Exacerbate	बिगाड़ देना	Exact	बिलकुल सही/यथार्थ
Example	**उदाहरण**	Excess	अतिरिक्त/आधिक्य

Exchange	अदला-बदली	Exchequer	राजकोष
Excite	भड़काना/उकसाना	Exclaim	चिल्लाना
Ex-communicate	बहिष्कृत करना	Exhale	साँस छोड़ना
Exit	निकास (द्वार)	Exotic	आकर्षक/विदेशी
Expat	निर्वासित/प्रवासी	Expend	खर्च/व्यय करना
Expert	विशेषज्ञ/निपुण	Explain	समझाना/स्पष्ट करना
Explosive	विस्फोटक	Export	निर्यात करना
Expose	प्रकट करना	Express	अभिव्यक्त करना
Extend	विस्तार करना/फैलाना	Extensive	विस्तृत/फैलाव
External	बाहरी	Extort	छीनना/ऐंठना

Extra – (अतिरिक्त, असाधारण)

Extra-curricular	पाठ्येतर	Extraordinary	असाधारण/अनोखा
Extraterrestrial	अन्य ग्रह से आने वाला प्राणी	Extraterritorial	अपरदेशीय

Sub – (कम, छोटा)

Subconscious	अवचेतन	Subcontinent	उपमहाद्वीप
Subcutaneous	अवत्वचीय	Subdivide	उप-विभाजित करना
Subdue	वश में लाना/अधीन करना	Sublime	महान/उत्कृष्ट
Submarine	पनडुब्बी	Submerge	जलमग्न कर देना
Submission	निवेदन	Submissive	आज्ञाकारी/विनम्र
Subordinate	अधीनस्थ/मातहत	Subscribe	ग्राहक बनना
Subsequent	परवर्ती/उत्तरवर्ती	Subside	शांत हो जाना/धसकना
Subsoil	अवमृदा	Substance	तत्त्व/पदार्थ
Sub-standard	घटिया/सामान्य	Subtitle	उपशीर्षक
Subtropical	उपोष्णीय	Subversion	समापन/विनाश
Subway	भूमिगत पैदल मार्ग/अधोमार्ग		

Peri – (enclosing, encircling)

Perimeter	परिधि/परिमाप	Periscope	परिदर्शी

Ante – (before)

Antecede	पहले होना	Antechamber	बैठक/बाहरी कमरा
Antedate	पूर्व दिनांक	Antelope	बारहसिंगा
Antemeridian	दिन से पहले/पूर्वाह्निक	Antenatal	जन्मपूर्व/प्राक्प्रसव

Pre – (before)

Preamble	आमुख/प्रस्तावना	Precaution	सावधानी/एहतियात
Precede	भूमिका स्वरूप लिखना	Preconceive	पूर्वकलप्ना करना
Precondition	पूर्व शर्त (किसी काम की)	Precursor	अग्रदूत/पूर्वगामी
Predate	से पहले घटित होना	Predestine	पूर्व नियत करना
Predominance	प्रधानता/आधिक्य	Pre-eminent	उत्कृष्ट/सर्वश्रेष्ठ
Pre-exist	पहले से होना	Preface	भूमिका/प्रस्तावना
Prefix	उपसर्ग	Prehistoric	प्रागैतिहासिक
Premature	असामयिक	Premarital	विवाह से पहले
Premeditated	पूर्वविमर्शित	Premonition	पूर्वविर्शित
Premonition	पूर्वसूचना/चेतावनी	Prenatal	प्रसवपूर्व/जन्मपूर्व

Prime – (मुख्य)

Prime cost	मूल लागत	Prime matter	आदि द्रव्य
Prime meridian	आदि-रेखांश	Prime minister	प्रधानमंत्री
Prime mover	आदि प्रवर्तक	Prime number	अभाज्य संख्या

Post – (के बाद)

Postmeridian	दोपहर के बाद/अपराह्न	Post-natal	प्रसवोत्तर
Post-paid	जिसका भुगतान बाद में हो	Postpone	स्थगित करना
Post-war	युद्धोत्तर		

Retro – (पीछे)

Retroact	प्रतिक्रिया दिखाना/	Retroactive	पूर्वव्यापी/पूर्वप्रभावी पूर्वव्यापी होना
Retrograde	पतनोन्मुख/पश्चगामी		

Semi – (आधा)

Semi-annual	अर्धवार्षिक	Semi-arid	कम वर्षा वाला
Semi-automatic	अर्धस्वचालित	Semi-colon	अर्धविराम
Semi-final	उपांत/सेमीफाइनल	Semi-literate	कम पढ़ा-लिखा
Semi-precious	अत्यधिक से कम मूल्यवान	Semi-skilled	अर्धकुशल

Mono – (one, single)

Monochrome	इकरंगा चित्र	Monolingual	केवल एक भाषा का प्रयोग
Monoculture	केवल एक फसल उत्पन्न होने की स्थिति (किसी विशेष क्षेत्र में)	Monologue	एकालाप
Monopoly	एकाधिकार	Monorail	एकल-रेल
Monosyllabic	एकाक्षर/अल्पभाषी		

Bi – (दो)

Bicentenary	द्विशती	Bicycle	साइकिल
Bifurcate	द्विशाखित होना/करना		

Tri – (तीन)

Triangle	त्रिकोण	Trident	त्रिशूल
Trilogy	नाटकत्रय/त्रिदलय		

Quad – (चार)

Quadrilateral	चतुष्कोण	Quadrilingual	चतुर्भाषीय
Quadrinominal	चतुष्पद	Quadripartite	चतुष्पक्षीय
Quadri-syllable	चतुरक्षर		

Penta – (पाँच)

Pentagram	पंचकोण तारक	Pentameter	पंचचरण
Pentastich	पंचपदी	Pentasyllable	पंचाक्षर
Pentatonic	पंचतान		

Hexa – (छह)

Hexagram	छह भुजाओं वाला एक सितारा		
Hexameter	षट्पदी	Hexapod	षट्पद

Sept – (सात)

Septcentenary	सप्तशती	September	सितंबर
Septfoil	सप्तपत्री		

Octa – (आठ)

Octastyle	अष्टस्तम्भ		

Deca – (दस)

Decalogue	दस नियम	Decameter	दस मीटर
Decapod	दशपाद	Decasyllable	दशाक्षर

Multi – (कई)

Multicoloured	बहुरंग/रंग-बिरंगा	Multicultural	बहुसांस्कृतिक
Multifocal	बहुक्रेन्दीय	Multiform	बहुरूप
Multilateral	बहुपक्षीय		

Pro – (पहल, अग्रिम रूप से)

Process	प्रक्रिया	Procession	जुलूस/शोभायात्रा
Proclaim	घोषित करना	Procure	दलाली करना
Product	उत्पाद/परिणाम	Profit	फायदा/लाभ
Profound	गहरा/गंभीर	Profuse	अत्यधिक/प्रचुर
Prologue	प्रस्तावना/आमुख	Promote	तरक्की देना
Proportion	समानुपात/अनुपात	Propose	प्रस्ताव रखना
Proposition	प्रस्ताव	Proverb	लोकोक्ति
Provide	देना या मुहैया कराना	Provocative	उत्तेजक, भड़काऊ

Auto – (स्वत:)

Autobiography	आत्मकथा	Autograph	किसी प्रसिद्ध व्यक्ति के स्वाक्षर/हस्ताक्षर
Automate	व्यक्ति के स्थान पर	Automobile	मोटर/कार मशीन का प्रयोग करना
Auto-rickshaw	तिपहिया वाहन		

Co – (साथ, एक साथ)

Co-education	सहशिक्षा	Coefficient	सहकारी/सहयोगी
Coexist	एक ही काल में होना	Cohabit	सहवास करना
Cooperate	सहयोग देना/मिलकर काम करना		
Coordinate	समकक्ष/समान		

Suffix (प्रत्यय)

जो शब्दांश शब्दों के अन्त में जुड़कर मूल अर्थ में परिवर्तन लाये वह Suffix कहलाता है। इसके प्रयोग से मूल शब्द का Part of Speech बदल जाता है, जैसे- let – booklet, starlet

अध्ययन की सुविधा के लिए हम Suffix को निम्नवर्गों में बाँट सकते हैं।

1. **Noun Suffix (संज्ञा प्रत्यय)** – संज्ञा शब्द के साथ जोड़कर नये शब्दों की रचना करते हैं।
   (a) let (लेट) लघु/तुच्छ – booklet (पुस्तिका), leaflet (पर्चा), starlet (छोटा तारा)
   (b) ster (स्टर) जुड़ा होना – gangster (बदमाश), gamester (खिलाड़ी)
   (c) hood (हुड) स्थिति – motherhood (मातृत्व), brother bood (भातृत्व), manhood (मनुष्यता), boyhood (लड़कपन)
   (d) ess (ऐस) स्त्रीलिंग – authoress (लेखिका), lioness (शेरनी)

(e) ship (शिप) स्थिति आदि - friendship (मित्रता), membership (सदस्यता), dictatorship (तानाशाही)

(f) ful (फुल) भरा - meaningful (सार्थक), beautiful (सुन्दर), plateful (थाली भर), spoon- ful (चम्मच भर)

(g) cracy (क्रेसि) शासन प्रकार - democracy (प्रजातंत्र), bureaucracy (नौकरशाही), autocracy (निरंकुशता)

(h) ing (इंग) जारी के अर्थ में - going (जा रहा है), reading (पढ़ रहा है), writing

(i) ery (अरि) रवैया/स्थान आदि - delivery (वितरण), slavery (दासता), machinery (यन्त्र आदि)

(j) dom (डम) क्षेत्र/स्थिति आदि - kingdom (साम्राज्य), officialdom (साहसी)

(k) ette (ऐट) लघु/संक्षिप्त - kitchenette, (रसोईघर), cigarette (सिगरेट)

2. **Adjective Suffix (विशेषता प्रत्यय)** - Adjective Suffix विशेष रूप से Noun शब्दों के साथ प्रयुक्त होकर Adjective का निर्माण करते हैं, जैसे-

(a) ese (ईज) राष्ट्रीयता - Japanese (जापानी), Chineese (चीनी), Burmese (बर्मी)

(b) ist (इस्ट) व्यवसाय आदि - Buddhist, (बौद्ध संप्रदाय), stylist, royalist (राजतन्त्रवादी)

(c) ism (इज्म) वाद/आन्दोलन - Idealism (आदर्श), capitalism (पूँजीवाद), dualism (द्वैतवाद)

3. **Verb** से संज्ञा बनने वाले प्रत्यय (Suffix)

(a) er/-or (अर) वाला - Writer (लेखक), employer (नियोक्ता) instructor (प्रशिक्षक)

(b) ant (एंट) वाला - inhabitant (निवासी), informant (मुखबिर), constant (अनवरत, लगातार)

(c) ee (ई) वाला - employee (कर्मचारी), appointee (नियुक्त व्यक्ति), payee (पाने वाला)

(d) ation (एशन) संस्था/स्थिति/क्रिया - exploration (खोज), victimization (शोषण)

(e) al (अल) क्रिया - refusal (इनकार), revival (पुनरुद्धार), removal (बर्खास्तगी)

(f) ment (मंट) स्थिति/क्रिया/आदि - arrangement (व्यवस्था), amazement (विस्मय), government (सरकार)

(g) age (एज) विस्तार/मात्रा - coverage (कार्य क्षेत्र), wastage (नुकसान)

(h) ing (इंग) क्रिया होना - bathing (नहाना), driving (चलाना), building (भवन)

4. **Adjective** से Noun बनने वाले Suffix

(a) ness (नैस) स्थिति/युग - happiness (खुशहाली), kindness (दयालुता), meanness (नीचता, दरिद्रता), sweetness (मिठास), usefulness (उपयोगिता)

(b) ity (इटि) स्थिति/गुण आदि - sanity (बुद्धिमानी), rapidity (तेजी), diversity (विविधता)

(c) ary (री) - dictionary (शब्दकोश), military (सेना), arbitrary (मनमाना)

5. **Verb** बनाने वाले Suffix

(a) ify (फाइ) कारण वाचक - beautify (सुशोभित करना), codify (संकेतिक शब्दों में बदलना), simplify (आसान बनाना)

(b) ise (आइज) कारक वाचक - symbolise (प्रतीक होना), popularise (लोकप्रिय होना), modernise (आधुनिक बनना/बनाना)

(c) en (एन) वृद्धि/कारक वाचक - ripen (पका होना), widen (चौड़ा होना), quicken (त्वरित होना)

6. **Noun** से Adjective बनने वाले Suffix

(a) ful (फुल) भरा/रखना - delightful (सुखद), helpful (सहायक), hopeful (आशावान), beautiful (सुन्दर)

(b) like (लाइक) समान के गुण होना - manlike (मनुष्य के समान), cowlike (गाय के समान), childlike (बच्चे के समान)

(c) ly (लि) अवस्था के गुण होना - publicly (सार्वजनिक रूप से), worldly (संसारिक), manly (साहसी)

(d) y (ई) विशेषण के गुण होना - sandy, creamy (मलाईदार), hairy (रोयेंदार)

(e) ish (इश) संज्ञा या विशेषण के गुण होना - selfish (स्वार्थी), Swedish (स्वीडेन वासी), foolish (मूर्खतापूर्ण)

7. some/worthy और arian Suffix संज्ञा शब्दों के साथ जुड़कर Adverbs की रचना करते हैं- burdensome (भारी) brothersome, praiseworthy (सराहनीय), noteworthy (उल्लेखनीय), seaworthy (समुद्र में चलने योग्य), authoritarian (सत्यवादी), parliamentarian (संसद), disciplinarian (अनुशासक)

-al/'ic, ive और 'ous Suffix मूल शब्दों के साथ जुड़कर Adjective शब्दों की रचना करते हैं- cultural (संस्कृति), editorial (सम्पादकीय), musical (संगीत सम्बन्धी), heroic (वीर), problematic (समस्याग्रस्त), specific (विशिष्ट), attractive (आकर्षक), erroneous (गलत), ambitious (महत्त्वाकांक्षी), grievable

अन्य विशेष शब्द बनाने वाले Suffix हैं-

readable (पठनीय), poorish (गरीब), tallish (लंबा), walled (दीवार), wooded (लकड़ी), pointed (नुकीला), minded (विचारधारा वाला), acceptable (स्वीकार करने योग्य)

8. **Adverb** बनाने वाले Suffix-

(a) -ly (लि) ढंग/रीति happily (खुशी से), loudly (ऊँचे स्वर में), oddly (विचित्र रूप से), comically (मसखरेपन)

(b) wards (वाड्र्स) तरफ/चलना - onwards (बाद), backwards (पीछे की ओर), homewards (घर की ओर)

(c) wise (वाइज़) रीति/जहाँ तक सम्बन्ध है- clockwise (घड़ी वार), weather-wise (मौसम के हिसाब से), eduction-wise (शिक्षा के लिहाज़ से)

स्मरणीय

यहाँ पर Word Formation के नियमों के बारे में संक्षिप्त रूप से बताया गया है।

1. Suffix तथा Prefix को मिलाकर बने शब्द को Affix कहा जाता है। कई Affixes में एक से अधिक उच्चारण होते हैं, जैसे- amoral (एमोरल), aback (अबैक)।
2. Head word के पहले जोड़े वाले Syllable या Syllables को Prefix तथा बाद में जोड़े जाने वाले शब्दांश (Particle) को Suffix कहा जाता है।

वाक्य रचना
(SENTENCE CONSTRUCTION)

Definition (परिभाषा)

A Sentence is a group of words which conveys complete sense. शब्दों का ऐसा समूह जिससे पूर्ण भाव व्यक्त हो (Sentence) वाक्य कहलाता है।

Components of Sentence (वाक्य के घटक)

The words which make a sentence are called components of Sentence. जिन शब्दों के द्वारा वाक्य की रचना होती है, उन्हें (Components of Sentence) वाक्य के घटक या अंग कहते हैं। Subject (कर्त्ता) और Verb (क्रिया) वाक्य के प्रमुख Components (घटक) हैं इनके बिना Sentence Building (वाक्य रचना) सम्भव नहीं है।

Example **1.** Sita came. सीता आयी।
2. Lata will sing. लता गायेगी।
3. You go. तुम जाओ।

☆ Subject (कर्त्ता) और Verb (क्रिया) के अतिरिक्त वाक्य के और भी Components होते हैं, जैसे- Adjective (विशेषण) Adverb (क्रिया विशेषण) Preposition (सम्बन्धबोधक) Case (कारक) आदि। ये Components आवश्यकतानुसार आते हैं। इन्हें Aditional Components (ऐच्छिक घटक) कहा जाता है।

Serial of Words (पदक्रम)

Serial of Words (पदक्रम) का अर्थ है- वाक्य में पदों के रखे जाने का क्रम। हर भाषा में वाक्य के पदों के पदक्रम होते हैं। जैसे- हिन्दी में (कर्त्ता + कर्म + क्रिया) क्रम है, तो अंग्रेजी भाषा में (Subject + Verb + Object)।

Example **:** Ram reads a book. राम पुस्तक पढ़ता है।

Parts of the Sentence (वाक्य के भाग)

प्रत्येक Sentence के दो Parts होते हैं–1. Subject 2. Predicate. जिसके विषय में हम कुछ कहते हैं, उसे Subject कहते हैं और Subject (उद्‌देश्य) के विषय में जो कुछ कहा जाता है, उसे Predicate (विधेय) कहते हैं।

अब हम निम्नलिखित तालिका को ध्यानपूर्वक पढ़ेंगे–

Subject	Predicate
Kites	fly
Lions	roar
He	shouted
We	slept
Lata	cooked

They	smiled
Ice	melts
Fire	burns

इन वाक्यों में Subject एक Noun अथवा एक Pronoun है और Predicate एक क्रिया है, परन्तु Subject तथा Predicate के भी कुछ भाग हो सकते हैं, जैसे–

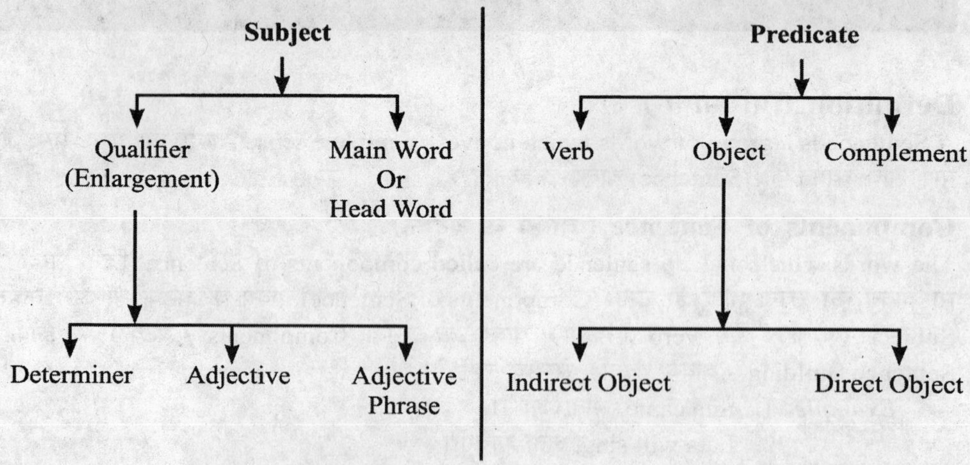

1. Subject: A person or thing that is being discussed, described, or dealt with is called subject.

निम्नलिखित तालिका को ध्यानपूर्वक पढ़ें और समझें:

Subject				**Predicate**
Determiner	**Adjective**	**Noun**	**Adjectival Phrase**	
A	valuable	ring	made of gold	was found yesterday
A	tall	soldier	with long moustache	stepped forth
A		knife	stained with blood	was found in his bag
A	little	girl	from the cottage	stood before me
A		friend Garden	in need with cool shady trees	is a friend indeed sorrounded the village
The	tall Wild	boy beasts	in red shirt in small cages	is my brother. are a sorry sight

★ इस तालिका में Main word की व्याख्या करने के लिए Determiner, Adjective तथा Adjectival Phrase का प्रयोग हुआ है। Adjectival Phrase का प्रयोग Main word के बाद होता है।

इस तालिका को पढ़ने से निम्नलिखित बातें स्पष्ट होती हैं। इसे विद्यार्थी अच्छी तरह से याद कर लें:

1. जब Subject एक शब्द होगा, तो यह Noun, Pronoun, Gerund या Infinitive हो सकता है।
2. जब Subject की व्याख्या होगी, तो Subject सदैव Noun होगा।

3. जब Subject की व्याख्या एक शब्द द्वारा होगी, तो यह Subject से पहले प्रयुक्त होगा और इसे Qualifier कहेंगे।
4. जब Subject की व्याख्या करने के लिए इससे पूर्व दो शब्द प्रयुक्त होंगे, तो पहले शब्द को Determiner और दूसरे शब्द को Qualifier कहेंगे। इस दशा में Qualifier सदैव Adjective होगा।
5. जब Subject की और अधिक व्याख्या करने के लिए Adjectival Phrase का प्रयोग होगा, तो इसे Subject के बाद प्रयोग करेंगे।

Note: Determiner और Qualifier का प्रयोग Subject (Main word) से पहले और Adjectival Phrase का प्रयोग Subject (Main word) के बाद होता है।

☞ आप पढ़ चुके हैं कि Gerund (Verb + ing) और Infinitive (to + Verb) भी Subject के रूप में प्रयोग होते हैं। इनकी व्याख्या के लिए भी कभी-कभी अन्य शब्दों का प्रयोग होता है। ये शब्द इनके Object या Modifier होते हैं। इसे समझने के लिए नीचे दिये गये तालिका को पढ़ें:

Subject (Infinitive)	**Predicate**
To work	is to worship.
To drink	is bad for health.
To understand everything	is to forget everything.
To respect the elders	is our duty.
To suffer	is the lot of mankind.
To kill two birds with one stone	was his aim.
Subject (Gerund)	**Predicate**
Reading	makes a perfect man.
Seeing	is believing.
Telling lies	is a bad practice.
Eating between meals	is bad for health.

✪ It और there का प्रयोग भी Subject की तरह हो जाता है। ऐसी दशा में It का प्रयोग Impersonal या Neutral और There का प्रयोग Introductory Adverb की तरह होता है। इसे समझने के लिए नीचे दिये गये तालिका को ध्यानपूर्वक पढ़ें और समझें:

Subject ('It' or 'There')	**Predicate**
It	is mid-night.
It	was the fifteenth of August.
There	are forty girls in the room.
There	is a hundred rupee note in my purse.

2. Predicate: The part of a sentence or clause containing a verb and stating something about the subject.

पीछे की तालिकाओं में आपने देखा कि Subject में अकेला Noun अथवा Pronoun होता है तथा Subject के साथ अन्य शब्द भी होते हैं। इसी प्रकार Predicate में भी Verb के साथ अन्य शब्दों का प्रयोग हो सकता है। इसको समझने के लिए निम्नलिखित तालिकाओं को समझना होगा:

Subject	Predicate
Sham	comes
We	laugh
Bimla	jumps
She	weeps

★ इस तालिका में Predicate अकेला Verb (क्रिया) है।

Subject	Predicate	
	Verb	Object (Noun or Noun Phrase)
My father	trusts	me.
The snake	bit	the boy.
We	should help	the poor.
The girl	has lost	her doll.
The chairman	has called	a meeting.
The teacher	patted	Sham.

★ इस तालिका में Predicate में एक से अधिक शब्द हैं। इन शब्दों में एक Verb (क्रिया) और अन्य शब्द क्रिया का Object (कर्म) है।

Subject	Predicate		
	Verb	Object (Indirect)	Object (Direct)
He	gave	me	a present.
My brother	sent	me	a watch.
Mr. Sharma	taught	us	English.
My friend	offered	me	all help.

★ इस तालिका में Predicate में Verb (क्रिया) के साथ दो Object (कर्म) हैं। पहला Object, व्यक्ति है और दूसरा वस्तु। पहले Object अर्थात् व्यक्ति को Indirect Object और दूसरे Object अर्थात् वस्तु को Direct Object कहते हैं।

★ कभी-कभी Direct Object सजीव भी आ जाता है। जैसे–
He gave me a ***hen***.

Subject	Verb	Predicate Object (Gerund or Gerundial Phrase)
He	likes	boating.
I	hate	abusing others.
My brother	enjoys	playing hockey.
Mr. Kapoor	loves	teaching.
We	mustn't miss	seeing him.

★ इस तालिका में Predicate के दो भाग हैं। पहला Verb (क्रिया) है तथा दूसरा Gerund (verb + ing) है। यहाँ Gerund का प्रयोग Object की तरह है। Verb और Object (Verb + ing) मिलकर Predicate बना है।

Subject	Predicate	
	Verb	**Object (Infinitive or Infintive Phrase)**
The crow	tried	to sing.
She	forgot	to return my book.
I	hoped	to secure first division.
Rakesh	proposes	to buy a flat

★ इस तालिका में Predicate में Verb (क्रिया) का Object (कर्म) Infinitive (to + Verb) है। Verb और Infinitive (to + Verb) से मिलकर Predicate बना है।

Subject	Predicate		
	Verb	**Object**	**Complement (Noun/Noun Phrase)**
Pandit Motilal	named	his house	Anand Bhawan.
The teacher	appointed	Ravi	monitor.
The members	elected	him	Secretary.
They	chose	Ram	their leader.

★ इस तालिका में Predicate में Verb (क्रिया), Object (कर्म) तथा Complement (पूरक) हैं। Verb, Object और Complement मिलकर Predicate बना है। Complement में Noun या Noun Phrase है। इस प्रकार के Complements को Objective या Object Complement कहते हैं।

Subject	Predicate		
	Verb	**Object**	**Complement (Adj./Adj. Phrase/Past Participle)**
They	thought	it	urgent.
She	keeps	her house	clean.
Your letter	made	me	anxious.
The jury	found	him	guilty.
The Principal	thinks	the peon	very honest.

★ इस तालिका में Predicate में Verb (क्रिया), Object (कर्म) तथा Complement (पूरक) हैं। Verb, Object और Complement से मिलकर Predicate बना है। इस Complement में Adjective, Adjective Phrase या Past Participle है। इस प्रकार के Complements को भी Objective या Object Complement कहते हैं।

Subject	Predicate	
	Verb	**Object Complement**
Dalip	was	a king. (Noun)
He	is	a doctor. (Noun)
You	are	girls. (Noun)
She	was	lazy. (Adjective)
You	are	smart. (Adjective)
They	are	lucky. (Adjective)
The books	are	on the table. (Adverbial)
Nobody	is	inside. (Adverbial)

- इस तालिका में Predicate में Verb और Complement हैं। पहले 3 वाक्यों में Complement, Noun (संज्ञा) है; दूसरे 3 वाक्यों में Complement, Adjective (विशेषण) है तथा अन्तिम 3 वाक्यों में Complement, Adverbial है। Verb और Complement से मिलकर Predicate बना है। इस प्रकार के Complements को Subjective या Subject Complement कहते हैं।
- हमेशा याद रखें कि Verb to be (is, am, are, was, were) के पश्चात् वाक्य को पूरा करने के लिए Complement (पूरक) का प्रयोग होता है और Transitive Verb (सकर्मक क्रियाएँ) अपने साथ Object (कर्म) लेती हैं।

Kinds of Sentences

Sentences निम्नलिखित पाँच प्रकार के होते हैं।

1. Assertive (विधिसूचक)
2. Interrogative (प्रश्नवाचक)
3. Imperative (आदेशात्मक)
4. Exclamatory (विस्मयादिबोधक)
5. Optative (इच्छार्थक)

1. Assertive Sentences: (Subject + Verb + Object + ...) साधारण कथन प्रकट करता है। यह Affirmative (स्वीकारात्मक) या Negative (निषेधात्मक) हो सकता है, जैसे–

1. The earth moves round the sun. (Affirmative)
2. Smoking is injurious to health. (Negative)
3. Cricket is my favourite game. (Affirmative)

2. Interrogative Sentences: (Verb + Subject + ...?) प्रश्न पूछने का कार्य करता है, जैसे–

1. Is she a doctor?
2. Who knocks at the door?
3. Will you help me in this matter?
4. Where is she putting up these days?

3. Imperative Sentences: (1st form of Verb/Do not + 1st form + ...) order (आदेश), advice (शिक्षा), request (प्रार्थना) का बोध होता है, जैसे–

1. Type these letters at one. (Order)
2. Always help the needy. (Advice)
3. Please lend me your scooter. (Request)
4. Do not smoke in the library. (Prohibition)

4. **Exclamatory Sentences:** जिस वाक्य से विस्मय के भाव प्रकट हों, जैसे–
   1. Hurrah! we have won the match. (Joy)
   2. Alas! I have lost my umbrella. (Sorrow)
   3. How pretty the picture is! (Surprise)
5. **Optative Sentences:** जिस वाक्य से इच्छा अथवा आशीर्वाद के भाव का बोध हो, जैसे–
   1. May you live long!
   2. Would that I were rich!
   3. May God grant you a son!

स्मरणीय

उपर्युक्त Lesson में English में Sentence Building कैसे होती है? इसके बारे में बताया गया है कि English Sentence Building में Subject + Verb + Object + Other Words का प्रयोग होता है।

Example : Oh! Ratan, my best friend, when did you come here and what did you bring for me. अरे! रतन, मेरे प्रिय मित्र, तुम यहाँ कब आये और मेरे लिए क्या लाये?

1. जिस प्रकार उपर्युक्त हिन्दी वाक्य 'अरे' (विस्मयादिबोधक) रतन (संज्ञा) मेरे (सर्वनाम) प्रिय (विशेषण) कब (क्रिया विशेषण) आये (क्रिया) और (संयोजक) लिए (सम्बन्ध बोधक) का प्रयोग किया गया है। उसी प्रकार उपर्युक्त English Sentence में Oh (Interjection) Ratan (Noun) my (Pronoun) best (Adjective) when (Adverb) come (Verb) and Conjunction for Preposition का प्रयोग किया गया है।
2. आप भी Sentence Building (वाक्य रचना) के नियमों को भलीभाँति समझकर Sentence Building का अभ्यास करें।

सामान्य त्रुटियाँ
(COMMON ERRORS)

अंग्रेजी बोलचाल में कुछ गलतियाँ ऐसी हैं जिन्हें हम-आप सभी अधिकतर करते हैं। आप छोटी-मोटी हैसियत के कर्मचारी हों या ऊँचे पदाधिकारी स्त्री हों या पुरुष, छात्र हों या व्यवसायी, दुकानदार हों या कोई कारीगर–आपस में आपको इन गलतियों से वास्ता पड़ता है। आपकी सुविधा के लिए नीचे दो कालमों में शुद्ध और अशुद्ध वाक्य दिये गये हैं, जिन्हें पढ़कर आप अच्छी तरह से समझ सकते हैं।

S. No.	Incorrect (अशुद्ध)	Correct (शुद्ध)
1.	My ***hairs are*** black.	My ***hair is*** black.
2.	I need a ***blotting***.	I need a ***blotting paper***.
3.	He works better than ***me***.	He works better than ***I***.
4.	I ***availed*** of the opportunity.	I ***availed myself*** of the opportunity.
5.	The two sisters are quarrelling with ***one another***.	The two sisters are quarrelling with ***each other***.
6.	He is guilty. Isn't ***it***?	He is guilty. Isn't ***he***?
7.	I beg ***you leave***.	I beg ***leave of you***.
8.	He is ***more cleverer*** than his brother.	He is ***cleverer*** than his brother.
9.	***The*** Gold is a precious metal.	Gold is a precious metal.
10.	She has ***got*** headache.	She has ***got*** a headache.

☞ ऊपर के इन दस वाक्यों में पहले कॉलम में अशुद्ध वाक्य दिये गये हैं और दूसरे कॉलम में शुद्ध वाक्य दिये गये हैं। इन वाक्यों में भिन्न-भिन्न प्रकार की अशुद्धियाँ हैं, जिन्हें प्रत्येक सीखने वाले व्यक्ति को समझना होता है। अंग्रेजी एक बड़ी भाषा है। इसमें शब्द-प्रयोगों का क्षेत्र भी बहुत व्यापक होना स्वाभाविक है।

☞ हिन्दी भी एक समृद्ध भाषा है। उसमें भी ऐसे प्रयोग होते हैं, जो भाषा सीखने वाले विद्यार्थी के लिए समझने इतने आसान नहीं होते। किन्तु हिन्दी हमारी मातृभाषा है, इसलिए उसकी पेचीदगियाँ उतनी महसूस नहीं होती जितनी कि अंग्रेजी भाषा की होती है।

☞ वह कठिनाई क्या है, आपको बतायेंगे– जब आप पहले कॉलम का वाक्य पढ़ते हैं तब आपको वह ठीक से मालूम होता है, पर जब आप दूसरे कॉलम का वाक्य पढ़ते हैं, तो फिर आप थोड़ा घबराते हैं। कभी, थोड़ी देर में आपको भूल महसूस होने लगती है और आप समझ ही नहीं पाते कि दूसरा वाक्य शुद्ध कैसे है।

☞ क्या आप भाषा की अशुद्धियों को जानने लिए तैयार हैं? यदि हाँ, तो आइए, एक-एक करके सीखते हुए आगे बढ़े।

Errors in the Use of Nouns (संज्ञा शब्दों के प्रयोग में अशुद्धियाँ)

1. (a) Scenery, issue, hair, furniture, machinery, fruit (b) poor, rich, bread, work शब्द एकवचन (Singular Form) में रहते हैं।

S. No.	Incorrect (अशुद्ध)	Correct (शुद्ध)
1.	The ***sceneries*** of Kashmir ***are*** very charming.	The ***scenery*** of Kashmir ***is*** very charming.
2.	Sudha has no ***issues***.	Sudha has no ***issue***.
3.	She had gone to buy ***fruits***.	She had ***gone*** to buy ***fruit***.
4.	Her ***hairs are*** black.	Her ***hair is*** black.
5.	The mother feeds the ***poors***.	The mother feeds the ***poor***.
6.	I told ***these news*** to my father.	I told ***this news*** to my father.
7.	The fleet ***were*** destroyed by the enemy.	The fleet ***was*** destroyed by the enemy.
8.	These buildings are made of ***bricks*** and ***stones***.	These buildings are made of ***brick*** and ***stone***.
9.	He has no more ***breads*** to give to the beggars.	He has no more ***bread*** to give to the beggars.
10.	I'll go to the town on ***feet***.	I'll go to the town on ***foot***.

2. Advice, mischief, abuse, alphabet–ये शब्द Singular में ही रहते हैं, Advices आदि बहुवचन प्रयुक्त नहीं होते बल्कि इस प्रकार कहा जाता है–pieces of advice आदि।

1.	The teacher gave us many ***advices***.	The teacher gave us many ***pieces of advice***.
2.	My younger brother did many ***mischiefs***.	My younger brother did many ***acts of mischief.***
3.	The boys were shouting ***abuses***.	The boys were shouting ***words of abuse***.
4.	I have learnt the ***alphabets***.	I have learnt the ***letters of the alphabet***.

3. Rupee, dozen, mile, year, foot–ये शब्द जब संख्यावाची शब्द (numeral) के बाद आते हैं, तो सदा एकवचन (singular) में ही प्रयोग होते हैं, जैसे–five rupee note होगा, five rupees note नहीं।

1.	I have a five ***rupees*** note.	I have a five ***rupee*** note.
2.	They bought two ***dozens*** pencils.	They bought two ***dozen*** pencils.
3.	He ran in a two ***miles*** race.	He ran in a two ***mile*** race.
4.	Abida is a ten ***years*** old girl.	Abida is a ten ***year*** old girl.
5.	It's a three ***feet-rule***.	It's a three ***foot-rule.***

4. Vegetables (सब्जी या सब्जियाँ), spectacles (ऐनक), trousers (पतलून या पाजामा), Himalayas (हिमालय), people (लोग), orders (आदेश), repairs (मरम्मत)– ये शब्द सदा plural (बहुवचन) में ही प्रयोग होते हैं, singular (एकवचन) में नहीं।

1.	I had gone to buy ***vegetable***.	I had gone to buy ***vegetables***.
2.	The road is closed for ***repair***.	The road is closed for ***repairs***.
3.	The court passed ***order*** for his release.	The court passed ***orders*** for his release.
4.	Very few ***peoples*** are hard-working.	Very few ***people*** are hard-working.
5.	His ***spectacle is*** very expensive.	His ***spectacles are very expensive.***
6.	The ***scissor is blunt.***	The ***scissors are blunt.***
7.	Your ***trouser is*** not ***loose.***	Your ***trousers are*** not loose.
8.	The ***Himalaya is*** the highest ***mountain***.	The ***Himalayas are*** the highest ***mountains***.

5. Fish (मछली या मछलियाँ), deer (हिरन), sheep (भेड़ या भेड़ें), cattle (पशु), people— ये शब्द सदा plural (बहुवचन) के अर्थ में भी singular (एकवचन) में ही प्रयोग होते हैं।

1.	The fisherman catches many ***fishes*** in the pond.	The fisherman catches many ***fish*** in the pond.
2.	I saw many ***sheeps*** and ***deers*** in the jungle.	I saw many ***sheep*** and ***deer*** in the jungle.
3.	The ***cattles are*** returning to the village.	The ***cattle is*** returning to the village.

कई बार लोग बातचीत में अधूरी शब्दावली प्रयोग करते हैं। ऐसी शब्दावली सभ्य समाज में वक्ता को हँसी का पात्र बना देती है। ऐसी अशुद्धियाँ करने से बचना चाहिए।

1.	This is not my ***copy***.	This is not my copy-book.
2.	Bring some ***blotting*** from the office.	Bring some ***blotting paper*** from the office.
3.	Suman lives in the ***boarding***.	Suman lives in the ***boarding house***.
4.	Please, put your ***sign*** here.	Please, put your ***signature*** here.

Errors in the Use of Pronouns (सर्वनाम शब्दों के प्रयोग में अशुद्धियाँ)

S. No.	Incorrect (अशुद्ध)	Correct (शुद्ध)
1.	It is ***me***.	It is ***I***.
2.	I, ***you*** and ***he*** will go to Calcutta tomorrow.	You, ***he*** and ***I*** will go to Calcutta tomorrow.
3.	You are wiser than ***me***.	You are wiser than ***I***.
4.	Let her and ***I*** do this work.	Let her and ***me*** do this work.
5.	***One*** should do ***his*** duty.	***One*** should do ***one's*** duty.
6.	***Everyone*** must do ***their*** best.	***Every one*** must do ***his*** best.
7.	***Every man*** and boy is busy with ***their*** work.	***Every man*** and boy is busy with ***his*** work.
8.	These ***two*** sisters love ***one another***.	These ***two*** sisters love ***each other***.
9.	These ***three*** sisters love ***each other***.	These ***three*** sisters love ***one another***.
10.	***Neither*** Rekha ***nor*** Rani ***are*** in the class.	***Neither*** Rekha ***nor*** Rani ***is*** in the class.

☞ जब मैं (I), तू (You) और वह (He) शब्द अंग्रेजी में एक साथ प्रयोग किये जाते हैं, तो वे इस क्रम में आते हैं– You (तुम), He (वह) और I (मैं)।

☞ Let के साथ him, her और me (Pronouns) आते हैं, he, she, I नहीं।

☞ Everyone, every man शब्दों के बाद सम्बन्ध कारक his या her लगता है, their नहीं, किन्तु one (Pronoun) के बाद one's लगता है–his, her, या their नहीं।

☞ दो व्यक्तियों के लिए each other आता है और तीन या तीन से अधिक व्यक्तियों के लिए one another.

☞ Neither-nor के साथ singular क्रिया (is आदि) लगती है और ये शब्द दो व्यक्तियों के अर्थ में प्रयोग होते हैं।

☞ बहुत वस्तुओं के बीच में 'कोई भी नहीं' अर्थ के लिए none आता है, neither नहीं।

☞ Enjoy, hid, resign, apply, avail, absent–इन क्रियाओं के बाद himself, herself, themselves, yourself, myself, ourselves आदि लगते हैं।

☞ My और mine का अर्थ है मेरा, your और yours का अर्थ है, तुम्हारा और our व ours का अर्थ है हमारा, किन्तु प्रयोग में (a) my, you, our तब आते हैं, जब इनके बाद कोई संज्ञा (Noun) शब्द रहता है, जैसे–my pen, your father, our mother, (b) जब इन सर्वनामों के बाद में कोई संज्ञा शब्द नहीं होता है, तो प्राय: mine, yours, ours आदि जुड़ते हैं।

Errors in the Use of Adjectives (विशेषण शब्दों के प्रयोग में अशुद्धियाँ)

S. No.	Incorrect (अशुद्ध)	Correct (शुद्ध)
1.	You are ***more stronger*** than I.	You are ***stronger*** than I.
2.	She is growing ***weak*** and ***weak*** everyday.	She is growing ***weaker*** and ***weaker*** everyday.
3.	Mohan is ***elder*** than Sohan	Mohan is ***older*** than Sohan.
4.	Delhi is ***older*** than other cities in India.	Delhi is the ***oldest*** city in India.
5.	Bombay is ***further*** from Delhi than Amritsar.	Bombay is ***farther*** from Delhi than Amritsar.
6.	Have you ***any*** ink?	Do you have ***some*** ink?
7.	Have she ***much*** books?	Does she have ***many*** books?
8.	Lila was her ***oldest*** daughter.	Lila was her ***eldest*** daughter.
9.	Lila was the ***eldest*** of the two sisters.	Lila was the ***elder*** of the two sisters.
10.	He is the ***youngest*** and ***most*** intelligent of my two sons.	He is ***younger*** and ***more*** intelligent of my two sons.

☞ Elder और older दोनों का अर्थ होता है दो में से बड़ा, किन्तु elder सगे रिश्ते में ही आता है, जैसे– elder brother, elder sister. जब दो व्यक्ति या वस्तुएँ भिन्न-भिन्न हों, तो older का प्रयोग होता है, जैसे– Mohan is older than Sohan.

☞ Further (अगला) और farther (दो में से दूर वाला) इन शब्दों का समझकर प्रयोग करना चाहिए।

☞ Many संख्यावाची विशेषण है, जैसे– many books (बहुत-सी पुस्तकें) और much परिमाणवाचक विशेषण है, जैसे– much water (बहुत-सा पानी)।

☞ विशेषण की तीन अवस्थाओं (three degrees) का प्रयोग समयानुसार सावधानी से करना चाहिए।

☞ Many की तरह few संख्यावाची है और much की तरह less परिमाणवाची है। इनका प्रयोग सावधानी से करना चाहिए।

Errors in the Use of Verbs (क्रिया शब्दों के प्रयोग में अशुद्धियाँ)

S. No.	Incorrect (अशुद्ध)	Correct (शुद्ध)
1.	Her father told me that honesty ***was*** the best policy.	Her father told me that honesty ***is*** the best policy.
2.	The cashier-cum-accountant ***have*** come.	The cashier-cum-accountant ***has*** come.
3.	The cashier and the accountant ***has*** come.	The cashier and the accountant ***have*** come.
4.	***Can*** I come in, sir?	***May*** I come in, sir?
5.	I'm so weak that I ***may not*** walk.	I'm so weak that I ***cannot*** walk.
6.	Tell me why ***are you*** abusing him.	Tell me why ***you are*** abusing him.
7.	Radha ***as well as*** her other sisters ***are*** beautiful.	Radha ***as well as her other sisters*** is beautiful.
8.	I ***am*** ill for two weeks.	I ***have been*** ill for two weeks.
9.	The ship ***was drowned.***	The ship ***sank.***
10.	He ***has stole*** a pen.	He ***has stolen*** a pen.

☞ Can और may का अर्थ है सकना, किन्तु can का प्रयोग शक्ति के अर्थ में होता है और may का आज्ञा के अर्थ के रूप में प्रयोग होता है।

☞ As well as से पहले का कर्ता यदि एकवचन में हो तो क्रिया भी एकवचन की होती है।

☞ जब वाक्य why आदि शब्दों के साथ Indirect Form में रहता है, तो 'why are you' की जगह 'why you are' होता है। ऐसे वाक्यों में प्रश्नचिह्न भी नहीं लगता है।

☞ Drown और sink दोनों का अर्थ है डूबना, किन्तु प्राणवान वस्तु के डूबने के अर्थ में drown आता है और बेजान वस्तु के डूबने के अर्थ में sink आता है।

☞ सामान्य भविष्यत् को बताने के लिए I, we के साथ shall और he, she, they तथा you के साथ will लगता है, किन्तु यदि 'दृढ़ निश्चय' या 'धमकी' प्रकट करनी हो, तो I, we के साथ will तथा he, she, they, you के साथ shall का प्रयोग होता है।

☞ Shall का past tense रूप should होता है। जिस वाक्य में should का इस अर्थ में प्रयोग हो, उस वाक्य में दूसरी क्रिया भी past tense की आयेगी।

☞ Neither, seldom negative (नकारात्मक) शब्द में इनके प्रयोग में (अन्य negative वाक्यों की तरह), do, did का प्रयोग होता है।

Errors in the Use of Adverbs (क्रिया विशेषण शब्दों के प्रयोग में अशुद्धियाँ)

S. No.	Incorrect (अशुद्ध)	Correct (शुद्ध)
1.	I play basket-ball ***good.***	I play basket-ball ***well.***
2.	I am *very* ***much*** sorry.	I am ***very*** sorry.
3.	It is ***much*** cold today.	It is ***very*** cold today.

4.	The horse is ***too*** tired.	The horse is ***very*** tired.
5.	This girl is ***very*** poor *to* pay her dues.	This girl is ***too*** poor ***to*** pay her dues.
6.	She is ***too*** weak ***for*** walk.	She is ***too*** weak ***to*** walk.
7.	I am ***too*** pleased.	I am ***much*** pleased.
8.	We ***slowly walked.***	We ***walked slowly.***
9.	We should ***only*** fear *God.*	We should fear ***God only.***
10.	This house is ***enough large*** for them.	This house is ***large enough*** for them.

- Well (adverbs) की जगह good (adjective) का प्रयोग नहीं होता है।
- Too और very दोनों का अर्थ है–बहुत, परन्तु too के बाद सम्बन्धित शब्द to जुड़ता है, जैसे She ***is tood*** weak ***to*** walk (वह इतनी अधिक कमजोर है कि चल-फिर नहीं सकती।)
- Slowly, clearly आदि सभी adverbs प्राय: क्रिया के बाद जुड़ते हैं।
- Comparatively better का प्रयोग गलत है, जब better में ही दो में से अच्छा होने का भाह है, तो comparatively क्यों?

Errors in the Use of Conjunctions (संयोजक शब्दों के प्रयोग में अशुद्धियाँ)

S. No.	Incorrect (अशुद्ध)	Correct (शुद्ध)
1.	***Though*** he works hard ***but*** he is weak.	***Though*** he works hard ***yet*** he is weak.
2.	The teacher asked ***that why*** I was late.	The teacher asked ***why*** I was late.
3.	Wait here ***till*** I ***do not*** come.	Wait here till I come.
4.	***No sooner*** we reached the station, the train started.	***No sooner did*** we reach the station, ***than*** the train started.
5.	***Not only*** he ***abused*** me ***but also*** beat me.	***Not only did*** he ***abuse*** me ***but*** beat me ***also***.
6.	We had ***hardly gone out before*** it began to rain.	We had ***hardly*** gone out ***when*** it began to rain.
7.	Run fast ***lest*** you ***should not*** be late.	Run fast ***lest*** you ***should*** be late.
8.	***As*** Satish is fat ***so*** he walks slowly.	***As*** Satish is fat, he walks slowly.
9.	I doubt ***that*** she will pass this year.	I doubt ***whether*** she will pass this year.
10.	***When*** 1 reached there ***then*** it was raining.	***When*** I reached there, it was raining.

- कुछ योजक शब्द परस्पर एक साथ प्रयोग होते हैं, जैसे– though—yet; no sooner—than; not only—but also; hardly—when; lest—should; although–yet; such—as तथा scarcely—when आदि।

- ☞ No sooner, not only नकारात्मक (negative) शब्द हैं। अत: do, did का प्रयोग इनके बाद होता है।
- ☞ Lest का अर्थ है—ऐसा न हो कि, अत: lest के बाद should आता है, should not नहीं।
- ☞ As के साथ सम्बन्धित शब्द के रूप में so नहीं जुड़ता।
- ☞ अंग्रेजी में when के बाद then नहीं आता।

Errors in the Use of Prepositions (सम्बन्ध-सूचक शब्दों के प्रयोग में अशुद्धियाँ)

S. No.	Incorrect (अशुद्ध)	Correct (शुद्ध)
	No preposition is used कोई सम्बन्ध-सूचक नहीं लगता	
1.	My mother loves ***with*** me.	My mother loves me.
2.	He reached ***at*** the station.	He reached the station.
3.	He ordered ***for*** my dismissal.	He ordered my dismissal.
4.	Rajiv married ***with*** your cousin.	Rajiv married your cousin.
5.	Amitabh entered ***into*** the room.	Amitabh entered the room.
	by का प्रयोग	
6.	What is the time ***in*** your watch?	What's the time ***by*** your watch?
7.	They went to Banaras ***in*** train.	They went to Banaras ***by*** train.
8.	She was killed ***with*** a robber.	She was killed ***by*** a robber.
	with का प्रयोग	
9.	He is angry ***upon*** me.	***He is angry with me.***
10.	Are you angry ***on*** her?	Are you angry ***with*** her.
11.	My principal is pleased ***from*** me.	My principal is pleased ***with*** me.
12.	Wash your face ***in*** water.	Wash your face ***with*** water.
13.	The dacoit was killed ***by*** a sword.	The dacoit was killed ***with*** a sword.
14.	Compare Akbar ***to*** Rana Pratap.	Compare Akbar ***with*** Rana Pratap.
15.	She covered her face ***by*** her shawl.	She covered her face ***with*** her shawl.
	at का प्रयोग	
16.	Open your book ***on*** page ten.	Open your book ***at*** page ten.
17.	Ram lives ***in*** Sonepat.	Ram lives ***at*** Sonepat.
18.	Why did you laugh ***on*** the beggar.	Why did you laugh ***at*** the beggar.
19.	Who is knocking ***on*** the door.	Who is knocking ***at*** the door.
20.	The train arrived ***on*** the platform.	The train arrived ***at*** the platform.
	on का प्रयोग	
21.	We go to school ***by*** foot.	We go to school ***on*** foot.
22.	We congratulate you ***for*** your success.	We congratulate you ***on*** your success.
23.	The rioters set the house ***to*** fire.	The rioters set the house ***on*** fire.

24.	The house was built ***over*** the ground.	The house was built ***on*** the ground.
25.	Father spent a lot of money ***at*** her wedding.	Father spent a lot of money ***on*** her wedding.
	to का प्रयोग	
26.	Vimal was married ***with*** Shyam.	Vimal was married ***to*** Shyam.
27.	You are very kind ***on*** me.	You are very kind ***to*** me.
28.	We should pray God every day.	We should pray ***to*** God every day.
29.	I won't listen what you say.	I won't listen ***to*** what you say.
30.	I object ***at*** your statement.	I object ***to*** your statement.
	in का प्रयोग	
31.	Swatantra Kumari lives ***at*** Bombay.	Swatantra Kumari lives ***in*** Bombay.
32.	He was walking ***into*** the garden.	He was walking ***in*** the garden.
33.	Please, write ***with*** ink.	Please, write ***in*** ink.
34.	I have no faith ***upon*** your story.	I have no faith ***in*** your story.
35.	The rain will stop ***after*** a little while.	The rain will stop ***in*** a little while.
	into का प्रयोग	
36.	Divide the cake ***in*** five parts.	Divide the cake ***into*** five parts.
37.	Please look ***in*** the matter.	Please look ***into*** the matter.
38.	She jumped ***in*** the river.	She jumped ***into*** the river.
39.	I fear that she will fall ***in*** the hands of robbers.	I fear that she might fall ***into*** the hands of robbers.
40.	Translate this passage ***in*** Hindi.	Translate this passage ***into*** Hindi.
	of का प्रयोग	
41.	She died ***from*** plague.	She died ***of*** plague.
42.	We are proud ***on*** our country.	We are proud ***of*** our country.
43.	The child is afraid ***from*** you.	The child is afraid ***of*** you.
44.	Hamida is not jealous ***to*** Abdul.	Hamida is not jealous ***of*** Abdul.
45.	We should take care ***for*** our books.	We should take care ***of*** our books.
46.	He died ***from*** hunger.	He died ***of*** hunger.
	from का प्रयोग	
47.	My shirt is different ***to*** your.	My shirt is different ***from*** yours.
48.	His mother prevented him ***of*** going to cinema.	His mother prevented him ***from*** going to cinema.
49.	I commenced work ***since*** 14th July.	I commenced work ***from*** 14th July.
50.	He hindered me ***to*** do this.	He hindered me ***from*** doing this.

for का प्रयोग		
51.	He won't be there before ***four*** months.	He won't be there ***for*** four months.
52.	The employer blames her ***of*** carelessness.	The employer blames her ***for*** carelessness.
53.	Three scholarships are competed.	Three scholarships are competed ***for***.
54.	Free meals should be provided ***with*** the poor children.	Free meals should be provided ***for*** the poor children.
55.	Who cares ***of*** you?	Who cares ***for*** you?
between, among, since, up, against आदि का प्रयोग		
56.	Distribute the fruit ***among*** Kamla and Vimla.	Distribute the fruit ***between*** Kamla and Vimla.
57.	Divide this money ***between*** these girls.	Divide this money ***among*** these girls.
58.	Rakesh has been absent from college ***from*** last Monday.	Rakesh has been absent from college since last Monday.
59.	He tore ***away*** the bills.	He tore ***up*** the bills.
60.	The English fought ***with*** the Russians.	The English fought ***against*** Russians.

☞ अंग्रेजी सीखने के इच्छुक व्यक्तियों को Prepositions (सम्बन्धसूचक) का शुद्ध प्रयोग मन में बैठाना चाहिए।

Errors in the Use of Articles (A, an, the शब्दों के प्रयोग में अशुद्धियाँ)

(i) the का प्रयोग		
S. No.	**Incorrect (अशुद्ध)**	**Correct (शुद्ध)**
1.	***The*** Delhi is the capital of India.	Delhi is the capital of India.
2.	She met me in ***the*** Faiz Bazaar.	She met me in Faiz Bazaar.
3.	He has failed in ***the*** English.	He has failed in English.
4.	She was suffering from ***the*** typhoid.	She was suffering from typhoid.
5.	***The*** union is strength.	Union is strength.
(ii) ऐसे शब्दों में the जुड़ता है		
6.	This is ***a*** best player I have ever met.	This is ***the*** best player I have ever met.
7.	Ganga flows into Bay of Bengal.	***The*** Ganga flows into ***the*** Bay of Bengal.
8.	Rose is sweetest of all flowers.	***The*** rose is ***the*** sweetest of all ***the*** flowers.
9.	Rich are happy but poor are unhappy.	***The*** rich are happy but ***the*** poor are unhappy.
10.	Ramayana and Mahabharata are epics of India.	***The*** Ramayana and the Mahabharata are ***the*** epics of India.

☞ व्यक्तिवाचक संज्ञा शब्द (जैसे–Delhi, Faiz Bazaar, English language), द्रव्यवाचक संज्ञा शब्द (जैसे–gold, silver आदि), भाववाचक संज्ञा शब्द (union, honesty आदि) एवं रोगों के नाम आदि के साथ the का प्रयोग नहीं होता है।

☞ विशेषण की तीसरी अवस्था में, पर्वतों, प्रदेशों, नदियों, समुद्रों आदि के नामों (Ganga, Himalayas आदि) से पूर्व; पुस्तकों के नामों (Ramayana, Mahabharata आदि) से पूर्व; संज्ञा के रूप में प्रयुक्त विशेषण शब्दों (rich, poor आदि) से पूर्व the जुड़ता है। साथ ही किसी वस्तु या व्यक्ति (rose, flower, epic) पर दबाव देना हो, तो वहाँ भी the लगाते हैं।

(iii) ऐसी अवस्थाओं में a नहीं जुड़ता है

11.	***A*** man is mortal.	Man is mortal.
12.	Your sister is in ***a*** trouble.	Your sister is in trouble.
13.	He made a rapid progress.	He made rapid progress.
14.	There is ***a*** vast scope for improvement.	There is vast scope for improvement.
15.	He writes ***a*** good poetry.	He writes good poetry.

☞ वाक्य 11 में किसी व्यक्ति (a man) की बात नहीं है–बल्कि मनुष्य मात्र की है। अतः a नहीं जुड़ेगा। वाक्य 12 में trouble (संकट) संख्यात्मक शब्द नहीं है, अतः a नहीं जुड़ेगा। इसी प्रकार भावचाचक एवं द्रव्यवाचक संज्ञाओं से पूर्व सामान्यतया a या an नहीं जुड़ेगा।

(iv) सामान्यतया जातिवाचक संज्ञाओं से पूर्व a जुड़ता है

16.	Don't make noise.	Don't make a noise.
17.	The English is brave nation.	The English is a brave nation.
18.	I got headache.	I got a headache.
19.	Your words are not worth penny.	Your words are not worth a penny.
20.	He is an European.	He is a European.

(v) जिन शब्दों का आरंभ स्वर (vowel) से होता है या उच्चारण स्वर का होता है वहाँ an लगता है।

21.	She was not a Indian.	She was not an Indian.
22.	Please buy a umbrella from the bazaar.	Please buy an umbrella from the bazaar.
23.	I'll finish my work in a hour.	I'll finish my work in an hour.
24.	He was a M. L. A.	He was an M. L. A.
25.	She is a M. A.	She is an M. A.

☞ a और an समान बल के articles है। अन्तर केवल यह है कि जिन शब्दों का पहला वर्ण व्यंजन (consonant) होता है, वहाँ a जुड़ता है तथा जिन शब्दों का पहला वर्ण स्वर (vowel) होता है, वहाँ an जुड़ता है, जैसे–

a : a book, a nation, a noise आदि।

an : an Indian, an umbrella, an apple आदि।

☞ an के प्रयोग में कुछ अपवाद भी है। अंग्रेजी में कुछ शब्द ऐसे हैं, जिनका पहला वर्ण अनुच्चरित (silent) होता है, जैसे– hour (आवर), honour (ऑनर), honest (ऑनेस्ट)।
ऐसे शब्दों के साथ an लगेगा, a नहीं, जैसे–an hour, an honour, an honest आदि।

☞ कुछ लघु रूप (शॉर्ट फॉर्म) शब्द देखिए–M.A., M.L.A., अब सोचिए, इनके साथ a जुड़ेगा या an? आप सोच रहे होंगे कि दोनों में पहला व्यंजन M है, अतः a जुड़ेगा, परन्तु नहीं है, क्योंकि M.A. और M.L.A. दोनों में m का उच्चारण a स्वर (vowel) जैसा है, अतः यहाँ an M.A. और an M.L.A. होगा।

☞ वाक्य 20 पढ़िए। वहाँ 'a European' क्यों ठीक माना जाता है। क्योंकि 'ए यूरोपियन' में 'E' silent है और 'u' का उच्चारण भी 'यू' (Solid) है, हिन्दी के यू जैसा। इसे भी अपवाद समझना चाहिए।

अतः आप अपने और अपने आपसी व्यवहार में आने वाली अंग्रेजी में ऐसी सामान्य अशुद्धियों पर ध्यान दीजिए। जब आप भाषा के सम्बन्ध में ऐसा दृष्टिकोण बनायेंगे, तो अशुद्धियाँ दूर होती चली जायेंगी और आप अनुभव करेंगे कि अच्छी अंग्रेजी में बातचीत करने में कुशल हो गये हैं। अंग्रेजी में बातचीत न केवल आपके व्यवसाय के लिए ही लाभदायक है, बल्कि आपके लिए बहुत आनंददायक भी है।

अभिवादन
(GREETING)

अंग्रेजी में बात करने के लिए सबसे पहले अभिवादन के तौर-तरीके के बारे में जानना आवश्यक है। हमारे देश में अलग-अलग जाति या समुदाय के व्यक्ति अपने धर्म या जाति के अनुसार 'नमस्ते' या 'सत श्रीकाल' बोलकर एक-दूसरे का अभिवादन करते हैं, परन्तु अंग्रेजी भाषा में अलग-अलग समय के अनुसार अलग-अलग शब्दों द्वारा अभिवादन करने का चलन हैं।

प्रातःकाल के समय

सुप्रभात, महाशय!	Good morning, sir! गुड मार्निंग, सर!
नमस्ते, चाचा जी!	Morning, uncle! मार्निंग, अंकल!
नमस्कार, दोस्तों!	Good morning, friends! गुड मार्निंग फ्रेंडस!

☆ Good morning या Morning दोनों इस्तेमाल किये जाते हैं। चाचाजी हों या मामाजी अंग्रेजी में दोनों के लिए uncle शब्द का ही प्रयोग किया जाता है।

दोपहर के समय

नमस्कार, दादाजी!	Good afternoon, grandpa! गुड ऑफ्टरनून, ग्रांडपा
नमस्ते, दीदी!	Good afternoon, sister! गुड ऑफ्टरनून, सिस्टर

संध्याकाल के समय

नमस्ते, चाचाजी!	Good evening, uncle! गुड इवनिंग अंकल!
नमस्ते, श्रीमान!	Good evening, sir! गुड इवनिंग, सर
नमस्कार, महोदया!	Good evening, madam! गुड इवनिंग, मैडम

रात को विदाई के समय

शुभ रात्रि!	Good night. गुड नाइट

मुलाकात/भेंट के समय अभिवादन (किसी भी समय)

आपसे मिलकर बहुत खुशी हुई!	I am pleased to meet you! आइ एम प्लीज्ड टु मीट यू!
आज का दिन आपके लिए शुभ हो!	May the sunshine brighten your day. मे द सनशाइन ब्राइटेन योर डे!
सबको नमस्कार!	Greetings all! ग्रीटिंग्स ऑल!

बराबर के लोगों या मित्रों के साथ (किसी भी समय)

हैलो आकाश!	Hello Aakash! हैलो आकाश!
हाय शबनम!	Hi, Shabnam! हाय शबनम!
हेय निधि!	Hey, Nidhi! हेय, निधि!

★ जहाँ हिन्दी में 'नमस्कार' या 'नमस्ते' का समय से कोई सम्बन्ध नहीं होता है। उसी प्रकार अंग्रेजी में Hello, Hi बोलने का कोई समय नहीं होता है। उपर्युक्त 'Good morning' आदि अभिवादन के शब्द Formal या Sophisticated कहे जा सकते हैं, जबकि अनौपचारिक तौर पर 'Hello और Hi' का प्रयोग किया जाता है।

विदाई के समय

अच्छा, चलते हैं दोस्तों!	OK. bye friends! ओ. के. बाय फ्रेंड्स!
अच्छा फिर मिलेंगे!	See you! सी. यू!
हम लोग फिर मिलेंगे!	We will meet again! वी विल मीट अगेन!

स्मरणीय

हिन्दी-अंग्रेजी में सम्बोधन का अंतर

A. अंग्रेजी में-

1. Grandfather को संक्षेप में Grandpa (ग्रैंडपा) कहते हैं।
2. Father के लिए Dad (डैड) या Daddy (डैडी) शब्दों का भी प्रयोग किया जाता है।
3. Grandmother को संक्षेप में Grandma कहते हैं।
4. Mother के लिए Mom (मॉम) या Mummy (मम्मी) शब्द का भी प्रयोग किया जाता है।

B. अंग्रेजी में-

1. चाचा, ताऊ, मामा, मौसा, फूफा सभी को Uncle (अंकल) कहा जाता है।
2. चाची, ताई, मामी, मौसी, बुआ सभी को आंट या आंटी (Aunt, Aunty or Auntie) कहा जाता है।
3. किसी भी पुरुष के लिए आदरसूचक शब्द 'सर' (Sir) का प्रयोग किया जाता है।
4. किसी भी महिला के लिए आदरसूचक शब्द 'मैडम' (Madam) का प्रयोग किया जाता है।
5. चचेरे, ममेरे, मौसेरे या फुफेरे भाई या बहन इनमें किसी के लिए भी केवल कजन (Cousin) शब्द प्रयोग में आता है, कजन ब्रदर या कजन सिस्टर (Cousin Brother/Cousin Sister) नहीं।
6. विवाहित महिला के नाम से पहले मिसेज (Mrs) तथा अविवाहित महिला के लिए मिस (Miss) का प्रयोग किया जाता है। मिस (Ms) का प्रयोग अविवाहित या विवाहित किसी भी स्त्री के नाम या उपनाम से पहले किया जा सकता है।
7. देवर, जेठ या बहनोई के लिए Brother in Law (ब्रदर इन लॉ) का प्रयोग किया जाता है।
8. ननद, भाभी या साली के लिए Sister in Law (सिस्टर इन लॉ) का प्रयोग किया जाता है।

शिष्टाचार
(ETIQUETTES)

अंग्रेजी में वार्त्तालाप सीखने के लिए आवश्यक है, उसे उचित प्रकार से शिष्टाचार के साथ बोलना। अंग्रेजी में शिष्टाचार के साथ बात करने के लिए कुछ विनम्र शब्दों- Please (कृपया), Thanks (धन्यवाद), Welcome (आपका स्वागत है) आदि शब्दों का प्रयोग बहुत ही सावधानी के साथ करते हैं।

हिन्दी भाषा में हम अपने से बड़ों या हमउम्र को सम्मान प्रदर्शित करने के लिए 'आप' तथा सम्बोधन के साथ 'जी' शब्द का प्रयोग करते हैं, जैसे- पिताजी, माताजी। छोटों के लिए 'तुम' शब्द का ही प्रयोग होता है, परन्तु अंग्रेजी भाषा में छोटे-बडे सभी के लिए 'You' का प्रयोग किया जाता है। बड़ों के लिए ल्वन शब्द का प्रयोग होने का मतलब यह नहीं है कि अंग्रेजी एक असभ्य भाषा है। अंग्रेजी में बात-बात पर शिष्टाचार जताने की प्रथा है। निम्नलिखित अंग्रेजी शब्दों को पढ़कर मन में दोहरायें। ये अंग्रेजी भाषा के बड़े ही महत्त्वपूर्ण शब्द हैं-

1. Please (प्लीज़) - कृपया
2. Allow me (अलाउ मी) - मुझे अनुमति प्रदान करें
3. Thanks (थैंक्स) - धन्यवाद
4. After you (आफ्टर यू) - आपके बाद
5. Welcome (वेलकम) - स्वागत है
6. Kindly (काइन्डली) - कृपा करके
7. Sorry (सॉरी) - माफी चाहता हूँ
8. Excuse me (एक्सक्यूज मी) - मुझे माफ करें
9. That is alright (दैट इज ऑलराइट) ठीक है
10. It's my pleasure (इट्स माइ प्लेज़र) - यह मेरा सौभाग्य है
11. Pardon (पार्डन) - क्षमा करना

अंग्रेजी में शिष्टाचार हेतु प्रयुक्त होने वाले प्रमुख नियम

1. यदि आपको किसी से कुछ माँगना हो अथवा कोई बात पूछना हो तो आप वाक्य में Please शब्द का प्रयोग करें। यदि आप Please या Kindly आदि शिष्टाचार व्यक्त करने वाले शब्दों का प्रयोग नहीं करते हैं, तो आप असभ्य समझे जायेंगे, जैसे -

   Give me your book. (गिव मी योर बुक) - अपनी पुस्तक देना।

   इसकी जगह यदि आप 'Please' शब्द का प्रयोग करते हैं, तो यह समझा जाएगा कि आपको अंग्रेजी के शिष्टाचार के तौर-तरीकों की भली प्रकार जानकारी है, जैसे-

   Please, give me your book. (प्लीज़ गिव मी योर बुक) - कृपया अपनी पुस्तक दें।

   इसी प्रकार '1. कितने बजे हैं? 2. एक गिलास दूध देना 3. जरा अपना पेन देना' के पहले May अथवा Please शब्दों का प्रयोग करते हैं, जैसे- Time, Please? टाइम प्लीज?, A glass of milk, please. अ ग्लास ऑफ मिल्क, प्लीज़। May I have your pen, please! मे आइ हैव योर पेन प्लीज़!

2. यदि आपने किसी से कुछ पूछा या उस व्यक्ति ने आपका साधारण-सा काम कर दिया तो उसे 'Thank you' अवश्य कहना चाहिए, जैसे-

Many-many thanks to you. (मेनी-मेनी थैंक्स टु यू) - आपको बहुत-बहुत धन्यवाद।

3. यदि किसी ने आपके छोटे से काम के बदले में आपको 'Thank you' कहा तो आप इसके बाद कहें- It's all right. (इट्स आल राइट) सब ठीक है या Its' fine. (इट्स फाइन) सब ठीक है। My pleasure. (माइ प्लेज़र) इसमें मेरी खुशी है या You are welcome. (यू आर वेलकम) आपका स्वागत है।

4. यदि कोई मित्र या अन्य व्यक्ति आपसे कुछ लेने का आग्रह करे और आप उसे लेने के लिए इच्छुक नहीं हैं, तो आप 'नहीं' के साथ 'No thanks' शब्द का अवश्य प्रयोग करें अन्यथा असभ्य समझे जायेंगे।

5. यदि कोई आपसे कोई वस्तु माँगे और आप इसे देना चाहते हैं, तो अंग्रेजी में 'Yes' कहने के पश्चात् शिष्टाचार व्यक्त करने के लिए बोलें-

Yes, with great pleasure. (यस, विद ग्रेट प्लेजर) हाँ, खुशीपूर्वक।

OR

Yes, you are welcome. (यस, यू आर वेलकम) हाँ, आपका स्वागत है।

6. यदि आप किसी की सहायता करना चाहते हैं, तो आप कह सकते हैं- May I help you? (मे आइ हेल्प यू) क्या मैं आपकी सहायता कर सकता हूँ या Allow me. मुझे अवसर दें।

7. अगर किसी वृद्ध या सम्माननीय व्यक्ति को रास्ता देना चाहते हैं, तो आप बोलें- After you आपके बाद।

8. अंग्रेजी में छोटी-छोटी बात पर शिष्टाचार प्रकट करने का रिवाज है। इन बातों के लिए Sorry (सॉरी), Excuse me (एक्सक्यूज मी), Pardon (पार्डन) आदि शब्दों का प्रयोग होता है।

(a) अगर बस या मैट्रो में सफर के दौरान आपका हाथ अनचाहे किसी व्यक्ति के हाथ या कपड़ों से छू जाये तो ऐसे अवसर पर आपको 'Sorry' (सॉरी) कहकर अवश्य खेद व्यक्त करना चाहिए।

(b) किसी सभा के दौरान अचानक आपको वहाँ से उठकर जाना हो तो आप वहाँ से जाने के पहले कहेंगे- Excuse me. (एक्सक्यूज मी) मुझे माफ करना। ऐसा नहीं करने पर आपको असभ्य समझा जाएगा। इसलिए इसका ध्यान रखें।

(c) यदि आप किसी का फोन सुन रहे हैं और आपको उनकी बात स्पष्ट सुनाई नहीं दे रही है या उसे आप दुबारा सुनना चाहते हैं तो आप कहेंगे- Sorry (सॉरी) या Pardon (पार्डन) यह सुनकर वह समझ जाएगा कि आपको उसकी बात ठीक से सुनाई नहीं पड़ी है।

(d) यदि आप किसी से मिलने उसके ऑफिस या मकान के अन्दर जाना चाहते हैं, तो आपको वहाँ प्रवेश करने से पूर्व अवश्य अनुमति लेना चाहिए।

May I come in please? (मे आइ कम इन प्लीज़?) क्या मैं अन्दर प्रवेश कर सकता हूँ? आपके पूछने पर वह अवश्य कहेगा-

Yes, Please come in? (यस प्लीज़ कम इन) हाँ कृपया अन्दर आयें।

या With great peasure (विद ग्रेट प्लेज़र) खुशी से या Of course! (ऑफ कोर्स!) अवश्य!

★ अंग्रेजी भाषा में प्रवीण होने के पहले पाठकों को सलाह दी जाती है कि वह शिष्टाचार में प्रयोग किये जाने वाले सभी वाक्यों को पढ़कर अपने मित्रों या रिश्तेदारों के साथ इसे बोलने का अभ्यास करें।

शिष्टाचार के कुछ वाक्य (Some Sentences of Politeness)

मैं आपकी क्या सेवा कर सकता हूँ?	How can I help you? हाउ कैन आइ हेल्प यू?
आपकी बड़ी कृपा होगी।	It would be very kind of you. इट वुड बी वेरी काइन्ड ऑफ यू।
आपकी कृपा होगी।	Kind of you. काइन्ड ऑफ यू।
मैं कुछ अर्ज करूँ?	May I say something? मे आइ से समथिंग?
बुरा मत मानियेगा।	Please don't mind. प्लीज़ डोंट माइंड।
मदद करने के लिए आपको धन्यवाद।	Thanks for help. थैंक्स फॉर हेल्प।
आपकी नेक सलाह के लिए धन्यवाद।	Thank you for your sensible advice. थैंक यू फॉर योर सेन्सिबल एडवाइस।
क्या मैं यहाँ बैठ सकता हूँ?	May I sit here? मे आइ सीट हिअर?
मेरी फिक्र न करें।	Don't worry about me. डोन्ट वरी अबाउट मी।
तकलीफ मत कीजिए।	Don't cause inconvenience. डोंट कॉज इनकनविनियंस।
मुझे बहुत अफसोस है।	I am very sorry. आइ एम वेरी सॉरी।
कुछ देर और ठहरें।	Please stay a little while more. प्लीज़ स्टे अ लिटिल ह्वाइल मोर।
आपने कैसे कष्ट किया?	Why did you trouble yourself? ह्वाई डिड यू ट्राब्ल योरसेल्फ?
आप कैसे हैं?	How are you? हाउ आर यू?
आपसे मिलकर मुझे बड़ी प्रसन्नता हुई।	Glad to meet with you. ग्लैड टु मीट विद यू।
मैं ठीक हूँ, शुक्रिया!	Thanks, I am well/all right!. थैंक्स आइ एम वेल/आल राइट!
माता जी कैसी है?	How is Mummy? हाउ इज मम्मी?
आपके आने का शुक्रिया।	Thanks for your visit. थैंक्स फॉर योर विजिट।
क्या आप मेरा काम आसान कर देंगे।	Will you facilitate my job? बिल यू फेसिलिटेट माइ जॉब?
मैं आपका सदैव अहसानमंद रहूँगा।	I shall be always obliged to you. आइ वुड बी आलवेज ऑब्लाइज्ड टु यू।
मुझे माफ कर दीजिए।	Excuse me. एक्सक्यूज मी।
मैं आपका बहुत अहसानमंद हूँ।	I am greatly obliged to you. आइ एम ग्रेटली आब्लाइज्ड टु यू।
आपको धन्यवाद।	Thank you. थैंक यू।
आपको बहुत-बहुत धन्यवाद।	Many-many thanks to you. मेनी-मेनी थैंक्स टु यू।
मैं आपका हृदय से आभारी हूँ।	I am heartly obliged to you. आइ एम हर्टली आब्लाइज्ड टु यू।

प्रिय मित्र, आपको धन्यवाद।	Dear friend, thank you. डिअर फ्रेंड, थैंक्यू।
आपका कार्य करके मुझे खुशी हुई।	I am pleased to complete your work. आइ एम प्लीज्ड टु कम्पलीट योर वर्क।
मैं आपके लिए सदैव तत्पर हूँ।	I am always ready for you. आइ एम आलवेज रेडी फॉर यू।
कृपया मुझे क्षमा करें।	Please, excuse me. प्लीज़ एक्सक्यूज मी।
इसका मुझे खेद है।	I am sorry for this. आइ एम सॉरी फॉर दिस।
कहिए जनाब!	How do you do? हाउ डू यू डू।
मेरा सौभाग्य है।	It is my pleasure. इट्स माइ प्लेज़र।
पहले आप।	After you. आफ्टर यू।
क्षमा करें, मुझे देर हो गयी।	I am sorry, I got a little late. आइ एम सॉरी, आइ गाट अ लिट्स लेट।
मैं अपना परिचय स्वयं देता हूँ।	Let me introduce myself. लेट मी इन्ट्रोड्यूज माइ सेल्फ
आपसे मिलकर मुझे खुशी हुई।	I am glad to meet you. आइ एम ग्लैड टु मीट यू
क्या आप यह काम कर देंगे?	Will you please do me a favour? विल यू प्लीज़ डू मी अ फेवर?
ठीक है, श्रीमान्!	All right, sir! आल राइट सर!
धन्यवाद जैसी कोई बात नहीं।	There is no need of any thanks. देअर इज नो नीड ऑफ एनी थैंक्स।

स्मरणीय

1. हिन्दी में सम्मान प्रकट करने के लिए नाम के बाद 'जी' लगाकर तथा बहुवचन के प्रयोग द्वारा आदर प्रकट करने का चलन है। अंग्रेजी में आदरसूचक में भी एकवचन का ही प्रयोग होता है, जैसे–

   श्री राजीव जी चले गये। Mr. Rajiv has gone. मिस्टर राजीव हैज गॉन।

2. हिन्दी में बड़ों को आदर प्रकट करने के लिए 'आप' का प्रयोग होता है, लेकिन अंग्रेजी में 'तुम' और 'आप' दोनों के लिए – You का प्रयोग होता है।

   आपका नाम क्या है? What is your name? वाट इज योर नेम?

   वे कब आयेंगे? When will he come? वेन विल ही कम?

आत्मपरिचय
(SELF INTRODUCTION)

हमें बहुत से अवसरों पर अपना परिचय देने की आवश्यकता पड़ती है। यहाँ हम अपने पाठकों को हिन्दी माध्यम से अंग्रेजी में अपना परिचय देने की आसान विधि के बारे में बताने जा रहे हैं। अंग्रेजी में परिचय देने के कई तरीके हैं। यहाँ बतायी जा रही विधि भी उन प्रचलित विधियों में से एक है। प्रत्येक हिन्दी वाक्य के सामने उसका अंग्रेजी रूपान्तर दिया गया है। English Sentence को पढ़ने में कोई कठिनाई पेश नहीं आये इसके लिए प्रत्येक Sentence के साथ उसके उच्चारण की जानकारी दी गयी है।

इस पाठ में आत्मपरिचय से जुड़े पचास वाक्यों की जानकारी दी गयी है। आमतौर पर जिसका हम बोलचाल के दौरान अकसर प्रयोग करते हैं, जैसे–

मैं समीर हूँ। I am Sameer. आइ एम समीर।

☞ उपर्युक्त वाक्य में समीर की जगह आप अपना नाम लेकर अंग्रेजी भाषा में अपना परिचय दे सकते हैं। इसी प्रकार प्रस्तुत पाठ में दैनिक वार्तालाप में प्रयोग होने वाले पचास से ज्यादा वाक्यों के अंग्रेजी रूपान्तर दिये गये हैं। जिसमें अलग-अलग स्थान एवं नाम का प्रयोग विभिन्न परिस्थितियों के अनुसार किया जा सकता है।

मैं दिल्ली में रहता हूँ।	I live in Delhi. आइ लिव इन डेल्ही।
मैं एक शिक्षक हूँ।	I am a teacher. आइ एम ए टीचर।
मैं स्टेट बैंक ऑफ इंडिया में अकाउंटेंट हूँ।	I am an accountant in State Bank of India. आइ एम एन अकाउंटेंट इन स्टेट बैंक ऑफ इंडिया।
मैं सेकंड यिअर में पढ़ता हूँ।	I read in the second year. आइ रीड इन द सेकंड यिअर।
मैंने एम.बी.ए. किया है।	I have done M.B.A. आइ हैव डन एम.बी.ए.।
मेरी उम्र अठारह वर्ष है।	I am eighteen years old. आइ एम एटीन यिअर्स ओल्ड।
मेरा स्कूल मॉडल टाउन में स्थित है।	My school is situated at Model Town. माइ स्कूल इज सिच्युटेड एट माडल टाऊन।
मेरा ऑफिस दरियागंज में है।	My office is at Daryaganj. माइ ऑफिस इज एट दरियागंज।
मैं इस ऑफिस में अभी नया हूँ।	I am new in this office. आइ एम न्यू इन दिस ऑफिस।
मैं यहाँ तीन वर्षों से कार्यरत हूँ।	I have been working here for last three years. आइ हैव बीन वर्किंग हियर फॉर लास्ट थ्री यिअर्स।

मेरा पसंदीदा विषय विज्ञान है।	My favourite subject is science. माइ फेवरिट सब्जेक्ट इज साइंस।
मैं मेहनत करने में यकीन रखता हूँ।	I believe in hard work. आइ बिलीव इन हार्ड वर्क।
मेरा सच्चाई के ऊपर विश्वास है।	I have faith on truthfulness. आइ हैव फेथ आन टुथफुलनेस।
मैं अपनी कमजोरी को अपनी ताकत बनाने में यकीन रखता हूँ।	I believe in turning my weaknesses into strength. आई बिलीव इन टर्निंग माइ वीकनेस इन्टू स्ट्रेन्थ।
मेरा आत्मविश्वास ही मेरी सबसे बड़ी पूँजी है।	Self-confidence is my greatest asset. सेल्फ कान्फिडेन्स इज माइ ग्रेटेस्ट असेट।
सच्चाई ही मेरी सबसे बड़ी ताकत है।	Honesty is my greatest strength. ऑनेस्टी इज माइ ग्रेटेस्ट स्ट्रेन्थ।
मेरा सबसे पसंदीदा खेल क्रिकेट है।	My favourite sport is cricket. माइ फेवरिट स्पोर्ट इज क्रिकेट।
मैंने गणित ऑनर्स में एडमिशन लिया है।	I have taken admission in maths honours. आइ हैव टेक्न एडमिशन इन मैथ आनर्स।
मैं खालसा कॉलेज का विद्यार्थी हूँ।	I am a student of Khalsa college. आइ एम ए स्टूडेंट ऑफ खालसा कॉलेज।
मेरे पिताजी का नाम विशाल खन्ना है।	My father's name is Vishal Khanna. माइ फादर्स नेम इज.....।
वह इंजीनियर/डॉक्टर है।	He is a doctor/engineer. ही इज अ डॉक्टर/ इंजीनियर
मैं पुलिस विभाग में नौकरी करना चाहता हूँ।	I am interested to work in police department. आइ एम इन्टरेस्टेड टु वर्क इन पुलिस डिपार्टमेंट
मैं सेना में नौकरी करने का इच्छुक हूँ।	I am interested to join army. आइ एम इन्टरेस्टेड टु ज्वाइन आर्मी
मेरे स्कूल का नाम ..... है।	The name of my school is .... दि नेम ऑफ माइ स्कूल इज।

स्मरणीय

पाठकों को सलाह दी जाती है कि वे उपर्युक्त पाठ में दिये गये सभी अंग्रेजी वाक्यों के हिन्दी अर्थ समझकर इनका अधिक से अधिक प्रयोग करें।

कुछ हिन्दी वाक्यों के बीच में रिक्त स्थान छोड़ा गया है। इन जगहों पर आप परिस्थति के अनुसार अपने नाम एवं स्थान के नाम का प्रयोग कर नये वाक्य बना सकते हैं। इस पाठ के आधार पर अपना आत्मपरिचय तैयार कर इसका अभ्यास करें।

सगे सम्बन्धियों का परिचय
(INTRODUCTION OF RELATIVES)

आत्मपरिचय के बारे में जानने के पश्चात् हम आपको अपने सगे-सम्बन्धियों का परिचय देने के बारे में बताने जा रहे हैं। इस पाठ में दिये गये वाक्यों का निरंतर अभ्यास कर आप वार्त्तालाप के दौरान अपने सगे-सम्बन्धियों का परिचय देना आसानी से सीख जायेंगे, जैसे-

मेरे पिता प्रोफेसर हैं। My father is a professor. माइ फादर इज अ प्रोफेसर।

★ उपर्युक्त वाक्य में 'प्रोफेसर' की जगह अपने परिवार के विभिन्न सदस्यों से अपने सम्बन्ध तथा उनके पदों के बारे में बताया जा सकता है। इसी प्रकार अलग-अलग अंग्रेजी वाक्यों के अर्थ समझकर उसका परिस्थिति के अनुसार प्रयोग करें।

मेरे पिता प्रोफेसर हैं।	My father is a professor. माइ फादर इज अ प्रोफेसर।
मेरी माताजी अध्यापिका हैं।	My mother is a teacher. माइ मदर इज अ टीचर।
मेरे बड़े भाई सरकारी सेवा में कार्यरत हैं।	My elder brother is in government service. माइ एल्डर ब्रदर इज इन गवर्न्मेन्ट सर्विस।
मेरा दोस्त, साहिल रेलवे विभाग में कार्यरत है।	My friend, Sahil works in railway department. माइ फ्रेंड साहिल वर्क्स इन अ रेलवे डिपार्टमेंट।
मेरे चाचा हाई कोर्ट में जज हैं।	My uncle is a judge in High Court. माइ अंकल इज अ जज इन हाई कोर्ट।
आपके पिता जी क्या करते हैं?	What's your father? वाट्स यूअर फादर?
मैं आपको अच्छी तरह से जानता हूँ।	I know you very well. आई नो यू वेरी वेल।
सिम्मी बाल विधवा है।	Simmy is a widow from childhood. सिम्मी इज अ विडो फ्रॉम चाइल्डहुड।
राधा, मेरी सहेली एक कुशल गृहस्वामिनी है।	Radha, my friend is an expert house wife. राधा, माइ फ्रेंड इज एन एक्सपर्ट हाउस वाइफ।
रीता, मेरी पत्नी गृहप्रबंध में निपुण है।	Reeta, my wife is an expert housewife. रीटा, माइ वाइफ इज एन एक्सपर्ट हाउसवाइफ।
मेरे बॉस से मिलो।	Meet my boss. मीट माइ बॉस।
आइए, मेरे चाचाजी से मिलें।	Come, meet to my uncle. कम, मीट टू माइ अंकल।
मेरे पिता जी नेता हैं।	My father's is a leader. माइ फादर इज अ लीडर
मीना आपकी क्या लगती है?	What's Meena to you? वाट्स मीना टू यू?
मेरे दादा जी अभियंता हैं।	My grandfather is an engineer? माइ ग्रांडफादर इज एन इंजीनियर।
मेरे दादा जी डॉक्टर हैं।	My grandfather is a doctor. माइ ग्रांडफादर इज अ डॉक्टर।

मैं आपको अपने मित्र प्रफुल्ल जी से मिलाना चाहता हूँ।	I'd like you to meet my frined, Prafullji. आई वुड लाइक यू टू मीट माइ फ्रेंड, प्रफुल्लजी।
मेरे पतिदेव पवन से मिलो।	Meet my husband Pawan. मीट माइ हसबैंड पवन।
मेरी सहेली सुधा से मिलो।	Meet my friend, Sudha. मीट माई फ्रेंड सुधा।
विनोद के पिता का नाम सुधाकर हैं।	Vinod's father's namen is Sudhakar. विनोदस, फादर्स नेम इज सुधाकर।
सोहन, मेरी पत्नी चारू से मिलो।	Sohan, meet my wife, Charu. सोहन, मीट माई वाइफ, चारू।
हैलो रमेश! आप कहाँ कार्यरत हैं?	Hello Ramesh! Where are you working? हेलो रमेश! वेर आर यू वर्किंग
मेरा भतीजा कुलाधिपति है।	My nephew is a Chancellor. माइ नेफ्यू अ चान्सलर।
क्या तुम्हारे चाचाजी राज्यपाल हैं?	Is your uncle a Governor? इज योअर अंकल अ गवर्नर?
मेरा बड़ा पुत्र प्रवक्ता है।	My elder son is a lecturer. माइ एल्डर सन इज अ लेक्चरर।
मेरी बड़ी बहन न्यायाधीश है।	My elder sister is a judge. माइ एल्डर सिस्टर इज अ जज।
मेरी छोटी बहन डॉक्टर है।	My younger sister is a doctor. माइ यंगर सिस्टर इज अ डॉक्टर।
मेरा छोटा पुत्र प्रबंध निदेशक है।	My younger son is a managing director. माइ यंगर सन इज अ मैनेजिंग डायरेक्टर।
मेरा मित्र राकेश आशुलिपिक है।	My friend, Rakesh is a stenographer. माई फ्रेंड, राकेश इज अ स्टेनोग्राफर।
वह मेरा रिश्तेदार है।	He is my relative. ही इज माइ रिलेटिव।
मेरे पिता गृह मंत्रालय में कार्यरत हैं।	My father is working in home ministry. माइ फादर इज वर्किंग इन होम मिनिस्ट्री।

स्मरणीय

पाठकों को सलाह दी जाती है कि उपर्युक्त पाठ में परिवार के सदस्यों के बारे में दिये गये अंग्रेजी वाक्यों को अच्छी तरह समझने के लिए, इसका बार-बार अभ्यास करें। अपने मित्रों तथा रिस्तेदारों के साथ इन वाक्यों का निरंतर अभ्यास करने से आपके आत्मविश्वास में वृद्धि होगी।

कथनात्मक वाक्य
(STATEMENT)

इस पाठ में सामान्य रूप से दैनिक जीवन में प्रयोग होने वाले विभिन्न वाक्यों की जानकारी दी गयी है। वार्त्तालाप के दौरान कब और किस समय कौन से वाक्य का प्रयोग करना है, यह उस समय की स्थिति, व्यक्तिगत विचार या सोच पर निर्भर करता है, जैसे-

आज छुट्टी है। Today is a holiday, टुडे इज अ हॉलीडे।

★ इसी प्रकार छुट्टी के दिन की जगह सप्ताह के अन्य दिनों के नाम बताये जा सकते हैं। इस पाठ में तीस कथनात्मक हिन्दी वाक्यों के अंग्रेजी वाक्यों (English Sentences) के बारे में बताया गया है। सभी हिन्दी वाक्यों के अंग्रेजी रूपांतरों को पढ़कर उनके अर्थ समझने का प्रयत्न करें।

वह मेरा अच्छा दोस्त है।	He is my good friend. ही इज माइ गुड फ्रेंड।
मैं उन्हें अच्छी तरह जानता हूँ।	I know him very well. आइ नो हिम वेरी वेल।
उन्हें रुपयों की सख्त जरूरत है।	Hs is in urgent need of money. ही इज इन अर्जेंट नीड ऑफ मनी।
सूर्य पूरब में उगता है।	The sun rises in the east. द सन राइजिज इन द इस्ट।
पुस्तक मेज के ऊपर रखी है।	The book is on the table. द बुक इज ऑन द टेबल।
ट्रेन सही वक्त पर आ रही है।	The train is arriving on time. द ट्रेन इज अराइविंग ऑन टाइम।
मैं ठीक हूँ।	I am fine. आइ एम फाइन।
राज एक अच्छा लड़का है।	Raj is a good boy. राज इज ए गुड ब्वाय।
भारत एक महान देश है।	India is a large country. इंडिया इज अ लार्ज कन्ट्री।
स्वयं पर भरोसा रखिए।	Be self reliant. वी सेल्फ रीलाएन्ट।
राम मेहनती व्यक्ति है।	Ram is a laborious man. राम इज अ लेबोरीअस मैन।
उससे काम लेना कठिन है।	It is difficult to take work out of him. इट इज डिफिकल्ट टु टेक वर्क आउट ऑफ हिम।
जनवरी वर्ष का प्रथम महीना है।	January is the first month of a year. जनवरी इज द फर्स्ट मंथ ऑफ द यिअर।
मेरा जन्म सितम्बर के महीने में हुआ था।	I was born in September. आइ वाज बोर्न इन सेप्टेम्बर।

उसकी उम्र सोलह वर्ष है।	He is sixteen years old. ही इज सिक्सटीन यिअर्स ओल्ड।
उसके पास रुपये नहीं हैं।	He has no money. ही हैज नो मनी।
वहाँ कोई नहीं है।	Nobody is there. नोबॅडी इज देअर।
राजीव मुम्बई में है।	Rajeev is in Mumbai. राजीव इन मुम्बई।
आज सोमवार है।	Today is Monday. टूडे इज मंडे।
कल राष्ट्रीय अवकाश दिवस है।	Tomorrow is a national holiday. टुमॉरो इज अ नेशनल हॉलिडे।
आज काफी गर्मी है।	It is too hot today. इट इज टु हाट टूडे।
हमारी कम्पनी के बड़े अच्छे व्यावसायिक सम्बन्ध हैं।	Our company has very good business relations. आवर कम्पनी हैज वेरी गुड बिजनेस रिलेसन्स।
आदर्श की कंपनी अच्छा मुनाफा बटोर रही है।	Aadarsh's company is making good profit. आदर्श कंपनी इज मेकिंग गुड प्रॉफिट।
यह बहुत असरदार लेख है।	It is an impressive article. इट इज ऐन इम्प्रेसिव आर्टिकल।
आज मेट्रो में ज्यादा भीड़ है।	There is too much crowd in the Metro today. देअर इज टु मच क्राउड इन द मेट्रो टूडे।
सीमा खुश दिखाई दे रही है।	Seema is looking happy. सीमा इज लुकिंग हैप्पी।

स्मरणीय

पाठकों को सलाह दी जाती है कि वे उपर्युक्त पाठ Statement (कथनात्मक वाक्य) में दिये गये दैनिक व्यवहार में आने वाले हिन्दी वाक्यों के English Sentences (अंग्रेजी वाक्य) अच्छी तरह समझकर अपने Friends (मित्रों) और Relatives (सगे-सम्बन्धियों) के साथ बोलने का Practice (अभ्यास) करें, जिससे आपको English Conversation (अंग्रेजी वार्त्तालाप) में दक्षता हासिल होगी।

अनुरोध
(REQUEST)

वार्त्तालाप में अनुरोध करना दैनिक जीवन की एक सामान्य आवश्यकता है। अंग्रेजी में अनुरोध करने के कई तरीके हैं। अनुरोध सामान्य भी हो सकता है, Polite (विनम्र) भी हो सकता है एवं Very Polite (अति विनम्र) भी। यह उस वक्त की परिस्थितियों एवं जिस व्यक्ति से अनुरोध किया जा रहा है, उससे हमारे सम्बन्ध एवं ओहदे पर निर्भर करता है, जैसे-

आइए, काम की शुरूआत करें। Let us start the work. लेट्स स्टार्ट द वर्क।

★ इसी प्रकार परिस्थितियों के अनुसार अंग्रेजी वाक्य में Let की जगह Please का प्रयोग कर हम अनुरोध सम्बन्धी अन्य वाक्य बना सकते हैं। अंग्रेजी भाषा में बातचीत में प्रवीण होने के लिए अनुरोध सम्बन्धी वाक्यों में प्रवीण होना आवश्यक है। यहाँ दैनिक बोलचाल में प्रयोग किये जाने वाले तीस से अधिक हिन्दी वाक्यों के अंग्रेजी रूपान्तर दिये गये हैं। इन वाक्यों को अच्छी तरह समझकर आप परिस्थति के अनुसार अन्य नये वाक्यों का प्रयोग कर सकते हैं।

आइए, काम की शुरुआत करें।	Let us start the work. लेट्स स्टार्ट द वर्क।
कृपया विलम्ब न करें।	Please don't be late. प्लीज़ डोंट बी लेट।
कृपया नियमों का पालन करें।	Please follow the rules. प्लीज़ फालो द रूल्स।
कृपया अतिथियों की सेवा करें।	Please attend to the guests. प्लीज़ अटेंड टु द गेस्ट्स।
कृपया मित्रों को सहयोग करें।	Please extend help to friends. प्लीज़ एक्सटेंड हेल्प टु फ्रेंड्स।
कृपया यहाँ हस्ताक्षर करें।	Please sign here. प्लीज़ साइन हिअर।
कृपया मेरी बातों का बुरा नहीं मानें।	Please don't mind my words. प्लीज़ डोंट माइन्ड माइ वर्ड्स।
कृपया एक ओर से जायें।	Please move aside. प्लीज़ मूव एसाइड।
कृपया बतायें आपकी घड़ी में कितने बजे हैं।	Please tell me the time by your watch. प्लीज़ टेल मी द टाइम बाई योर वाच।
कृपया काम पर ध्यान दें।	Please pay attention to your job. प्लीज़ पे अटेंशन टु योर जॉब।
कृपया थोड़ी देर के लिए मुझे अकेला छोड़ दें।	Please leave me alone for a while. प्लीज़ लीव मी अलोन फॉर ए ह्वाइल।
कृपया पुनः कोशिश करें।	Please try again. प्लीज़ ट्राई अगेन।

कृपया मेरे लिए थोड़ा वक्त निकालें।	Please spare some time for me. प्लीज़ स्पेअर सम टाइम फॉर मी।
कृपया यहाँ शोर मत मचायें।	Please don't make a noise here. प्लीज़ डोंट मेक अ नॉइज हिअर।
कृपया मुझे बोलने की अनुमति प्रदान करें।	Please allow me to say. प्लीज़ अलाउ मी टु से।
क्या आप मुझे रश्मि के घर का पता बता सकते हैं?	Can you tell me where Rashmi lives? कैन यू टेल मी ह्वेयर रश्मि लिव्स?
मेरी ओर से उनसे क्षमा माँग लेना।	Offer apology on my behalf. ऑफर अपॉलजी ऑन माइ बीहाफ।
कृपया धीमे बोलिये।	Please speak slowly. प्लीज़ स्पीक स्लोली।
मेरे लिए कोई सेवा बतायें।	Please tell me what can I do for you. प्लीज़ टेल मी ह्वाट कैन आइ डू फॉर यू।
मेरी बात ध्यानपूर्वक सुनिये।	Please listen to me carefully. प्लीज़ लिस्न टु मी केअरफुली।
कृपया एक गिलास पानी दीजिए।	Pleae give me a glass of water. प्लीज़ गिव मी अ ग्लास ऑफ वाटर।
आइए/आपका स्वागत है।	You are most welcome. यू आर मोस्ट वेलकम।
अंदर आने की कृपा करें।	Please come in. प्लीज़ कम इन।
कृपया काफी लीजिए।	Coffee please. कॉफी प्लीज़।
कृपया मुझे थोड़े दिनों की छुट्टी दें।	Please grant me leave for a few days. प्लीज़ ग्रांट मी लिव फॉर ए फ्यू डेज।
कृपया मुझे पाँच हजार रुपये उधार दें।	Please lend me five thousand rupees. प्लीज़ लेंड मी फाइव थाउजेंट रुपीज।
कृपया थोड़ी देर के लिए अपनी कार दें।	Please give me your car for a while. प्लीज़ गिव मी योर कार फॉर ए ह्वाइल।
कृपया मेरे दोस्त से मिलिए।	Please meet my friend. प्लीज़ मिट माइ फ्रेंड।
मैं आपके साथ चलूँ?	May I come with you? मे आइ कम विद यू?
क्या मैं एक टेलीफोन कर लूँ?	Can I make a call? कैन आइ मेक अ काल?
क्या मैं आपके मोबाइल का प्रयोग कर सकता हूँ?	May I use your mobile phone? मे आइ यूज योर मोबाइल फोन?
क्या मैं यहाँ धूम्रपान कर सकता हूँ?	May I smoke here? मे आई स्मोक हिअर?
क्या आप मुझे अपनी कार में लिफ्ट देंगे?	Will you please offer me a lift in your car? विल यू प्लीज़ ऑफर मी अ लिफ्ट इन योर कार?
क्या तुम मेरे साथ फिल्म देखने चलोगी?	Would you like to go to a movie with me? वुड यू लाइक टु गो टु अ मूवी विद मी?

कृपया मुझे सुबह जगा देना।	Please wake me up in the morning. प्लीज़ वेक मी अप इन द मोर्निंग।
कृपया नम्रतापूर्वक बात करें।	Please talk politely. प्लीज़ टाक् पोलाइटली।
कृपया मम्मी को स्टेशन तक छोड़ आइए।	Kindly drop mummy at the station. कांइडली ड्रॉप मम्मी एट द स्टेशन।
कृपया उन्हें दिल्ली का दर्शन करा दें।	Kindly take them out for Delhi visit. काइंडली टेक देम आउट फॉर डेल्ही विजिट।
कृपया पिछला हिसाब चेक कर लें।	Please check the previous account. प्लीज़ चेक द प्रिवियस अकाउंट।
कृपया डॉक्टर के आने का इंतजार करें।	Please wait for the doctor. प्लीज़ वेट फॉर द डॉक्टर।
कृपया जल्दी आयें।	Please come soon. प्लीज़ कम सून।
कृपया लाइट ऑन करें।	Please switch on the light. प्लीज़ स्विच ऑन द लाइट।
कृपया गाड़ी रोकिए।	Please stop the car. प्लीज़ स्टाप द कार।
कृपया बचे हुए रुपये रखें।	Please keep the balance amount. प्लीज़ कीप द बैलेंस अमाउंट।
कृपया गुस्सा मत कीजिए।	Please don't be angry. प्लीज़ डोंट बी एंग्री।
कृपया चाय लीजिए।	Please have tea. प्लीज़ हैव टी।
कृपया शांत रहिए।	Please maintain silence. प्लीज़ मेंटेन साइलेन्स।
कृपया लाइन पर रहें।	Please hold on. प्लीज़ होल्ड ऑन।
कृपया यह प्रश्न हल करें।	Please solve this problem. प्लीज़ सॉल्व दिस प्रॉबलम।
अपना स्थान ग्रहण कीजिए।	Please take your seat. प्लीज़ टेक होल्ड योर सीट।

स्मरणीय

पाठकों को सलाह दी जाती है कि वे उपर्युक्त पाठ में दिये गये Request (अनुरोध सम्बन्धी) अंग्रेजी रूपांतरों के हिन्दी अर्थ अच्छी तरह समझने के पश्चात् अपने मित्रों या सगे-सम्बन्धियों के साथ इन्हें बोलने का बार-बार अभ्यास करें। ऐसा करने से आपको अंग्रेजी भाषा की बोलचाल में प्रवीणता हासिल होगी।

वार्त्तालाप में भाव भंगिमा का महत्त्वपूर्ण स्थान है। अनुरोध सम्बन्धी वाक्यों को बोलने के दौरान आपका विनम्र बने रहना आवश्यक है। अनुरोध सम्बन्धी अधिकतर अंग्रेजी रूपांतरों में please, may, let, would, should या could का प्रयोग किया जाता है। इसके प्रयोग से व्यक्ति के शिष्ट स्वभाव का पता चलता है।

विस्मयादिबोधक वाक्य
(EXCLAMATORY SENTENCES)

अंग्रेजी भाषा में अलग-अलग मनोभावों को प्रकट करने का अपना ही तरीका है। इस पाठ में वार्त्तालाप के दौरान खुशी, हैरानी दु:ख, गुस्सा आदि मनोभावों वाले हिन्दी वाक्यों के अंग्रेजी रूपान्तर द्वारा इसके प्रयोग की आसान विधि के बारे में जानकारी दी गयी है, जैसे-

कितना अद्‌भुत दृश्य है। What a pleasant scene! ह्वाट ए प्लीजेंट सीन!

★ पाठक उपर्युक्त वाक्य में pleasant scene की जगह परिस्थिति के अनुसार दूसरे अंग्रेजी शब्द का प्रयोग कर नये वाक्य बना सकते हैं।

कितना अद्‌भुत दृश्य है!	What a pleasant scene! ह्वाट ए प्लीजेंट सीन!
कितने आश्चर्य की बात है!	What a surprise! ह्वाट अ सरप्राइज!
मुझे तो विश्वास ही नहीं हो रहा!	I cannot believe it! आई कैननॉट बिलीव इट!
प्रभु की माया!	God heavens! गॉड हैवन्स!
असम्भव सा सत्य!	Unbelievable but true! अनबिलीवएबल बट ट्रू!
क्या मुसीबत है!	What a bother! ह्वाट ए बॉदर!
मुझसे बात करने की आपकी हिम्मत कैसे हुई!	How dare you talk to me! हाउ डेयर यू टॉक टु मी!
कितनी शर्मनाक बात है!	What a shame! ह्वाट ए शेम!
कितना सुखद आश्चर्य है!	What a pleasant surprise! ह्वाट ए प्लीजेन्ट सरप्राइज!
सचमुच!	Really! रीअली!
क्या ऐसा वास्तव में संभव है!	Is it really possible! इज इट रीअली पासिबल!
मुझे विश्वास नहीं हो रहा!	How do I believe it! हाऊ डू आई बिलीव इट!
अद्‌भुत!	Splendid! स्प्लेन्डिड!
वाह क्या आइडिया है!	Wow! What an idea! वाव! ह्वॉट एन आइडिया!
कमाल कर दिया!	That's wonderful! दैटस वण्डरफुल!
धीरज रखिये!	Have patience! हैव पेशेन्स!
हम आपके साथ हैं!	We are with you. वी आर विद यू!
वाह! तुम जीत गये!	Wow! You have won! वाउ! यू हैव वॉन!
चिन्ता न करें!	Don't worry! डोंट वरी!
क्या बेहुदगी है!	What nonsense! ह्वाट नॉनसेंस!
कितनी अप्रिय बात है!	How disgusting! हाउ डिसगस्टिंग!

ध्यान दें!	Attention please! अटैन्शन प्लीज़!
चुप रहिए!	Keep quiet! कीप क्वाइट!
हे भगवान! यह क्या हो गया!	Oh God! what happened! ओह गाड! ह्वाट हैपेन्ड!
कितना भयानक!	How terrible! हाउ टेरिबल!
शाबाश! बहुत अच्छा किया।	Well done! वेल डन।
कितनी शानदार जीत है!	What a great victory! ह्वाट ए ग्रेट विक्टरी!
वाह!	Wow! वॉव!
कितना खूबसूरत दृश्य है!	What a beautiful scene! ह्वाट ए ब्यूटिफुल सीन!
कितनी खूबसूरत तारों भरी रात है!	What a beautiful starry night! ह्वाट ए ब्यूटीफुल स्टारी नाइट!
कितना सुन्दर वाक्य है!	What a nice line! ह्वाट ए नाइस लाइन!
कितनी मजेदार फिल्म थी!	What an interesting film! ह्वाट एन इन्टरेस्टिंग फिल्म!
कितनी खूबसूत झील है!	What a beautiful lake! ह्वाट अ ब्यूटीफुल लेक!
कितनी सुहावनी जगह है!	What a beautiful sight! ह्वाट अ ब्यूटीफुल साइट!
ऐसा अद्‌भुत दृश्य मैंने कभी नहीं देखा!	I have never seen such a beautiful scene! आइ हैव नेवर सीन सच अ ब्यूटीफुल सीन!
कितने अपमान की बात है!	How disgraceful! हाउ डिसग्रेसफुल!
मेरी बात सुनिये!	Listen to me. लिस्न टु मी।
कितना आनन्ददायक!	How pleasant! हाउ प्लीजेन्ट!
हाय!	Hi! हाय!

स्मरणीय

1. हिन्दी के वाक्यों में जहाँ अल्पविराम (,) या पूर्णविराम (।) लगाया जाता है। वहीं भावबोधक वाक्य (Exclamatory Sentences) में विस्मयादिबोधक चिह्न (!) का प्रयोग किया जाता है, जैसे–
   वास्तव में! Really!
   आश्चर्यजनक! Wonderful!
2. हर्ष, विषाद, क्रोध आदि भावों को प्रकट करने के लिए What, How आदि प्रश्नवाचक शब्दों का प्रयोग किया जाता है।
3. विस्मयादिबोधक वाक्य बोलते समय ध्वनि के उच्चारण में उपर्युक्त सभी भावों के अनुसार स्वर का प्रयोग करना चाहिए।

प्रश्नवाचक वाक्य
(INTERROGATIVE SENTENCES)

अंग्रेजी वार्त्तालाप में कुशल होने के लिए प्रश्न करने में कुशल होना आवश्यक है। यदि आप प्रश्न करने में कुशलता हासिल कर लेते हैं तो वार्त्तालाप को आगे बढ़ाने में अहम भूमिका निभा सकते हैं। अंग्रेजी में प्रश्न पूछने के कई तरीके हैं। यहाँ बतायी गयी विधि भी उन प्रचलित विधियों में से एक है। इस पाठ में प्रश्न पूछने के पचास से ज्यादा हिन्दी वाक्यों के अंग्रेजी रूपांतर दिये गये हैं। प्रत्येक अंग्रेजी वाक्य के नीचे हिन्दी में उसके उच्चारण की जानकारी दी गयी है, जैसे-

आप कौन हैं? Who are you? हू आर यू?

★ पाठक इन वाक्यों का निरंतर अभ्यास कर अपने दैनिक जीवन में इनका प्रयोग कर सकते हैं। इन वाक्यों का बहुत ही ध्यानपूर्वक अध्ययन करें।

आप कौन हैं?/ तुम कौन हो?	Who are you? हू आर यू?
तुम्हारे पिता क्या करते हैं?	What does your father do? वाट डज योर फादर डू?
तुम्हारे कितने-भाई बहन हैं?	How many brothers and sisters have you? हाउ मेनी ब्रदर्स एंड सिस्टर्स हैव यू?
तुम्हारा स्कूल यहाँ से कितनी दूर है?	How far is your school from here? हाउ फार इज योर स्कूल फ्रॉम हिअर?
तुम्हारे कॉलेज का प्रिंसीपल कौन है?	Who is the principal of your college? हू इज द प्रिंसीपल ऑफ योर कॉलेज?
यहाँ का सबसे बड़ा अधिकारी कौन है?	Who is the senior most officer here? हू इज द सीनियर मोस्ट ऑफिसर हिअर?
मैं आपसे कितने बजे मिल सकता हूँ?	At what time can I meet you? एट ह्वाट टाइम आइ कैन मीट यू?
क्या तुम मुझे साफ सुन रहे हो?	Are you listening to me clearly? .आर यू लिस्निंग टु मी क्लीयरली?
तुम्हारा मकान मालिक कौन है?	Who is your landlord? हू इज योर लेंडलॉर्ड?
क्या आप कल आयेंगे?	Will you come tomorrow? विल यू कम टूमॉरो?
क्या तुम/आप जोधपुर जाओगे?	Will you go to Jodhpur? विल यू गो टु जोधपुर?
क्या तुम्हारे पापा सो गये हैं?	Has your father gone to sleep? हैज योर फादर गॉन टु स्लीप?
तुम प्रतिदिन कितने बजे उठते हो?	At what time do you get up? एट ह्वाट टाइम डू यू गेट अप?
क्या यह कार आपकी है?	Is this your car? इज दिस योर कार?

क्या तुम्हें पता है, वहाँ कौन रहता है?	Do you know, who lives there? डू यू नो, हू लिव्स देअर?
तुम्हारी उम्र कितनी है?	How old you are? हाउ ओल्ड यू आर?
तुम कौन सी कक्षा में पढ़ते हो?	In which class do you read? इन ह्विच क्लास डू यू रीड?
आप किससे बातें कर रहे हैं?	Whom are you talking to? हूम आर यू टाकिंग टु?
आपका सबसे अच्छा मित्र कौन है?	Who is your best friend. हू इज योर बेस्ट फ्रेंड?
अब हम लोग कहाँ जायेंगे?	Where will we go now? ह्वेअर विल वी गो नाउ?
क्या मैं कल आपसे मिलने आ सकता हूँ?	Can I come to meet you tomorrow? कैन आइ कम टु मीट यू टूमॉरो?
क्या आज कोई मरीज नहीं आया?	Did no patient come today? डिड नो पेशेन्ट कम टूडे?
तुम्हारे घर आज कौन आ रहा है?	Who is coming to your home today? हू इज कमिंग टु योर होम टूडे?
क्या वहाँ वर्षा हो रही है?	Is it raining there? इज इट रेनिंग देयर?
क्या तुम उसे पंसद करते हो?	Do you like her? डू यू लाइक हर?
क्या वह प्रतिदिन आता है?	Does he come everyday? डज ही कम एवरीडे?
क्या वह आ गया?	Did he come? डिड ही कम?
क्या सीता ऑफिस चली गई?	Did Seeta go to the office? डिड सीता गो टु द ऑफिस?
क्या कोई कल मुझसे मिलने आया था?	Did anybody come to meet me yesterday? डिड ऐनीबॅडि कम टु मीट मी ऐस्टरडे?
इस घटना के बारे में तुम्हारी क्या राय है?	What is your opinion about this incident? ह्वाट इज योर ओपीनियन अबाउट दिस इन्सीडेंट?
तुम बाजार से कब लौटोगे?	When will you return from the market? ह्वेन विल यू रिटर्न फ्रॉम द मार्केट?

स्मरणीय

1. सामान्यतौर पर Helping Verb – is, am, are, was, were, had, will, would, shall, should आदि को वाक्य के आरम्भ में प्रयोग कर अंग्रेजी के प्रश्नवाचक वाक्य बनाते हैं।
2. 'Wh' words से आरम्भ हुए प्रश्नवाचक शब्दों के अर्थ निम्नलिखित हैं–
   What – क्या, Who – कौन, Which – किसका/किसकी, कौन-सा, Where – कहाँ, Why – क्यों, Whose – किसका।
3. Who का प्रयोग मनुष्यों के लिए होता है और Which का प्रयोग पशुओं अथवा बेजान वस्तुओं के लिए किया जाता है।

नकारात्मक वाक्य
(NEGATIVE SENTENCES)

सामान्यतौर पर वार्त्तालाप के दौरान हमें कभी-कभी नकारात्मक वाक्यों की आवश्यकता पड़ती है। इस पाठ में सामान्य वार्त्तालाप के दौरान प्रयोग होने वाले पचास से अधिक नकारात्मक हिन्दी वाक्यों के अंग्रेजी रूपांतर की जानकारी दी गयी है। प्रत्येक अंग्रेजी वाक्य के साथ उसके उच्चारण की भी जानकारी दी गयी है। इन वाक्यों का बार-बार अभ्यास करने से आप अंग्रेजी में नकारात्मक वाक्यों का अच्छी तरह प्रयोग करना सीख जायेंगे, जैसे-

रसोई में चाकू नहीं है। There is no knife in the kitchen. देअर इज नो नाइफ इन द किचन।

☆ उपर्युक्त वाक्य में चाकू की जगह किसी दूसरी वस्तु के नाम का उपयोग कर आप आसानी से दूसरा वाक्य बना सकते हैं।

सुनिधि अंग्रेजी बोलना नहीं जानती है।	Sunidhi does not know how to speak English. सुनिधि डज नॉट नो हाउ टु स्पीक इंगलिश।
डॉक्टर क्लीनिक में नहीं है।	The doctor is not in the clinic. द डॉक्टर इज नॉट इन द क्लीनिक।
मैं यह काम नहीं कर सकता।	I cannot do this. आइ कैननॉट डू दिस।
आज छुट्टी का दिन नहीं है।	Today is not a holiday. टूडे इज नॉट ए होली डे।
उसने कालीदास को नहीं पढ़ा है।	He has not read the Kalidas. ही हैज नॉट रेड द कालीदास।
उसकी तबियत ठीक नहीं है।	He is not well. ही इज नॉट वेल।
हरि के पास अच्छे कपड़े नहीं हैं।	Hari doesn't have good clothes. हरि डज नॉट हैव गुड क्लाथ्स।
मैं बस में नहीं जाऊँगा।	I will not go by bus. आइ विल नॉट गो बाइ बस।
अशोक कल दिल्ली में नहीं था।	Ashok was not in Delhi yesterday. अशोक वाज नॉट इन डेल्ही यस्टरडे।
सूरज सच नहीं बोल रहा है।	Suraj is not telling the truth. सूरज इज नॉट टेलिंग द ट्रूथ।
मैं वहाँ नहीं जाना चाहता हूँ।	I don't want to go there. आइ डोंट वांट टु गो देअर।
रश्मि चाय नहीं पीती है।	Rashmi does not like to drink tea. रश्मि डज नॉट लाइक टु ड्रिंक टी।
सुमित भूखा नहीं था।	Sumit was not hungry. सुमित वाज नॉट हंग्री।
स्वाति को रुपयों की जरूरत नहीं है।	Swati does not need money. स्वाति डज नॉट नीड ऑफ मनी।

मुझे अच्छी तरह जानकारी है कि वह कल स्कूल नहीं आयेगा।	I know very well that he will not come to school tomorrow. आइ नो वेरी वेल दैट ही विल नॉट कम टु स्कूल टुमॉरो।
मेरा कोई दोस्त नहीं है।	I have no friend. आइ हैव नो फ्रेंड।
मेरी फिल्म देखने की इच्छा नहीं है।	I am not interested in watching the movie. आइ एम नॉट इंटरेस्टेड इन वाचिंग द मूवी।
वह मेरा बड़ा भाई नहीं है।	He is not my elder brother. ही इज नॉट माइ इल्डर ब्रदर।
वह तुम्हें रुपये उधार नहीं देगा।	He will not lend you money. ही विल नॉट लेंड यू मनी।
मुझे क्रिकेट खेलना नहीं आता।	I do not know how to play cricket. आई डोंट नो हाऊ टु प्ले क्रिकेट।
तुम्हें यह सब करने की जरूरत नहीं है।	You don't have any need to do this. यू डोंट हैव एनी नीड टु डू दिस।
वह तुम्हें प्यार नहीं करती।	She does not love you. शी डज नॉट लव यू।
उसे चाय बनाना नहीं आता।	She does not know how to make tea. शी डज नॉट नो हाउ टु मेक टी।
मेरे पैरों में दर्द नहीं है।	I have no pain in my leg. आइ हैव नो पेन इन माइ लेग।
मुझे प्यास नहीं लगी।	I am not thirsty. आइ एम नॉट थ्रस्टी।
यह काम मुश्किल नहीं है।	This is not a difficult work. दिस इज नॉट अ डिफिकल्ट वर्क।
मुझे कोई एतराज नहीं है।	I have no objeciton. आइ हैव नो ऑब्जेक्शन।
मेरा काम खत्म नहीं हुआ है।	My work is not finished yet. माइ वर्क इज नॉट फीनिस्ड ऐट।
यह नहीं हो सकता।	It is not possible. इट इज नॉट पॉसिबल।

स्मरणीय

यहाँ पर हमने दैनिक जीवन में कामकाज के दौरान प्रयोग किये जाने वाले Negative Sentences (नकारात्मक वाक्यों) के बारे में बताया है। सामान्य तथा सकारात्मक वाक्यों (Assertive Sentences) को नकारात्मक बनाने के लिए अंग्रेजी वाक्य में do, did, is, are, was, were, has, have, had, will, would, shall आदि Helping Verbs (सहायक क्रियाओं) के साथ not जोड़ा जाता है। इनका सावधानीपूर्वक अभ्यास करें।

ऑफिस सम्बन्धी वाक्य
(OFFICIAL SENTENCES)

इस पाठ में ऑफिस से सम्बन्धित सामान्य वार्त्तालाप के दौरान प्रयोग होने वाले हिन्दी वाक्यों के अंग्रेजी रूपान्तर की जानकारी दी गयी है। प्रत्येक अंग्रेजी वाक्य के साथ उसके उच्चारण की भी जानकारी दी गयी है। इन वाक्यों का अच्छी तरह अभ्यास करने के पश्चात् आप उन्हें अपने ऑफिस में प्रयोग कर सकते हैं, जैसे-

मुझे कंपनी के डायरेक्टर से मिलना है। I want to meet the director of the company. आइ वांट टु मिट द डायरेक्टर ऑफ द कम्पनी।

★ उपर्युक्त वाक्य में डायरेक्टर की जगह परिस्थिति के अनुसार किसी दूसरे पद अथवा ओहदे का प्रयोग कर अंग्रेजी में दूसरा वाक्य बना सकते हैं।

मुझे कंपनी के डायरेक्टर से मिलना है।	I want to meet the director of the company. आइ वांट टु मिट द डायरेक्टर ऑफ द कम्पनी।
क्या मेरे लिए कोई फोन आया है?	Was there any phone call for me? वाज देयर एनी फोन कॉल फॉर मी?
आप यहाँ किस पद पर कार्य करते हैं?	In which post do you work here? इन विच पोस्ट डू यू वर्क हीअर?
लेटर जल्दी टाइप करें।	Type the letter quickly. टाइप द लेटर, क्विकली।
इस विषय पर आज कोई चर्चा नहीं हुई।	There was no discussion on this subject. देयर वाज नो डिस्कशन ऑन दिस सब्जेक्ट।
बॉस ने सुधा को चेतावनी दी है।	Boss has warned Sudha. बॉस हैज वार्न्ड सुधा।
आजकल दफ्तर में काम का दबाव ज्यादा है।	There is too much pressure of work in the office these days. देयर इज टु मच प्रेशर ऑफ वर्क इन द ऑफिस दीज डेज।
मैं आपकी हिदायत का ख्याल रखूँगा।	I will take proper care of you. आइ विल टेक प्रॉपर केअर ऑफ यू।
इस ऑफिस के सभी कर्मचारी मृदुभाषी हैं।	Almost all staff in this office are soft-spoken. आलमोस्ट आल स्टाफ इन दिस ऑफिस आर सॉफ्ट- स्पोकन।
बॉस अनुशासनप्रिय व्यक्ति हैं।	Boss is a disciplinarian person. बॉस इज ए डिसिप्लिनेरियन पर्सन।

मैं आपकी बात समझ गया।	I have understood your point. आइ हैव अंडरस्टूड योर प्वाइंट।
मैं आपका बड़ा आभारी हूँ।	I am greatly obliged. आइ एम ग्रेटली अब्लाइज्ड।
मेरी मेज साफ कर दो।	Please dust my table. प्लीज़ डस्ट माइ टेबल।
आज वह देर से ऑफिस आयेगा।	He will come late to the office today. ही विल कम लेट टु द ऑफिस टूडे।
चपरासी चार दिनों से काम पर नहीं आ रहा है।	The peon has not been coming to the duty since last four days. द प्यून हैज नॉट बीन कमिंग ऑन ड्यूटी सिन्स लास्ट फोर डेज।
सौरभ सात दिनों से टूर पर गया है।	Saurav is on tour since last seven days. सौरव इज ऑन टूर सिन्स लास्ट सेवन डेज।
इस बैंक की कार्य अवधि क्या है?	What is the working hour of this bank? वाट इज द वर्किंग आवर ऑफ दिस बैंक?
सोनिया इस ऑफिस में रिसेप्शनिस्ट है।	Sonia is a receptionist of the office. सोनिया इज रिसेप्शनिस्ट ऑफ द ऑफिस।
फैक्टरी की कार्यविधि कितने घंटे है।	What is the working hour of this factory? ह्वाट इज द वर्किंग ऑवर ऑफ दिस फैक्टरी?

स्मरणीय

1. ऑफिस में वार्त्तालाप के दौरान इस बात का ध्यान रखना विशेषतौर पर आवश्यक है कि वार्त्तालाप किन दो व्यक्तियों के बीच हो रहा है।
2. पाठकों को सलाह दी जाती है कि वे उपर्युक्त पाठ में दिये गये अंग्रेजी रूपांतरों के हिन्दी अर्थ समझकर ही इसे वार्त्तालाप के दौरान प्रयोग करें।
3. नियम रटकर न तो अंग्रेजी बोली जा सकती है और न ही लिखी जा सकती है। अंग्रेजी में वार्त्तालाप करने के लिए आपको इसका निरंतर अभ्यास करना होगा।

बधाई सम्बन्धित वाक्य (CONGRATULATIONS)

हमें अपने दैनिक जीवन में कभी न कभी बधाई सम्बन्धी वाक्यों को बोलने की आवश्यकता पड़ती है। यहाँ हम हिन्दी वाक्यों के माध्यम से अंग्रेजी भाषा में बधाई या शुभकामना की जानकारी दे रहे हैं। इन वाक्यों का अध्ययन करने के पश्चात् आप अपने दैनिक जीवन में अलग-अलग परिस्थितियों के अनुरूप बधाई सम्बन्धी वाक्यों का प्रयोग कर सकते हैं, जैसे-

जन्मदिन मुबारक हो! Happy Birthday to You! हैप्पी बर्थ डे टु यू।

★ उपर्युक्त वाक्यों में Birthday की जगह अलग-अलग परिस्थितियों के अनुसार शब्दों का प्रयोग कर अंग्रेजी के नये वाक्य आसानी से बनाये जा सकते हैं। इन वाक्यों का अधिक से अधिक अभ्यास आपके आत्मविश्वास में सहायक सिद्ध होगा।

जन्मदिन मुबारक हो!	Happy Birthday to You! हैप्पी बर्थ डे टु यू!
शादी की पच्चीसवीं सालगिरह मुबारक हो!	Happy silver marriage anniversary to you. हैप्पी सिल्वर मैरिज एनिवर्सरी टू यू!
शुभ दशहरा!	Happy Dashehra! हैप्पी दशहरा!
शुभ दीपावली!	Happy Deepawali! हैप्पी दीपावली!
होली मुबारक हो!	Happy Holi! हैप्पी होली!
ईद मुबारक!	Happy Eid! हैप्पी ईद!
'बड़ा दिन' मुबारक हो!	Happy Christmas! हैप्पी क्रिसमस!
ईश्वर करें यह शुभ दिन बार-बार आये!	Many happy returns of the day! मैनी हैप्पी रिटर्न्स ऑफ द डे!
नववर्ष मंगलमय हो!	Happy New Year! हैप्पी न्यू इयर!
नववर्ष की शुभकामनाएँ!	Happy New Year! हैप्पी न्यू इयर!
नूतन वर्ष अभिनन्दन!	Warm wishes for the New Year! वार्म विशेज फॉर द न्यू इयर!
सभी मित्रों की तरफ से आपको हार्दिक बधाई!	Greetings to you on behalf of all friends! ग्रीटिंग टु यू ऑन बीहाफ ऑफ ऑल फ्रेंड्स!
पदोन्नति होने पर आपको हार्दिक बधाई!	Congratulations on your promotion! कांग्रेच्युलेशन्स ऑन योर प्रमोशन!
आपकी सफलता पर बधाई!	Congratulations on your success! कांग्रेच्युलेशन ऑन योर सक्सेस!
खुशी के मौके पर आप सबका स्वागत है!	Warm welcome to all of you on this happy occasion. वार्म वेलकम टु आल ऑफ यू ऑन दिस हैप्पी ओकेजन।

आपको जन्मदिन की शुभकामनायें!	Best wishes on the occasion of your birthday! बेस्ट विशेज ऑन दी ओकेजन ऑफ योर बर्थडे!
मेरी बधाई स्वीकार करें।	Please accept my best wishes. प्लीज़ एकसेप्ट माइ बेस्ट विशेज।
साब! मैं अपने दोस्तों की तरफ से आपका अभिनंदन कर रहा हूँ।	Sir, I am greeting you on behalf of all my friends. सर, आइ एम ग्रीटिंग यू ऑन बीहाफऑफ आल माइ फ्रेंड्स।
मुझे विश्वास है कि आप उन्नति के शिखर पर अवश्य पहुँचेगे।	I am sure you will reach the pinnacle of success one day. आइ एम श्योर यू विल रिच द पिनकल ऑफ सक्सेज वनडे।
आपको देखकर बहुत खुशी हुई है।	I am pleased to meet you. आइ एम प्लीज्ड टु मीट यू।

स्मरणीय

1. बधाई के वाक्यों का उच्चारण करते समय हमें उत्साहपूर्वक मुस्कराते हुए बधाई के वाक्य बोलना चाहिए।
2. यदि आप भावरहित होकर बधाई के वाक्यों का प्रयोग करेंगे तो बधाई देने का उद्देश्य अधूरा रह जाएगा।
3. ऐसे वाक्यों के अन्त में विस्मयादिबोधक का चिह्न लगा होता है।

आज्ञा/निर्देश सम्बन्धित वाक्य
(ORDER/INSTRUCTION)

हमें अपने दैनिक जीवन में प्रतिदिन आदेश सम्बन्धी वाक्यों की आवश्यकता पड़ती है। कथनात्मक और प्रश्नात्मक वाक्यों के पश्चात् आदेश सम्बन्धी वाक्य सबसे अधिक महत्त्वपूर्ण हैं। इस पाठ में हिन्दी वाक्यों के माध्यम से आदेश सम्बन्धी अंग्रेजी वाक्यों की जानकारी दी गयी है। प्रत्येक अंग्रेजी वाक्य के साथ उसके उच्चारण की भी जानकारी दी गयी है। आम बोलचाल में प्रयुक्त होने वाले तीस से अधिक आदेश सम्बन्धित वाक्य दिये गये हैं, जैसे–

संभल कर चलो। Walk carefully. वॉक केअरफुली।

★ उपर्युक्त वाक्य में carefully की जगह दूसरे शब्द का प्रयोग कर नये वाक्य बना सकते हैं।

सारा हिसाब जोड़ लो।	Check the accounts. चेक द अकांउट्स।
सारा को टैक्सी स्टैण्ड तक छोड़ आओ।	Please drop Sara at the taxi stand. प्लीज़ ड्रॉप सारा एट द टैक्सी स्टैंड।
अपना काम करो।	Do your work. डू योर वर्क।
बाईं ओर चलो।	Keep to the left. कीप टु द लेफ्ट।
कार धीमे चलाओ।	Drive slow. ड्राइव स्लो।
नम्रतापूर्वक बातें करो।	Be polite. बी पोलाइट।
शराब मत पिओ।	Don't consume alcohol. डोंट कन्स्यूम अल्कोहल।
धूम्रपान मत करो।	Don't smoke. डोंट स्मोक।
सब कुछ तैयार रखना।	Keep everything ready. कीप एवरीथिंग रेडी।
मुझे एक गिलास गर्म दूध दो।	Give me a glass of hot milk. गिव मी अ ग्लास ऑफ हॉट मिल्क।
गर्म चाय धीमे-धीमे पियो।	Sip the hot tea slowly. सिप द हॉट टी स्लोली।
अपने आप को सुधारो।	Mind yourself. माइंड योरसेल्फ।
संभलकर चलो।	Walk carefully. वॉक केअरफुली।
मुझे प्रातः चार बजे जगा देना।	Wake up me at 4 O'clock in the morning. वेक अप मी एट फोर ओ क्लाक इन द मार्निंग।
ऐसी बातें मत करो।	Don't say like this. डोंट से लाइक दिस।
तुम वहीं रहना।	You stay there. यू स्टे देअर।
मैं जब तक न आऊँ, तुम मेरा इंतजार करना।	Wait for me until I come back. वेट फॉर मी अंटिल आइ कम बैक।

जरा सब्र करो।	Have patience. हैव पेशेन्स।
अच्छे वक्त का इंतजार करो।	Hope for good times. होप फॉर गुड टाइम्स।
शीघ्र आओ।	Come soon. कम सून।
अपना जवाब लिखकर दो।	Tender your reply in writing. टेंडर योर रिप्लाइ इन राइटिंग।
बच्चों का ध्यान रखना।	Take care of children. टेक केअर ऑफ द चिल्ड्रेन।
मरीज की निगरानी रखना।	Look after the patient. लुक आफ्टर द पेशेंट।
फिर कभी मिलना।	Let's meet again. लेट्स मीट अगेन।
पर्दा गिरा दो।	Draw the curtain. ड्रा द कर्टन।
दरवाजा खोल दो।	Open the door. ओपन द डोर।
यह बात मुझे समय पर याद दिलाना।	Remind me about this at appropriate time. रीमाइंड मी अबाउट दिस एट एप्रोप्रियट टाइम।
मुझे कल इसकी याद दिलाना।	Remind me about this tomorrow. रीमाइंड मी अबाउट दिस टुमॉरो।
बाद में आना।	Come later. कम लैटर।
सदा सच बोलो	Always speak the truth. आलवेज स्पीक द ट्रुथ।
झूठ मत बोलो	Don't tell a lie. डोंट टेल अ लाइ।
तैयार रहना।	Be ready. बी रेडी।
बिजली जला दो।	Put on the light. पुट ऑन द लाइट।
देर मत करो।	Don't delay. डोंट डिले।
दूसरों की नकल मत करो।	Don't copy others. डोंट कॉपी अदर्स।
मुझे खबर देना मत भूलना।	Don't forget to inform me. डोंट फॉरगेट टु इन्फार्म मी।
चिट्ठी पोस्ट कर दो।	Post the letter. पोस्ट द लेटर।

स्मरणीय

प्रस्तुत पाठ में Order/Instruction (आज्ञा/निर्देश) के वाक्य दिये गये हैं, जिनका Daily Life (दैनिक जीवन) में बहुतायत प्रयोग होता है। उपर्युक्त अंग्रेजी वाक्यों के हिन्दी अर्थ समझकर अपने Friends (मित्रों) या Relatives (सगे-सम्बन्धियों) के साथ इन्हें बोलने का अभ्यास कर, Speaking (बोलचाल) में प्रवीणता लायें।

प्रोत्साहन सम्बन्धित वाक्य
(ENCOURAGEMENT)

दैनिक जीवन में किसी को प्रोत्साहित करना आपस के वार्त्तालाप का एक हिस्सा है। इस पाठ में प्रोत्साहन से सम्बन्धित हिन्दी वाक्यों के माध्यम से अंग्रेजी वाक्यों की जानकारी दी गयी है। प्रत्येक अंग्रेजी वाक्य के साथ उसके हिन्दी उच्चारण की भी जानकारी दी गयी है, जैसे–

मुझे तुम पर गर्व है। I am proud of you. आइ एम प्राउड ऑफ यू।

★ पाठकों को सलाह दी जाती है कि समय और परिस्थिति के अनुसार उपर्युक्त अंग्रेजी वाक्य की जगह दूसरे वाक्यों का प्रयोग करें।

हिचकिचाओ नहीं/मत।	Don't hesitate. डोंट हेजिटेट।
कोई बात नहीं।	Doesn't matter. डज नॉट मैटर।
मेरी चिन्ता मत करो।	Don't worry for me. डोंट वरी फॉर मी।
जिस चीज की जरूरत हो वह ले जाओ।	You may borrow things you need. यू मे बारो थिंग्स यू नीड।
फिक्र करने की कोई बात नहीं है।	Don't worry. डोंट वरी।
विश्वास रखो।	Have faith. हैव फेथ।
बच्चों की तरह मत रोओ।	Don't cry like a child. डोंट क्राइ लाइक अ चाइल्ड।
कोई कठिनाई हो तो मुझे बताओ।	Tell me if you face any problem. टेल मी इफ यू फेस एनी प्रॉब्लम।
मुझे तुम पर गर्व है।	I am proud of you. आइ एम प्राउड ऑफ यू।
तुम बेकार में परेशान हो रहे हो।	You are unnecessarily worrying. यू आर अननेसेसरिली वरीइंग।
तुमने बहुत साहस का काम किया है।	Bravado! You have done a great job. ब्रेवेडो! यू हैव डन अ ग्रेट जॉब।
शाबाश!	Well done! वेल डन!
रीता का काम तारीफ के काबिल है।	Rita's work is commendable. रीताज वर्क इज कमेन्डेबल।
तुम कितने अच्छे हो।	How nice of you. हाउ नाइस ऑफ यू।
तुमने मेरी बड़ी सहायता की है।	You have helped me a lot. यू हैव हेल्पड मी ए लॉट।
विश्वास रखिए।	Rest assured. रेस्ट अश्योर्ड।
तुम्हें चिंता किस बात की है?	What's bothering you? वाटस बॉदरिंग यू?

डरो मत।	Don't be scared. डोन्ट बी स्कअर्ड।
मुझे इसकी परवाह नहीं।	I am not bothered about it. आइ एम नॉट बॉदर्ड अबाउट इट।
जिस चीज की जरूरत पड़े वह ले लेना।	Take whatever you need. टेक वॉटेवर यू नीड।
चिंता न करें, हम आपके साथ हैं।	Dont't worry, I am with you. डोंट वरी, आइ एम विद यू।
हिचकिचाएँ नहीं मुझे बतायें।	Don't hesitate, tell me. डोंट हेजिटेट, टेल मी।
तुम यह कर सकते हो।	You can do it. यू कैन डू इट।
ईश्वर उनकी सहायता करता है, जो स्वयं अपनी सहायता करते हैं।	God help those who help themselves. गॉड हेल्प दोज हू हेल्प देमसेल्व्ज।

स्मरणीय

उपर्युक्त पाठ में Encouragement (प्रोत्साहन) से सम्बन्धित वाक्य दिये गये हैं, जिनका आज के दैनिक जीवन में उचित समय पर प्रयोग होता है। आप अंग्रेजी रूपांतरों के हिन्दी अर्थ समझकर अपने मित्रों अथवा रिश्तेदारों के साथ इन्हें बोलने का निरंतर अभ्यास करें। इन वाक्यों को निरंतर अभ्यास करने से आपके आत्मविश्वास में अवश्य वृद्धि होगी।

सांत्वना सम्बन्धित वाक्य
(CONSOLATION)

हमें अपने दैनिक जीवन में कभी न कभी किसी मित्र या सगे-सम्बन्धियों के दु:ख की बेला में सांत्वना व्यक्त करने की आवश्यकता पड़ती है। इस पाठ में हिन्दी वाक्यों के माध्यम से सांत्वना सम्बन्धी अंग्रेजी वाक्यों की जानकारी दी गयी है। प्रत्येक अंग्रेजी वाक्य के साथ उसके उच्चारण की भी जानकारी दी गयी है, जैसे–

मेरी सहानुभूति आपके साथ है। My sympathy with you. माइ सिम्पैथी विद यू।

★ पाठक उपर्युक्त वाक्य की जगह समय और परिस्थिति के अनुसार सांत्वना व्यक्त करने वाले दूसरे वाक्यों का प्रयोग कर सकते हैं।

बड़े अफसोस की बात है।	It is very sad. इट इज वेरी सैड।
ईश्वर को यही मंजूर था।	It was God's will. इट वाज गाड्स विल।
भगवान पर भरोसा रखो, संकट टल जाएगा।	Trust God! Hard time will pass. ट्रस्ट गॉड हार्ड टाइम विल पास।
ईश्वर तुम्हें इस संकट से उबरने की शक्ति दे।	May God give you strength to overcome this difficult time. मे गाड गिव यू स्ट्रेंथ टु ओवर कम दिस डिफीकल्ट टाइम।
आपके पिता के देहांत पर हम दु:खी हैं।	We are deeply grieved at the death of your father. वी आर डीपली ग्रीव्ड एट द डेथ ऑफ योर फादर।
संसार का यही नियम है।	This is the way the world moves. दिस इज द वे द वर्ल्ड मुव्स्।
इस दु:खद घड़ी में हम सभी आपके प्रति अपनी संवेदना प्रकट करते हैं।	We offer our heartfelt condolences to you at this juncture. वी ऑफर अवर हर्ट फेल्ट कन्डोलेंसिज टु यू एट दिस जंक्चर।
बड़ी दु:खद घटना है।	It is very sad news. इट इज वेरी सैड न्यूज।
हिम्मत नहीं हारें।	Please don't lose heart. प्लीज़ डोंट लुज हार्ट।
आपकी असफलता पर अफसोस है।	I am sorry for your failure. आइ एम सॉरी फॉर योर फेल्योर।
हम आपके साथ हैं।	We all are with you. वी ऑल आर विद यू।
मेरी सहानुभूति आपके साथ है।	My sympathy with you. माइ सिम्पैथी विद यू।

यह सुनकर मुझे बड़ा दुःख हुआ।	I felt sorry to hear this. आइ फेल्ट सॉरी टु हीअर दिस।
ईश्वर इस क्षति को सहन करने की शक्ति प्रदान करें।	May God give you strength to bear this loss. मे गॉड गिव यू स्ट्रेंग्थ टू बेर दिस लॉस।
उन्हें सांत्वना दो।	Consol him/her. कन्सोल हिम/हर।
जिस कष्ट को इलाज नहीं हो सकता, उसे सहना ही पड़ता है।	What cannot be cured must be endured. वॉट कैननाट बी क्योर्ड मस्ट बी एन्ड्योर्ड।
ईश्वर पर भरोसा रखो संकट टल जाएगा।	Have faith in God, misfortune will pass. हैव फेथ इन गॉड, मिस्फॉर्च्यून विल पास।

स्मरणीय

1. पाठकों को सलाह दी जाती है कि वे किसी के दुःख में शामिल होते समय Consolation (सांत्वना) सम्बन्धी अंग्रेजी वाक्यों का प्रयोग करें। उस समय आपकी भाव-भंगिमा गंभीर होनी चाहिए। जिससे पीड़ित व्यक्ति को महसूस हो कि आप उसके दुःख में सचमुच सहभागी हैं।
2. सांत्वना प्रकट करने वाले ये शब्द परस्पर सम्बन्धों को और भी मजबूत और दृढ़ बनाते हैं।

प्रशंसा सम्बन्धित वाक्य
(PRAISE)

हमारे दैनिक जीवन में कोई न कोई ऐसा अवसर अवश्य आता है, जब हम अपने मित्रों, परिवार के सदस्यों, सगे-सम्बन्धियों या कई बार अपरिचित व्यक्ति के भी सराहनीय कार्यों के लिए उनकी प्रशंसा करते हैं। इस पाठ में हिन्दी वाक्यों के माध्यम से प्रशंसा सम्बन्धी अंग्रेजी रूपांतरों की जानकारी दी गयी है। प्रत्येक अंग्रेजी वाक्यों के साथ उनके सटीक उच्चारण की जानकारी भी दी गयी है, जैसे-

तुम कितने अच्छे आदमी हो। How nice a person are you? हाउ नाइस अ पर्सन आर यू?

★ पाठक उपर्युक्त वाक्य की जगह समय और परिस्थिति के अनुसार प्रशंसा सम्बन्धी दूसरे वाक्यों की रचना कर सकते हैं।

आपने अच्छा किया।	You did a good job. यू डिड अ गुड जॉब।
वह अच्छा है।	He is fine. ही इज फाइन।
वह दृश्य देखकर मैं खुश हुआ।	I felt happy looking at that. आइ फेल्ट हैप्पी लुकिंग एट दैट।
तुम सच बोलते हो।	Do you tell the truth. डू यू टेल द ट्रुथ।
तुम कितने अच्छे आदमी हो!	How nice a person are you! हाउ नाइस अ पर्सन आर यू!
वह औरत सुन्दर है।	She is a good-looking lady. शी इज अ गुड लुकिंग लेडी।
मुझे वह बहुत पसंद है।	I like him very much. आइ लाइक हिम वेरी मच।
आपने यह काम इतनी जल्दी कैसे कर दिया?	How could you do this job so fast? हाउ कुड यू डू दिस जॉब सो फास्ट?
आपने जो सेवा की उसे मैं जिंदगी भर याद करूँगा।	I will remain grateful to you for your service. आइ विल रिमेन ग्रेटफुल टु यू फॉर यूअर सर्विस।
आप जैसा कोई बात नहीं कर सकता है।	No one can talk the way you do. नो वन कैन टाक द वे यू डू।
भगवान की कृपा से आप मुझे मिल गये।	Thank God, I could meet you. थैंक गॉड आइ कुड मीट यू।
अच्छी तरह बात करने के लिये भी भगवान की कृपा चाहिए।	To talk well, you need God's grace. टु टाक वेल, यू नीड गॉड्स ग्रेस।

उस औरत के बाल कितने लंबे हैं?	How long hair that lady has? हाऊ लाँग हेअर दैट लेडी हैज?
तुम्हारे साथ बैठना कितना अच्छा है!	How nice it is to sit here with you! हाउ नाइस इट इज टु सिट हिअर विद यू!
वह कितनी मोहक है!	How charming she is! हाउ चार्मिंग शी इज!
उसकी आँखें कितनी सुंदर हैं!	What pretty eyes she has got! वाट प्रेटी आइज शी हैज गॉट!
यह कितना आकर्षक विचार है!	What a fascinating idea it is! वाट ए फैसिनेटिंग आइडिया इट इज!
मैं आपका एहसान मानता हूँ।	I acknowledge your obligation. आइ एकनॉलेज योर ओबलिगेशन।
मुझ पर आपका सदा आभार रहेगा।	I shall always be under your obligation. आइ शैल आलवेज बी अंडर योर ओबलिगेशन।
कितना शानदार प्रदर्शन है!	What a grand show! वॉट अ ग्रांड शो!
कितनी अच्छी सूझबूझ है!	What an idea! वॉट एन आइडिया!
बड़ी खुशी की बात है!	How joyful! हाउ जॉयफुल!
कितनी शानदार विजय है!	What a great victory! वॉट अ ग्रेट विक्ट्री
तुमने बड़े साहस का काम किया है।	That was very brave of you. दैट वाज वेरी ब्रेव ऑफ यू।
कमाल कर दिया।	That's wonderful. दैट्स वन्डरफुल।
तुम्हारा काम तारीफ के काबिल है।	Your work is praiseworthy. योर वर्क इज प्रेजवर्दी।
आपने मेरी बड़ी सहायता की।	You have been a great help to me. यू हैव बीन अ ग्रेट हेल्प टु मी।

स्मरणीय

1. पाठकों को सलाह दी जाती है कि वे उपर्युक्त Praise (प्रशंसा सम्बन्धी) अंग्रेजी वाक्यों के हिन्दी अर्थ समझकर अपने मित्रों या सगे-सम्बन्धियों के साथ इसे बोलने का अभ्यास करें। अंग्रेजी वाक्यों को बोलने का निरंतर अभ्यास करने से उनके आत्मविश्वास में वृद्धि होगी।
2. प्रशंसा से सम्बन्धित वाक्यों का उच्चारण धीमे स्वर में तथा मुस्कराकर करना चाहिए।

क्षमा याचना/खेद प्रदर्शन
(APOLOGY)

हमें अपने दैनिक जीवन में कई बार मित्रों या सगे-सम्बन्धियों की गलतियों या भूलों को क्षमा करने की भी आवश्यकता पड़ती है। इस पाठ में हिन्दी वाक्यों के माध्यम से क्षमा सम्बन्धी अंग्रेजी वाक्यों की जानकारी दी गयी है। प्रत्येक अंग्रेजी वाक्य के साथ उसके हिन्दी उच्चारण की भी जानकारी दी गयी है। जैसे–

मुझे माफ कर दें। I am sorry. आइ एम सॉरी।

★ पाठक उपर्युक्त वाक्य की तरह समय और परिस्थिति के अनुसार प्रशंसा सम्बन्धी दूसरे वाक्यों का प्रयोग कर सकते हैं।

मुझे माफ कर दें।	I am sorry. आइ एम सॉरी।
बेटे, मुझे दुःख है।	My son, I am sorry. माइ सन, आइ एम सॉरी।
श्रीमान् मुझे खेद है।	I am sorry, sir. आइ एम सॉरी, सर।
मुझे बहुत दुःख है।	I am really sorry. आइ एम रीअली सॉरी।
मम्मी, वास्तव में मुझे बहुत दुःख है।	Mummy, I am really very sorry. मम्मी, आइ एम रीअली वेरी सॉरी।
मेरी तरफ से उनसे माफी/क्षमा माँग लेना।	Beg pardon of them on my behalf. बेग पार्डन ऑफ देम ऑन माइ बिहाफ।
इस असुविधा के लिए मुझे खेद है।	I am sorry for this inconvenience. आइ एम सॉरी फॉर दिस इनकान्वीनिअंस।
मुझे वास्तव में बहुत दुःख है।	I am very sorry. आइ एम वेरी सॉरी।
आप बुरा न मानें।	Please don't mind. प्लीज़ डोंट माइंड।
मैं तो मजाक कर रहा था।	I was just joking. आइ वाज जस्ट जोकिंग।
मुझे माफ कीजिए, मैं समय पर नहीं आ सका।	I am sorry, I got late. आइ एम सॉरी, आइ गॉट लेट।
कोई गलती हो गई हो तो क्षमा करना।	Pardon me if I have erred somewhere. पार्डन मी इफ आइ हैव अर्ड समह्वेयर।
बीच में बोलने के लिए मुझे माफ करें।	I am sorry for interrupting you. आइ एम सॉरी फॉर इन्टरप्टिंग यू।
यह अनजाने में हुआ।	It was done unknowingly. इट वाज डन अननोइंगली।

माफ कीजिए, मैं आपको टेलीफोन नहीं कर सका।	Sorry, I could not call you. सॉरी, आइ कुड नॉट काल यू।
यह आपका दोष नहीं था।	It was not your fault. इट वाज नॉट योर फॉल्ट।
मुझे अफसोस है कि आपको इतनी देर तक मेरा इंतजार करना पड़ा।	I am sorry to have kept you waiting so long. आइ एम सॉरी टु हैव केप्ट यू वेटिंग सो लांग।
यह गलती से हो गया।	It was done by mistake. इट वाज डन बाइ मिस्टेक।
आप चिंता न करें, कोई हानि नहीं हुई।	Don't worry, no harm is done. डोंट वरी, नो हार्म इज डन।
वास्तव में तुम्हारी गलती नहीं थी।	Indeed it was not your fault. इन्डीड इट वाज नॉट योर फॉल्ट।
मैं तुम्हें कभी माफ नहीं करूँगी।	I will never forgive you. आइ विल नेवर फॉरगिव यू।
उसने यह बात मजाक में कहा था।	He said it light heartedly. ही सेड इट लाइट हार्टेडली।
क्षमा करें, मुझसे गलती हो गई।	Excuse me, I did mistake. एक्सक्यूज मी, आइ डिड मिस्टेक।
मुझे अफसोस है।	I am sorry. आइ एम सॉरी।
आप मेरी बातों का बुरा मत मानें।	Don't feel sorry for what I said. डोंट फील सॉरी फोर ह्वाट आइ सेड।

स्मरणीय

1. पाठकों को सलाह दी जाती है कि उपर्युक्त अंग्रेजी वाक्यों के हिन्दी अर्थ भलीभाँति समझकर प्रत्येक अंग्रेजी वाक्यों के साथ दिये गये हिन्दी उच्चारण का शुद्ध-शुद्ध उच्चारण करें। इन वाक्यों का बार-बार अभ्यास करने से आत्मविश्वास में वृद्धि होगी।
2. यदि कोई व्यक्ति आपसे क्षमा माँगता है अथवा खेद व्यक्त करता है, तो इस अवसर पर निम्न वाक्यों का प्रयोग करना उचित रहता है।
   a. चिंता न करें। Don't worry डोंट वरी।
   b. सब ठीक है। It's O.K. इट्स ओ.के।
3. क्षमा माँगते या क्षमा देते समय अपना स्वर विनम्र बनायें रखें।

साक्षात्कार सम्बन्धित वाक्य
(INTERVIEW)

करियर की तलाश में प्रत्येक व्यक्ति को जीवन में कभी न कभी Interview (साक्षात्कार) देने की आवश्यकता पड़ती है। इस पाठ में हिन्दी के माध्यम से साक्षात्कार सम्बन्धी वाक्यों की जानकारी दी गयी है। प्रत्येक अंग्रेजी वाक्य के साथ उसके उच्चारण की भी जानकारी दी गयी है। जैसे–

इन्टरव्यू कितने बजे प्रारम्भ होगा? When will the interview begin? व्हेन विल द इंटरव्यू बिगिन?

★ पाठक उपर्युक्त वाक्य की तरह अन्य वाक्यों का अभ्यास कर सकते हैं।

इन्टरव्यू कितने बजे प्रारम्भ होगा?	When will the interview begin? व्हेन विल द इंटरव्यू बिगिन?
क्या साक्षात्कार शुरू हो गया है?	Has the interview begun? हैज द इंटरव्यू बिगन?
मेरा नाम हर्षवर्धन है, अभी बुलाया तो नहीं।	I am Harshvardhan. Hope I have not been called in yet. आइ एम हर्षवर्धन, होप आइ हैव नॉट बीन काल्ड इन ऐट।
मैं इन्टरव्यू के लिए उपस्थित हूँ।	I am present for the interview. आइ एम प्रजेंट फॉर द इन्टरव्यू।
महाशय, क्या मैं अन्दर आ सकता हूँ?	Sir, may I come in? सर, मे आइ कम इन?
नमस्ते, महाशय मेरा नाम हर्षवर्धन है।	Good morning sir, my name is Harshvardhan. गुड मार्निंग सर, माइ नेम इज हर्षवर्धन।
मैंने डी.टी.पी. ऑपरेटर पद के लिए आवेदन किया है।	I have applied for the post of D.T.P. operator. आइ हैव अप्लाइड फॉर द पोस्ट ऑफ डी.टी.पी. ऑपरेटर।
मैंने एनआइआइटी दिल्ली से ट्रेनिंग ली है।	I got trained at NIIT Delhi. आइ गोट ट्रेन्ड एट एनआइआइटी डेल्ही।
मैंने ग्रेजुएशन किया है।	I am a graduate. आइ एम ए ग्रेजुएट।
मेरे विषय इतिहास और राजनीतिशास्त्र हैं।	My subjects are History and Political Science. माइ सब्जेक्ट्स आर हिस्ट्री एण्ड पोलिटिकल साइंस।
मुझे कम्प्यूटर में तीन साल का अनुभव है।	I have three years of experience in computer. आइ हैव थ्री यिअर्स ऑफ एक्सपीरियंस इन कम्प्यूटर।

मेरा शौक कला और संगीत है।	My hobby is art and music. माइ हॉबी इज आर्ट एण्ड म्यूजिक।
मुझे पढ़ाने में रुचि है।	I have interest in teaching. आइ हैव इंट्रेस्ट इन टीचिंग।
मैंने दिल्ली विश्वविद्यालय से एम.ए. किया है।	I have done M.A. from Delhi University. आइ हैव डन एम ए फ्रॉम डेल्ही यूनिवर्सिटी।
क्या मैं यहाँ बैठ सकता हूँ?	May I sit here? मे आइ सिट हिअर?
आपकी मदद के लिए धन्यवाद!	Thanks for your help! थैंक्स फॉर योर हेल्प!
मैं आपकी कैसे मदद कर सकता हूँ?	How can I help you? हाउ कैन आइ हेल्प यू?
क्या आपने वहाँ नौकरी छोड़ दी है?	Have you left the job? हैव यू लेफ्ट द जॉब?
जी नहीं, पर अब मैं नौकरी बदलना चाहता हूँ।	No, but I am looking for a chance now. नो, बट आइम लुकिंग फॉर अ चान्स नाऊ।
अब नौकरी क्यों बदलना चाहते हैं?	But, why are you looking for a chance. बट वाई आर यू लुकिंग फॉर अ चान्स?
आप कितने वेतन की आशा करते हैं?	What salary do you expect? वॉट सैलरी डू यू इक्सेक्ट?
क्या आप अंग्रेजी में बातचीत कर सकते हैं?	Can you communicate in English? कैन यू कम्यूनीकेट इन इंग्लिश?
जी हाँ, बिल्कुल।	Of course, I can. ऑफ कोर्स आइ कैन।
हम जल्दी ही आपको बतायेंगे।	We will let you know soon. वी विल लेट यू नो सून।

स्मरणीय

1. पाठकों को सलाह दी जाती है कि वे उपर्युक्त अंग्रेजी रूपांतरों के हिन्दी अर्थ समझकर इसे साक्षात्कार में प्रयोग करने के पूर्व मित्रों या सगे-सम्बन्धियों के साथ इसे बोलने का नियमित रूप से अभ्यास करें।
2. Interview (साक्षात्कार) जीवन का सबसे महत्त्वपूर्ण अवसर होता है, इसलिए इस दौरान पूछे गये प्रत्येक प्रश्नों के सटीक उत्तर देने के साथ आपका विनम्र बने रहना आवश्यक है।

चेतावनी सम्बन्धित वाक्य
(WARNING)

घर हो या ऑफिस कई बार किसी कार्य को ढंग से करने या नहीं करने के लिए मित्रों, सहयोगियों या बच्चों को चेतावनी देना एक सामान्य-सी बात है। इस पाठ में हिन्दी वाक्यों के माध्यम से चेतावनी सम्बन्धी अंग्रेजी वाक्यों की जानकारी दी गयी है। प्रत्येक अंग्रेजी वाक्य के आगे उसके उच्चारण की जानकारी दी गयी है। जैसे–

यहाँ गाड़ी खड़ी मत कीजिए। No parking here. नो पार्किंग हिअर।

★ पाठक उपर्युक्त वाक्य की तरह चेतावनी से सम्बन्धित अन्य वाक्यों का अभ्यास कर सकते हैं।

बायीं ओर चलिए।	Keep to the left side. कीप टु द लेफ्ट साइड।
यहाँ गाड़ी खड़ी मत कीजिए।	No parking here. नो पार्किंग हिअर।
धीरे चलिए।	Drive slowly. ड्राइव स्लोली।
घास पर मत चलिये।	Keep off the grass. कीप ऑफ द ग्रास।
केवल महिलाओं के लिए।	For ladies only. फॉर लेडिज ओनलि।
फोटो लेना मना है।	Photography is prohibited. फोटोग्राफी इज प्रोहिबिटेड।
यहाँ धूम्रपान न करें।	Don't smoke here. डोंट स्मोक हिअर।
आगे खतरनाक मोड़ है।	Dangerous turn ahead. डेंजरस टर्न अहेड।
किराये के लिए मकान खाली है।	To let. टु लेट।
एक पंक्ति में खड़े हो जायें।	Please stand in a queue. प्लीज़ स्टैंड इन अ क्यू।
बिना टिकट मात्रा करना जुर्म है।	It is crime to travel without ticket. इट इज क्राइम टु ट्रवेल विदाउट टिकट।
चलती हुई बस में चढ़ना खतरनाक है।	It is dangerous to board a running bus. इट इज डेंजरस टु बोर्ड ए रनिंग बस।
बुजुर्गों और महिलाओं को जगह दीजिए।	Offer space to women and elderly. ऑफर स्पेस टु वुमेन एंड एल्डरली।
खतरे की स्थिति में जंजीर खींचें।	Please pull the chain during emergency. प्लीज़ पुल द चेन ड्यूरिंग इमरजेंसी।
आगे रास्ता बन्द है।	Road closed ahead. रोड क्लोज्ड अहेड।
यह आम रास्ता नहीं है।	This is not a public road. दिस इज नॉट ए पब्लिक रोड।
यहाँ इश्तहार लगाना मना है।	Stick no bills. स्टिक नो बिल्स।
फूल तोड़ना मना है।	Plucking flower is prohibited. प्लकिंग फ्लावर इज प्रोहिबिटेड।

कुत्तों से सावधान।	Beware of dogs. बीवेयर ऑफ डॉग्स।
आगे स्कूल है।	There is a school ahead. देयर इज ए स्कूल अहेड।
अच्छी बात सीखें।	Follow good manners. फॉलो गुड मैनर्स।
उसे विदा करो।	See him off. सी हिम ऑफ।
उसे मत चिढ़ाओ।	Don't tease her. डोंट टीज हर।
जल्दी परोसो।	Serve fast. सर्व फास्ट।
फर्श पर मत थूको।	Do not spit on the floor. डोंट स्टिप ऑन द फ्लोर।
पन्नों के कोने न मोड़ो।	Don't turn the corners of the pages. डोंट टर्न द कार्नर्स ऑफ द पेजेज।
काम करते हुए मत ऊँघों।	Don't doze while working. डोंट डोज वाइल वर्किंग।
नंगे पैर बाहर मत जाओ।	Don't go out barefoot. डोंट गो आउट बेयरफुट।
दूसरों पर निर्भर मत रहो।	Don't depend on others. डोंट डिपेंड ऑन अदर्स।
पुस्तक पढ़ते समय हाथ हमेशा साफ रखो।	Handle a book with clean hands. हैंडल अ बुक विद क्लीन हैंड्ज।

स्मरणीय

पाठकों को सलाह दी जाती है कि वे चेतावनी सम्बन्धित अंग्रेजी रूपांतरों के हिन्दी अर्थ भलीभाँति समझकर अपने मित्रों या सगे-सम्बन्धियों के साथ चेतावनी सम्बन्धी वाक्यों का अभ्यास करें। इस तरह के वाक्य साधारण बातचीत में अकसर उपयोग में आते हैं।

क्रोध सम्बन्धित वाक्य
(ANGER)

क्रोध करना मनुष्य का स्वभाव है। इस पाठ में ।दहमत (क्रोध) से सम्बन्धित हिन्दी वाक्यों के अंग्रेजी वाक्य दिये गये हैं। प्रत्येक अंग्रेजी वाक्य के साथ उसके उच्चारण की भी जानकारी दी गयी है। इन वाक्यों का ध्यानपूर्वक अध्ययन करने के पश्चात् दैनिक बोलचाल में प्रयोग करें। जैसे–

मैंने आपका क्या बिगाड़ा है? What harm have I done to you? ह्वाट हार्म हैव आइ डन टु यू?

★ पाठक उपर्युक्त वाक्य की तरह अन्य वाक्यों की रचना कर सकते हैं।

आप मुझ पर क्यों गुस्सा कर रहे हैं?	Why are you angry on me? वाई आर यू एंग्री ऑन मी?
मैंने आपका क्या बिगाड़ा है?	What harm have I done to you? ह्वाट हार्म हैव आइ डन टु यू?
तुम्हें खुद को सुधारना पड़ेगा।	You have to mend yourself. यू हैव टु मेंड योरसेल्फ।
आप होश में तो हैं?	Are you in your senses? आर यू इन योर सेंसज?
तुम व्यर्थ में झगड़ा कर रहे हो?	Why are you unnecessarily quarrelling? ह्वाइ आर यू अननेससेरली क्वॉयरलिंग?
बात को अधिक न बढ़ाओ।	Don't stretch the matter further. डोंट स्ट्रेच द मैटर फर्दर।
भाड़ में जाओ।	Go to hell. गो टु हेल।
मेरी आँखों से दूर चले जाओ।	Get lost. गेट लॉस्ट।
यहाँ दोबारा मत आना।	Don't come here again. डोंट कम हिअर अगेन।
मैं तुम्हारी परवाह नहीं करता/करती।	I don't care for you. आइ डोंट केअर फॉर यू।
तुम्हारा इन बातों से क्या सम्बन्ध है?	How are you concerned with these things? हाउ आर यू कन्सर्न्ड विद दिज थिंग्स।
झगड़े का फैसला हो गया।	The quarrel is settled. द क्वॉरल इज सेटल्ड।
दोबारा ऐसी बात मत कहना।	Don't say things like this again. डोंट से थिंग लाइक दिस अगेन।
इन्हें दोनों पक्षों के बीच फैसला करने दो।	Let him mediate between the two parties. लेट हिम मेडिएट बिटवीन द टु पार्टीज।
मुझे गुस्सा मत दिला।	Don't irritate me. डोंट इरीटेट मी।
तुम्हारे पापा बहुत गुस्सैल स्वभाव के हैं।	Your father is very hot tempered. योर फादर इज वेरी हॉट टेम्पर्ड।

बकवास बंद करो।	Don't talk nonsense. डोंट टॉक नॉनसेन्स।
तुम्हारी बेशर्मी की कोई सीमा नहीं है।	There is no limit to your shamelessness. देअर इज नो लिमिट टु योर सेमलेसनेस।
मैं कभी बेइज्जती बर्दाश्त नहीं करता।	I never tolerate insult आइ नेवर टालरेट इनसल्ट।
बड़े चलता-पुर्जा आदमी हो।	You are too clever. यू आर टु क्लेवर।
यहाँ से बाहर निकल जाओ।	Get out from here. गेट आउट फ्रॉम हिअर।
उसका बॉस गुस्से से लाल हो गया।	His boss was extremely angry. हिज बॉस वाज एक्सट्रीमलि एंग्री।
वह सनकी हो गया है।	He has gone crazy. ही हैज गॉन क्रेजी।
यह बकवास बंद करो।	Stop talking nonsense like this. स्टॉप टॉकिंग नॉनसेन्स लाइक दिस।
वह किस बात पर झगड़ पड़ा?	Over which matter he quarreled? ओवर ह्विच मैटर ही क्वार्ल्ड?
केवल तुम्हीं झगड़े को खत्म कर सकते हो।	Only you can settle the quarrel. ओनलि यू कैन सेट्ल द क्वारल।
तुमसे गलती हो रही है।	You are committing mistakes. यू आर कॅमीटिंग मिस्टेकस्।
अपने काम से मतलब रखो।	Mind your business. माइंड योर बिजनेस।
तुम मुझे क्यों घूर रहे हो?	Why are you eyeing me? ह्वाइ आर यू आईंग मी?

स्मरणीय

प्रस्तुत पाठ में क्रोध से सम्बन्धित वाक्यों की जानकारी दी गयी है। पाठकों को सलाह दी जाती है कि क्रोध में बोलते समय हमेशा ऊँची/कर्कश आवाज में बोलें। धीमे आवाज में बात कदापि न करें, क्योंकि धीमी आवाज में बोलने पर क्रोध सम्बन्धी वाक्यों का श्रोता पर उचित प्रभाव नहीं पड़ेगा।

यात्रा सम्बन्धित वाक्य
(JOURNEY)

हमें अपने दैनिक जीवन में प्रतिदिन या अपनी आवश्यकता के अनुसार यात्रा करने की आवश्यकता होती है। इस पाठ में हम यात्रा से सम्बन्धित हिन्दी वाक्यों के अंग्रेजी वाक्यों की जानकारी दे रहे हैं। अंग्रेजी वाक्यों के साथ उनके उच्चारण की भी जानकारी दी गयी है। आप इन वाक्यों का ध्यानपूर्वक अध्ययन करने के पश्चात् अपने दैनिक जीवन में प्रयोग करें, जैसे-

ट्रेन कितने बजे आयेगी? When will the train arrive? ह्वेन विल द ट्रेन अराइव?

★ पाठक उपर्युक्त अंग्रेजी वाक्य में अलग-अलग ट्रेन अथवा बस के नाम के बारे में पूछकर नये वाक्यों की रचना कर सकते हैं।

जल्दी चलिए।	Hurry up, please. हरी अप प्लीज़।
यात्रा लंबी है।	It's a long journey. इट्स अ लॉन्ग जर्नी।
आप कहाँ ठहरे हुए हैं?	Where are you staying? वेअर आर यू स्टेइंग?
क्या आपने टिकट ले लिया?	Have you bought the ticket? हैव यू बॉट द टिकिट?
हम साथ-साथ चलेंगे।	We'll go together. वी'ल गो टुगेदर।
हम समय पर पहुँच जायेंगे।	We'll reach in time. वी'ल रीच इन टाइम।
गाड़ी किस प्लेटफार्म पर आयेगी?	On which platform will the train arrive? ऑन विच प्लेटफॉर्म विल द ट्रेन अराइव?
रेलवे स्टेशन यहाँ से कितनी दूर है?	How far is the railway station from here? हाउ फॉर इज द रेलवे स्टेशन फ्राम हिअर?
मैं उन्हें लेने स्टेशन जा रहा हूँ।	I'm going to the station to receive them. आइम गोइंग टु द स्टेशन टु रिसीव देम।
सड़क मरम्मत के लिए बंद है।	The road is closed for repairs. द रोड इज क्लोज्ड फॉर रिपेयर्ज।
मैं साइकिल चलाने का शौकीन हूँ।	I'm fond of cycling. आइम फौंड ऑफ साइक्लिंग।
मैंने सहारनपुर में गाड़ी बदली।	I changed the train at Saharanpur. आइ चेंज्ड द ट्रेन ऐट सहारनपुर।
क्या यह गाड़ी सीधी कोलकाता जाती है?	Is this a direct train to Kolkata? इज दिस अ डायरेक्ट ट्रेन टु कोलकाता।
मैं आपके साथ स्टेशन चलूँगा।	I'll accompany you to the station. आइल अकम्पनी यू टु द स्टेशन।

रेल की पटरी पर से जाना मना है।	Crossing the railway tracks is prohibited. क्रॉसिंग द रेलवे ट्रैक्स इज प्रोहिबिटेड।
अब आगे दिल्ली का स्टेशन है।	The next station is Delhi. द नेक्स्ट स्टेशन इज डेलही।
अभी गाड़ी चलने में आधा घंटा है।	There is still half an hour for the train to start. देअर इज स्टिल हाफ ऐन आवर फॉर द ट्रेन टु स्टार्ट।
गाड़ी का ठीक समय साढ़े ग्यारह बजे है।	The train is due at half-past eleven. द ट्रेन इज ड्यू ऐट हाफ–पास्ट इलेवन।
मार्ग में हमारी मोटर खराब हो गयी।	Our car broke down on the way. आवर कार ब्रोक डाउन ऑन द वे।
वह सोमवार को मुंबई उतरेगा।	He will land in Mumbai on Monday. ही विल लैंड इन मुंबई ऑन मंडे।
मैंने एक घोड़ा किराये पर लिया।	I hired a horse. आइ हायर्ड अ हॉर्स।
यह डिब्बा तो सैनिकों के लिए रिजर्व है।	This bogey is reserved for soldiers. दिस बोगी इज रिजर्व्ड फॉर द सोल्जर्ज।
हम शयनयान कोच में यात्रा कर रहे हैं।	We are travelling by the sleeper coach. वी आर ट्रैवलिंग बाइ द स्लीपर कोच।
कुली, इधर आओ।	Coolee, come here. कुली, कम हिअर।
मेरा सारा सामान प्लेटफॉर्म पर ले चलो।	Please carry all my luggage to the platform. प्लीज़ कैरी ऑल माइ लगेज टु द प्लेटफार्म।
रिजर्वेशन चार्ट कहाँ पर लगा है?	Where is the reservation chart placed? वेयर इज द रिजर्वेशन चार्ट प्लेस्ड?
रिजर्वेशन की स्थिति देख लो।	Let us check the reservation chart. लेट अस चेक द रिजर्वेशन चार्ट।

स्मरणीय

उपर्युक्त पाठ में यात्रा से सम्बन्धित अंग्रेजी रूपांतरों की जानकारी दी गयी है। पाठकों को सलाह दी जाती है कि वे अंग्रेजी रूपांतरों के साथ दिये जा रहे उन वाक्य के सटीक उच्चारण को भलीभाँति समझकर इनका समय एवं परिस्थिति के अनुसार उपयुक्त समय पर बोलने का अभ्यास करें। यात्रा सम्बन्धी पूछताछ के समय सदैव दूसरे यात्री के साथ विनम्रतापूर्वक से बात करना चाहिए।

खरीदारी सम्बन्धित वाक्य
(SHOPPING)

हमें अपने दैनिक जीवन में प्रतिदिन दुकान से समान खरीदने की आवश्यकता पड़ती है। इस पाठ में हिन्दी वाक्यों के माध्यम से दुकानों में अंग्रेजी वाक्यों के प्रयोग की जानकारी दी गयी है। प्रत्येक हिन्दी वाक्य के सामने उसके अंग्रेजी वाक्य एवं उनके उच्चारण की जानकारी दी गयी है, जैसे-

यह फल कैसे दे रहे हो? How much for this fruit? हाउ मच फॉर दिस फ्रूट?

☆ आप उपर्युक्त वाक्य में फल की जगह अपनी आवश्यकता के अनुसार किसी अन्य वस्तु का नाम लेकर दुकानदार से वस्तु के मूल्य के बारे में पूछ सकते हैं।

सर्फ एक्सेल है, आपकी दुकान में।	Is Surf Excel available in your shop. इज सर्फ एक्सेल एवलेबेल इन योर शॉप।
एक किलोग्राम का एक पैकेट दो।	Give me a packet of one K.G. गिव मी अ पैकेट ऑफ वन के. जी.।
'डव' साबुन की दो टिकियाँ दे दो।	Please give me two cakes of Dove soap. प्लीज़ गिव मी टु केक्स ऑफ डव शोप।
मुझे कितने रुपये चुकाने हैं?	How much do I have to pay? हाउ मच डू आइ हैव टु पे?
क्या बात है, इतनी कीमत!	What's the matter, so much price! वाट्स द मैटर, सो मच प्राइज!
ये सेब सड़े हुए हैं।	These apples are rotten. दीज एप्पल्स आर रॉटन।
हमारा यह संस्करण धड़ल्ले से बिक रहा है।	This edition is selling like hot cake. दिस एडीशन इज सेलिंग लाइक हॉट केक।
मेरे पास पचास रुपये कम हैं।	I am short by fifty rupees. आइ एम शार्ट बाइ फिफ्टी रुपीज।
कुछ ताजा वस्तुएँ दिखाओ।	Show me some fresh stuffs. शो मी सम फ्रेश स्टफस।
यह मिलावटी दूध है।	This is adulterate milk. दिस इज अडल्टरेट मिल्क।
यह लीजिए बिलकुल नया है।	Take this, it's new brand. टेक दिस, इट्स न्यू ब्रांड।
आप कितना चुकाना चाहते हैं?	How much do you want to pay? हाउ मच डू यू वांट टू पे?

चीनी सस्ता बिक रहा है।	Suger is selling cheap. शुगर इज सेलिंग चीप।
उसने मुझे दस रुपये कम लौटाए।	He returned me ten rupees short. ही रीटर्न्ड मी टेन रुपीज शॉर्ट।
अच्छा, इसकी क्या कीमत लेंगे?	Well. how much will you charge for it. वैल, हाउ मच विल यू चार्ज फॉर इट?
सभी सामान हाथों हाथ बिक गये।	All the goods found a ready sale. ऑल द गुड्स फाउण्ड अ रेडि सेल।

स्मरणीय

उपर्युक्त पाठ में दुकानदार के साथ वार्त्तालाप में प्रयुक्त होने वाले संभावित वाक्यों की जानकारी दी गयी है। इनका ध्यानपूर्वक अभ्यास करें। इन्हें सीखने के पश्चात् आप किसी भी दुकानदार से अंग्रेजी में वार्त्तालाप के दौरान इनका कुशलतापूर्वक प्रयोग कर सकते हैं।

स्वास्थ्य सम्बन्धित वाक्य
(HEALTH)

हमें अपने दैनिक जीवन में कभी न कभी अपनी या सगे-सम्बन्धियों के स्वास्थ्य सम्बन्धी समस्याओं का सामना करना पड़ता है। इन मौकों पर हमें किसी डॉक्टर के क्लीनिक या अस्पताल में जाकर उपचार सम्बन्धी सलाह लेने की आवश्यकता पड़ती है। इस पाठ में हिन्दी वाक्यों के माध्यम से स्वास्थ्य सम्बन्धी अंग्रेजी वाक्यों की जानकारी दी गयी है। प्रत्येक अंग्रेजी वाक्य के साथ उनके उच्चारण की भी जानकारी दी गयी है। जैसे–

मेरा पेट ठीक नहीं है। My stomach is upset. माइ स्टमैक इज अपसेट।

- ✭ पाठक उपर्युक्त वाक्यों की तरह स्वास्थ्य से सम्बन्धित अन्य वाक्य बनाने का अभ्यास कर सकते हैं।

मेरा पेट ठीक नहीं है।	My stomach is upset. माइ स्टमैक इज अपसेट।
मेरी छाती में दर्द है।	I have pain in chest. आइ हेव पेन इन चेस्ट।
आलोक का बुखार उतर आया है।	Alok's fever is down now. आलोक्स फीवर इज डाउन नाउ।
मोहित को डेंगू हो गया है।	Mohit is suffering from dangue. मोहित इज सफरिंग फ्रॉम डेंगू।
अब उसकी हालत खतरे से बाहर है।	His condition is out of danger now. हिज कंडीशन इज आउट ऑफ डंजर नाउ।
मरीज की हालत नाजुक है।	The patient's condition is critical. द पेशेंटस् कंडीशन इज क्रिटीकल।
मुझे डॉक्टर से मिलना है।	I have to consult a doctor. आइ हैव टु कान्सल्ट अ डॉक्टर।
मुझे कब्ज रहता है।	I have constipation. आइ हैव कान्स्टीपेशन।
उसके दादाजी दिल के मरीज हैं।	His grand father is having heart trouble. हिज ग्रैंड फादर इज हैविंग हर्ट ट्राबल।
मेरा दिल तेजी से धड़क रहा है।	My heart is beating fast. माइ हार्ट इज बिटिंग फास्ट।
प्रत्येक चार घंटे के पश्चात् दवा लें।	Take a dose of the medicine after every four hours. टेक अ डोज ऑफ द मेडिसीन ऑफ्टर एवरी फोर आवर्स।

इलाज से परहेज बेहतर है।	Prevention is better than cure. प्रीवेंशन इज बेटर देन क्योर।
अच्छे स्वास्थ्य के लिए नींद बहुत जरूरी है।	Sleep is necessary for good health. स्लीप इज नेसेसरी फॉर गुड हेल्थ।
मेरी आँखें ठीक नहीं है।	My eyes are not well. माइ आइज आर नॉट वेल।
अच्छे स्वास्थ्य में सौंदर्य है।	There is beauty in good health. देअर इज ब्यूटी इन गुड हेल्थ।
कैंसर एक गंभीर रोग है।	Cancer is a serious disease. कैंसर इज अ सीरियस डिसीज।
ज्यादा मत खाओ।	Don't eat too much. डोंट इट टु मच।
मेरा जी मितला रहा है।	I feel like vomiting. आइ फील लाइक वोमिटिंग।
गरमी से सिर चकरा रहा है।	The heat has made me feeling giddy. द हीट हैज मेड मी फीलिंग गिड्डी।
मैं बुखार जैसा महसूस कर रहा हूँ।	I am feeling feverish. आइ एम फीलिंग फीवरिश।
क्या तुम्हें थर्मामीटर देखना आता है?	Can you read the thermometer? कैन यू रीड द थर्मामीटर?
स्वास्थ्य ही संपत्ति है।	Health is wealth. हेल्थ इज वेल्थ?
स्वस्थ शरीर एक वरदान है।	Healthy body is a boon. हेल्दी बॉडी इज अ बून।
उत्तम आहार सर्वोत्तम डाक्टर है।	A good diet is the best doctor. ए गुड डाइट इज द बेस्ट डॉक्टर।

स्मरणीय

1. पाठकों को सलाह दी जाती है कि वे प्रत्येक अंग्रेजी रूपांतर के हिन्दी अर्थ भलीभाँति समझकर इसका निरंतर अभ्यास करें। निरंतर अभ्यास करने से उनके आत्मविश्वास में वृद्धि होगी।
2. 'Ache' का उच्चारण 'एक' है। इसका अर्थ है- दर्द। अंग्रेजी शब्दों के आगे 'ache' जोड़कर उस अंग का दर्द बताया जाता है, जैसे-
   Headache–हेडएक–सिर दर्द, Bodyache–बॉडीएक–शरीर दर्द, Toothache–टूथएक– दाँत दर्द

जन्मदिन की पार्टी
(BIRTHDAY)

हमें अपने दैनिक जीवन में परिवार के किसी सदस्य के जन्मदिन की पार्टी का आयोजन करने की आवश्यकता पड़ती है। इस अवसर पर बहुत से लोग एक जगह एकत्रित होकर खुशियाँ मनाते हैं प्रत्येक अंग्रेजी वाक्य के साथ उसके उच्चारण की भी जानकारी दी गयी है। इस पाठ में ऐसे अवसर पर प्रयोग किये जाने वाले हिन्दी वाक्यों के अंग्रेजी वाक्यों की जानकारी दी गयी है। जैसे–

जन्मदिन मुबारक हो। Happy birthday. हैप्पी बर्थडे।

★ पाठक उपर्युक्त वाक्यों की तरह जन्मदिन से सम्बन्धित अन्य वाक्य बनाने का अभ्यास कर सकते हैं।

मुझे दोस्त के जन्मदिन की पार्टी में जाना है।	I have to go to a friend's birthday party. आइ हैव टु गो टु अ फ्रेंड्स बर्थडे पार्टी।
इस पैकेट में क्या है?	What is in the packet? ह्वाट इज इन द पैकेट?
यह शोभना के जन्मदिन का उपहार है।	It is a gift for Shobhna's birthday. इट इज अ गिफ्ट फॉर शोभनाज बर्थडे।
मुझे भी उसके लिए कोई खूबसूरत सा उपहार खरीदना है।	I have to buy a great gift for her. आइ हैव टु बाय ए ग्रेट गिफ्ट फॉर हर।
यह बहुत सुन्दर उपहार है।	It is a beautiful gift. इट इज अ ब्यूटीफुल गिफ्ट।
जन्मदिन मुबारक हो शोभना।	Happy birthday, Shobhna. हैप्पी बर्थडे शोभना।
यह शुभ दिन बार-बार आये, शोभना।	Many happy returns of the day, Shobhna. मेनी हैप्पी रिटर्न्स ऑफ द डे, शोभना।
तुमने घर को बहुत सुंदर तरीके से सजाया है।	You have decorated your home beautifully. यू हैव डेकोरेटेड योर होम ब्यूटीफूलि।
तुम्हें धन्यवाद।	Thank you. थैंक्यू।
शोभना, आज तुम बेहद खूबसूरत लग रही हो।	Shobhna, you are looking so beautiful today. शोभना यू आर लुकिंग सो ब्यूटिफूल टूडे।
यह पोशाक तुम पर जंच रही है।	You look fabulous in this dress. यू लुक फेबुलस इन दिस ड्रेस।
मैं तुम्हारे के लिए विशेष उपहार लाया हूँ।	I have brought a special gift for you. आइ हैव ब्राउट अ स्पेशल गिफ्ट फॉर यू।
इस विशेष उपहार के लिए तुम्हें धन्यवाद।	Thanks for this special gift. थैंक्स फॉर दिस स्पेशल गिफ्ट।
संकेत, तुम्हारे दूसरे मित्र कहाँ हैं?	Sanket, where are your other friends? संकेत, ह्वेअर आर योर अदर फ्रेंड्स।

कुछ जलपान कर लो।	Have some refreshments. हैव सम रिफ्रेशमेंट्स।
ठीक है वहीं चलते हैं।	Ok. Let us go there. ओ.के. लेट्स गो देअर।
पार्टी नीरस रही।	The party was boring. द पार्टी वाज बोरिंग।
रिसेप्शन अच्छा था।	Reception was nice. रिसेप्शन वाज नाइस।
क्या आप मेरे साथ नाचेंगी?	Would you dance with me? वुड यू डांस विद मी?
यह मेरे लिए खुशी की बात है।	It's my pleasure. इट्स माइ प्लेजर।
भाग्य आपके साथ हो।	My luck be with you./Best of luck. मे लक बी विद यू/बेस्ट ऑफ लक।
यह बहुत कीमती उपहार है।	This is a very expensive gift. दिस इज वेरी एक्सपेन्सिव गिफ्ट।
आप पर भाग्य सदा मुस्कराए।	May you always be lucky. मे यू आलवेज बी लकी।
मैं आपको सबकी ओर से बधाई देता हूँ।	I congratulate you on behalf of all. आइ कॉग्रेच्युलेट यू ऑन बिहॉफ ऑफ आल।
आप सफल हों।	Wish you all all the best. विश यू ऑल द बेस्ट।
आओ, अब खाना खायें।	Let's have food now. लेट्स हैव फूड नाउ।
मैं आपका बहुत आभारी हूँ।	I am much grateful to you. आइम एम मच ग्रेटफुल टु यू।
आपके जन्मदिन पर हार्दिक अभिनंदन।	Hearty felicitations on your birthday. हार्टी फेलिसिटेशन्ज ऑन योर बर्थडे।

स्मरणीय

पाठ में जन्मदिन की पार्टी से सम्बन्धित आम बोलचाल में प्रयोग किये जाने वाले वाक्यों की जानकारी दी गयी है। पाठकों को सलाह दी जाती है कि वे पाठ में दिये गये सभी अंग्रेजी वाक्यों के हिन्दी अर्थ भलीभाँति समझकर वार्त्तालाप के दौरान इसे अपने मित्रों एवं सगे-सम्बन्धियों के साथ बोलचाल में प्रयोग करें।

कानून सम्बन्धित वाक्य
(LAW)

समाज में एक साथ रहने के लिए समाज और सरकार के नियमों का पालन करना अत्यंत आवश्यक है। इस महत्त्वपूर्ण पाठ में हम दैनिक बोलचाल के दौरान प्रयुक्त होने वाले कानून सम्बन्धी अंग्रेजी वाक्यों की जानकारी दे रहे हैं। प्रत्येक हिन्दी वाक्य के साथ उसके अंग्रेजी उच्चारण की भी जानकारी दी जा रही है, जैसे-

यह बहुत ही संगीन अपराध है। This is a heinous crime. दिस इज अ हेनस क्राइम।

यह बहुत ही संगीन अपराध है।	This is a heinous crime. दिस इज अ हेनस क्राइम।
इस मामले से सम्बन्धित जाँच चल रही है।	Investigation regarding this case is going on. इनवेस्टीगेशन रिगार्डिंग दिस केस इज गोइंग ऑन।
अपराधी के खिलाफ वारंट निकल गया है।	A warrant has been issued against the criminal. अ वारंट हैज बिन इश्यूड अगेन्स्ट द क्रिमिनल।
अपराध साबित हो चुका है।	Crime has been proved. क्राइम हैज बिन प्रूव्ड।
क्या सबूत है?	What is the evidence? ह्वाट इज द एविडेन्स?
पुलिस के पास पुख्ता सबूत हैं।	The police have authentic proofs. द पुलिस हैव अथेंटिक प्रुफ्स।
अमरेश एक बुद्धिमान वकील है।	Amresh is an intelligent lawyer. अमरेश इज एन इंटलीजेंट लायर।
वह जेल से छूट गया है।	He has been released from prison. ही हैज बिन रीलिज्ड फ्रॉम प्रिजन।
मुझ पर झूठा इल्जाम मत लगाओ।	Don't blame me. डोंट ब्लेम मी।
मामला (केस) स्थगित कर दिया गया है।	The case has been postponed. द केस हैज बिन पोस्टपोन्ड।
वह भयंकर अपराधी है।	He is a hardcore criminal. ही इज अ हार्डकोर क्रीमिनल।
मनु को कोर्ट ने अपराधी घोषित कर दिया है।	Manu was convicted by the court. मनु वाज कन्विक्टेड बाई द कोर्ट।
यह जघन्य हत्या थी।	It was a brutal murder. इट वाज अ ब्रुटल मर्डर।
अपराधी फरार हो चुका है।	The criminal has absconded. द क्रिमिनल हैज एब्सकांडेड।
तुम्हारा काम गैरकानूनी है।	Your act is illegal. योर एक्ट इज इलीगल।

यह सभी नकली दस्तावेज हैं।	These are all forged documents. दीज आर ऑल फोर्ज्ड डॉकूमेंटस।
वकील ने गवाहों से प्रश्न किये।	The lawyers cross examined the witness. द लायर्ज क्रॉस इगजैमिन्ड द विटनेस।
अपराधी को मृत्युदण्ड मिला है।	The criminal has been sentenced to death. द क्रीमिनल हैज बिन सन्टेंस्ड टु डेथ।
इस मुकदमे का क्या फैसला हुआ है?	What is the judgement in the case? वॉट इज द जजमेंट इन द केस?
तेजपाल चश्मदीद गवाह है।	Tejpal is an eyewitness. तेजपाल इज एन आइ विटनेस।
न्याय में देरी होने का मतलब अंधेर है।	Justice delayed is justice denied. जस्टिस डिलेड इज जस्टिस डिनाइड।
बचाव पक्ष के वकील ने बढ़िया पैरवी की।	The defence counsel argued the case well. द डिफेंस कांउसिल आर्ग्यूड द केस वेल।
जज ने उसके पक्ष में फैसला दिया है।	The jury gave its verdict in his favour. द ज्यूरी गेव इट्स वर्डिक्ट इन हिज फेवर।
वह कानून का पालन करने वाला व्यक्ति है।	He is a law abiding man. ही इज अ लॉ अबाइडिंग मैन।

स्मरणीय

पाठकों को सलाह दी जाती है कि इन वाक्यों का निरंतर अभ्यास करें। अंग्रेजी वाक्यों के शुद्ध-शुद्ध उच्चारण करने से उनके आत्मविश्वास में वृद्धि होगी।

लेन-देन सम्बन्धित वाक्य
(DEALING)

हमें अपने दैनिक जीवन में कभी न कभी किसी से कोई वस्तु लेने अथवा देने की आवश्यकता पड़ती है। लेन-देन हमारी रोजमर्रा जिन्दगी का एक महत्त्वपूर्ण अंग है। इस पाठ में लेन-देन से सम्बन्धित अंग्रेजी वाक्यों की जानकारी दी गयी है। जैसे-

मेरे पास रुपये नहीं है। I don't have cash. आइ डोंट हैव कैश।

★ उपर्युक्त वाक्यों की तरह लेन-देन से सम्बन्धित अन्य वाक्य बनाने का अभ्यास कर सकते हैं।

रुपये गिन लो।	Please count the money. प्लीज़ काउंट द मनी।
उसने अपना धन व्यापार में लगाया है।	He has invested his wealth on business. ही हैज इनवेस्टेड हिज वेल्थ इन बिजिनेस।
मुझे रुपयों की कमी है।	I have shortage of funds आइ हैव शॉर्टिज ऑफ फड्स।
तुम्हारे पास कितने रुपये हैं।	How many rupees do you have. हाउ मेनी रुपीज डू यू हैव।
सभी रुपये खर्च हो गये।	All the money has been spent. ऑल द मनी हैज बिन स्पेंट।
क्या तुम मुझे पाँच सौ रुपये उधार दोगे?	Will you lend me five hundred rupees? विल यू लेंड मी फाइव हंड्रेड रुपीज।
एडवांस रुपया देना होगा।	Advance money will have to be paid. एडवांस मनी विल हैव टु बी पैड।
वह अपना सारा रुपया बैंक में जमा करा देगा।	He will deposit all his money in the bank. ही विल डिपाजिट आल हिज मनी इन द बैंक।
मजदूरी तय कर लो।	Please settle the wages. प्लीज़ सेटल द वेजिज।
सोने का भाव क्या है?	What is the rate of gold? ह्वाट इज द रेट ऑफ गोल्ड?
आपका धंधा कैसा चल रहा है?	How is your business going? हाउ इज योर बिजिनेस गोइंग।
कृपया बिल बना दीजिए।	Please prepare the bill. प्लीज़ प्रिपेर द बिल।
आमदनी से ज्यादा खर्च मत करो।	Don't spend more than you earn. डोन्ट स्पेंड मोर देन यू अर्न।
मैं उसके धोखे में आ गया।	I got duped by him. आइ गॉट ड्यप्ट बाइ हिम।

यह खोटा सिक्का है।	This is a counterfeit coin. दिस इज अ काउण टरफिट काइन।
तुम्हारी मजदूरी मिल गयी।	Did you get your wages? डिड यू गेट योर वेजिज?
अब मेरा आपका हिसाब साफ है।	Now I'm square with you. नाउ आइम स्क्वेअर विद यू।
आपके पास कितनी नकदी है।	How much is the cash in hand? हाउ मच इज द कैश इन हैंड?
मैं पैसों का भूखा नहीं हूँ।	I am not after money. आइम नाट आफ्टर मनी।
मैं बिजनेस में अपनी सारी पूँजी लगा दूँगा।	I'll invest everything in the business. आइल इन्वेस्ट एवरीथिंग इन द बिजनेस।
मुझे कई बिलों का पैसा चुकाना है।	I have to pay several bills. आइ हैव टु पे सेवरल बिल्स।
इन दिनों मुझे पैसे की तंगी है।	I'm hard up these day. आइम हार्ड अप दीज डेज।
अनाज का क्या भाव है?	How is the grain market? हाउ इज द ग्रेन मार्केट?

स्मरणीय

उपर्युक्त पाठ में लेन-देन से सम्बन्धित हिन्दी वाक्यों के अंग्रेजी रूपांतरों की जानकारी दी गयी है। अंग्रेजी रूपांतर के साथ उनके उच्चारण भी दिये गये हैं। पाठकों को सलाह दी जाती है कि वे प्रत्येक अंग्रेजी शब्द के सटीक उच्चारण का अभ्यास नियमित रूप से करें।

निमन्त्रण सम्बन्धित वाक्य
(INVITATION)

हमें अपने दैनिक जीवन में अलग-अलग अवसरों पर अपने सगे-सम्बन्धियों या मित्रों को निमंत्रण देने की आवश्यकता पड़ती है। अंग्रेजी भाषा में वार्त्तालाप के दौरान शिष्टाचार के तौर पर छोटी-छोटी बातों के लिए भी निमंत्रण देने का चलन है। इस पाठ में दैनिक वार्त्तालाप के दौरान हिन्दी वाक्यों के द्वारा निमंत्रण देने से सम्बन्धित अंग्रेजी वाक्यों की जानकारी दी गयी है। जैसे–

टहलने के लिए आइए। Please come for a walk. प्लीज़ कम फॉर अ वाक।

★ उपर्युक्त वाक्यों की तरह निमंत्रण से सम्बन्धित अन्य वाक्य बनाने का अभ्यास कर सकते हैं।

क्या तुम मेरे साथ यह फिल्म देखने चलोगी?	Will you come with me for a movie? विल यू कम विद मी फोर ए मूवी?
आइये मैट्रो में चलें।	Come, let's go by metro. कम लेटस गो बाइ मेट्रो ट्रेन।
आओ डांस करें।	Come, let us dance. कम, लेट अस डांस।
क्या तुम मेरे साथ डांसिंग फ्लोर पर चलोगे?	Will you come with me to the dancing floor? विल यू कम विद मी टु द डांसिंग फ्लोर?
आओ ताश खेलें।	Let us play cards. लेट अस प्ले कार्ड्स।
क्या आप कल का सारा दिन मेरे साथ बितायेंगे।	Will you spend all day with me tomorrow? विल यू स्पेंड आल डे विद मी टुमारो?
खाने पर आपके निमंत्रण के लिए धन्यवाद।	Thanks for your invitation for dinner. थैंक्स फॉर योर इनवीटेशन फॉर डिनर।
आपको रात्रि भोज पर आमंत्रित किया है।	You are invited to dinner. यू आर इनवाइटेड टु डिनर।
अंदर आइये।	Come in, please. कम इन प्जीज।
क्या आप जरा यहाँ आयेंगे?	Will you please come over here? विल यू प्लीज कम ओवर हिअर?
कुछ ठंडा लीजिए।	Please have something cold. प्लीज हैव समथिंग कोल्ड।
खाने पर आपके निमंत्रण के लिए धन्यवाद।	Thanks for your invitation to dinner. थैंक्स फॉर योर इन्विटेशन टु डिनर।
आपके आमंत्रण के लिए बहुत-बहुत धन्यवाद।	Many thanks for your kind invitation. मेनी थैंक्स फॉर योर काइंड इन्विटेशन।
मैं खाने पर आपका निमंत्रण स्वीकार नहीं कर सकता इसका मुझे खेद है।	I am sorry. I can't accept your invitation to dinner. आइ एम सॉरी। आइ कांट एक्सेप्ट योर इन्विटेशन टु डिनर।

आओ बस में चलें।	Let's go by bus. लेट्स गो बाइ बस।
आप सादर आमंत्रित हैं।	You are cordially invited. यू आर कार्डिअली इनवाइटेड।
आइए, कॉफी पीने चलें।	Come, let's go for coffee. कम लेट्स गो फॉर कॉफी।
क्या आप हमारे साथ लंच करना पंसद करेंगे?	Would you like to join us for lunch? वुड यू लाइक टु ज्वाइन अस फॉर लंच।

स्मरणीय

1. पाठकों को सलाह दी जाती है कि निमंत्रण सम्बन्धित अंग्रेजी रूपांतरों के हिन्दी अर्थ भलीभाँति समझकर साथ में दिये जा रहे उच्चारण का निरंतर अभ्यास करें। सही उच्चारण सीखने से वार्त्तालाप में प्रवीणता आयेगी।
2. निमंत्रण से सम्बन्धित वाक्यों का प्रयोग सदैव मुस्कराकर धीमे स्वर में करना चाहिए।
3. केवल Thanks कहना वार्त्तालाप में रूखेपन का आभास दिलाता है। इसकी जगह 'thank you' का प्रयोग करें।

विविध वाक्य
(MISCELLANEOUS SENTENCES)

अभी तक आपको दैनिक जीवन में प्रयोग होने वाले विभिन्न अवसरों जैसे– अभिवादन, शिष्टाचार, आदेशसूचक, प्रश्नवाचक तथा निमंत्रण सम्बन्धी अंग्रेजी वाक्यों का अच्छी तरह ज्ञान हो गया होगा। इस पाठ में हिन्दी वाक्यों के माध्यम से उपर्युक्त सभी प्रकार के अंग्रेजी वाक्यों को एक साथ दिया गया है। सभी अंग्रेजी वाक्यों के साथ उसके उच्चारण की भी जानकारी दी गयी है। जैसे–

ऐसी भी क्या जल्दी है? What is the hurry? ह्वाट इज द हरी?

☆ इस प्रकार के विविध प्रकार के वाक्यों की जानकारी आपके English Speaking में प्रवीणता लायेगी। इनको आप बार-बार पढ़ें एवं उनका प्रयोग करने का अभ्यास करें।

आइये, मैं आपको अपने परिवार के सदस्यों से मिलाऊँ।	Let me introduce you to my family. लेट मी इन्ट्रोड्यूस यू टु माइ फैमली।
ये है मेरी पत्नी माधुरी, मेरा बेटा सौरभ और सिद्धान्त।	Please meet my wife Madhuri, my sons Saurabh and Siddhant. प्लीज़ मीट माइ वाइफ माधुरी, माइ सन्स सौरभ एण्ड सिद्धांत।
आपके बच्चे बेहद प्यारे हैं।	You have lovely children. यू हैव लवली चिल्ड्रन।
आप क्या लेना पसंद करेंगे चाय या कॉफी?	What would you like to have tea or coffee? ह्वाट वुड यू लाइक टु हैव टी ऑर कॉफी?
मेरे पास आपको धन्यवाद देने के लिए शब्द नहीं है।	I have no words to express my thanks to you. आइ हैव नो वर्डस टु एक्सप्रेस माइ थैंक्स टु यू।
आपका विवाहित जीवन लम्बा और सुखी हो!	May your married life be happy! मे योर मैरिड लाइफ बी हैप्पी!
मुझे भूख लग रही है।	I am hungry. आइ एम हंग्री।
आप क्या खाना पसंद करेंगे?	What will you like to eat? ह्वाट विल यू लाइक टु इट?
नास्ता तैयार करो।	Make the breakfast ready. मेक द ब्रेकफास्ट रेडी।
आपके पास मीठी वस्तुएँ क्या हैं?	Have you got some sweets? हैव यू गॉट सम स्वीट्स?
इसे चखकर देखो।	Please taste it. प्लीज़ टेस्ट इट।
आपने कुछ नहीं खाया।	You did not eat anything. यू डिड नॉट इट एनीथिंग।
थोड़ा और लीजिए।	Please have some more. प्लीज़ हैव सम मोर।

मुझे थोड़ा ताजा मक्खन दीजिए।	Please give me some fresh butter. प्लीज़ गिव मी सम फ्रेश बटर।
थोड़ा और लाइये।	Give me a little more. गिव मी अ लिट्ल मोर।
क्या आप शाकाहारी हैं?	Are you vegetarian? आर यू वेजिटेरियन?
आज मैं बाहर खाना खाऊँगा।	I will dine out today. आइ विल डाइन आउट टुडे।
मैं मीठा नहीं खाता।	I don't like sweets. आइ डोंट लाइक स्वीट्स।
खाने के बाद मीठा में क्या है?	What sweet dish is there after dinner? ह्वॉट स्वीट डिश इज देअर आफ्टर डिनर?
मैं अब तक प्यासा हूँ।	I am still thirsty. आइ एम स्टिल थर्स्टी।
उसकी पार्टी में कई व्यंजन हैं।	There were a variety of eatables in his party. देअर वेयर ए वेराइटी ऑफ इटेब्ल्स इन हिज पार्टी।
उसने मुझे दोपहर के खाने पर बुलाया है।	He has invited me for lunch ही हैज इनवाइटेड मी फॉर लंच।
नूपुर एक अच्छी पत्नी है।	Nupur is a good wife. नूपुर इज ए गुड वाइफ।
वह अच्छा खाना बनाती है।	She makes tasty food. शी मेक्स टेस्टी फूड।
प्लेट बदल दीजिए।	Please change the plate. प्लीज़ चेंज द प्लेट।
मुझे थोड़ी तरी दीजिए।	Give me a little soup. गिव मी अ लिटल सूप।
शाही पनीर मेरा मनपसंद खाना है।	*Shahi paneer* is my favourite dish. शाही पनीर इज माइ फेवरिट डिश।
खाली पेट में पानी मत पिओ।	Don't drink water on an empty stomach. डोंट ड्रिंक वाटर ऑन एन इम्प्टी स्टामक।

स्मरणीय

याद रहे शिष्टाचार से सम्बन्धित वाक्यों में विनम्रता, क्रोध आदि भाव का ध्यान रखना बहुत आवश्यक है। जिन शब्दों के अंत में ant होता है, वे Noun अथवा Adjective होते हैं, परन्तु कुछ शब्द जिनके अंत में ant होता है, वे केवल छवनद होते हैं। जैसे– Applicant (आवेदक) आदि। इसका अध्ययन करना भी बहुत आवश्यक है। 'ent' में समाप्त होने वाले शब्द भी Noun अथवा Adjective होते हैं, जैसे– Ascent (चढ़ाई) तथा Violent (हिंसक) विशेषण हैं।

वार्त्तालाप
(TIPS FOR CONVERSATION)

जो लोग वार्त्तालाप की कला को भलीभाँति जानते हैं, वे किसी भी व्यक्ति से किसी विषय पर सरलतापूर्वक बात कर सकते हैं। उनके अतिरिक्त अन्य लोग भी बातचीत की कला को विकसित कर अंग्रेजी में धाराप्रवाह वार्त्तालाप कर सकते हैं। किसी भी प्रकार की सफलता प्राप्त करने के लिए आपका वार्त्तालाप की कला में प्रवीण होना ज़रूरी है। आपको अपनी बात दूसरों तक सफलतापूर्वक पहुँचाने के लिए कुछ टिप्स यहाँ दिये गये हैं। इन टिप्स को समझने के लिए इस लेख को पढ़ें।

वार्त्तालाप एक प्रकार से विचारों का आदान-प्रदान है, हालाँकि इसे अधिक सहज और कम औपचारिक भी बनाया जा सकता है। नये लोगों से मिलने के दौरान हम सदैव प्रसन्नता भरे माहौल में बातचीत करते हैं और बातचीत के दौरान दूसरों का अभिप्राय जानने की कोशिश करते हैं। वार्त्तालाप, मजाक और बौद्धिक बहस के दौरान वे भिन्न-भिन्न तरीकों से बातें करते हैं।

इसके लिए सबसे पहले आपको एक अच्छा श्रोता बनना होगा। उनसे सटीक सवाल करने के साथ उनकी बातों को गौर से सुनना होगा। वार्त्तालाप की कला में प्रवीण होने के लिए इन बातों को जानना आवश्यक है। लगातार अभ्यास के साथ कोई भी वार्त्तालाप की कला सुधार सकता है।

वार्त्तालाप की कला को विकसित करने के टिप्स

इच्छा जागृत करें और जिज्ञासु बनें। जो मनुष्य दूसरों में दिलचस्पी लेते हैं, आमतौर पर वे खुद भी दिलचस्प होते हैं क्यों? क्योंकि वे नई चीजों को सीखने के लिए तैयार रहते हैं। जिज्ञासा दिखाना, दूसरों को भी अपनी बात आसानीपूर्वक कहने के लिए उत्साहित करता है। आँखों से आँखें मिलाकर दूसरों की बातों को सावधानीपूर्वक सुनें।

अब अगर आप अपनी बात कहने में शरमाते हैं या लोगों से घुलने-मिलने में वक्त लेते हैं, तो दूसरों को अपने मन की बात कहने के लिए प्रोत्साहित करें। ऐसा करने से बातचीत का एक उपयुक्त माहौल तैयार हो जाता है।

वार्त्तालाप के दौरान कहने और सुनने के बीच सामंजस्य स्थापित होना चाहिए। एक वार्त्तालाप तब शीघ्र ही अरुचिकर हो जाता है, जब दूसरा व्यक्ति उसकी बातों को सुनने में रुचि नहीं ले रहा हो। यदि ऐसा हो जाये, तो जो कोई बातें नहीं करना चाहता, वह बातों से बाहर हो जाता है और वार्त्तालाप खत्म हो जाता है।

वार्त्तालाप में कमी के कई कारण हो सकते हैं। कई बार हताशा के कारण आप जड़वत हो जाते हैं और आगे की बातें भूल जाते हैं। अगर आपके साथ ऐसा होता है, तो एक गहरी साँस लें और बातों पर ध्यान केन्द्रित करें फिर एक मुस्कराहट के पश्चात् आप जो कहना चाहते हैं, बोलना शुरू करें। यदि दूसरा व्यक्ति असंबंद्ध बात करने वाला हो और आपने कई बार अपनी बात कहने की कोशिश की परन्तु इसमें सफल नहीं हुए, तो उनसे विनम्रतापूर्वक क्षमा माँग लीजिए और चलते बनिए।

अगर बाद में आप यह महसूस करते हैं कि आप बातूनी हैं, तो कम से कम आपने सुधार की तरफ जागरूकता का महत्त्वपूर्ण कदम बढ़ा लिया है।

अगर वार्त्तालाप में आप बढ़-चढ़कर बोलते हैं, तो आपको इस बात की समीक्षा करने की आवश्यकता है कि यह किसी कुंठा के कारण है या आत्मविभोर होने के कारण है। पूरे वार्त्तालाप का

संज्ञान लेकर यह निश्चित करने की कोशिश करें कि कब आप सामने वाले को बोलने का मौका दे सकते थे? आप सदैव कोशिश करें कि कुछ भी कहने के बाद सामने वाले की ओर देखें और उसके संकेत की प्रतीक्षा करें। सामने वाला अगर इधर-उधर देखे या 'हाँ', 'हूँ' में जवाब दे या बिलकुल शांत-सा बैठ जाये, तो यह मान लीजिए कि आपकी बातों से वह ऊब चुका है।

अच्छे वार्त्तालाप के लिए आपके पास अच्छी जानकारी होनी चाहिए। जरूरी नहीं कि यह उच्चस्तरीय हो। लेकिन आपके शौक में विविधता होनी चाहिए, नहीं तो आप अपने बारे में कहने के अलावा वार्त्तालाप में अधिक सहयोग नहीं कर सकेंगे। आपको आस-पड़ोस में घटने वाली घटनाओं की जानकारी होनी चाहिए। प्रतिष्ठित व्यक्तियों के बारे में जानकारी होनी चाहिए। खेल और संगीत से जुड़ी जानकारी होनी चाहिए। विज्ञान से भी अनभिज्ञ नहीं होना चाहिए। आप वार्त्तालाप में ईमानदारी बरतें, न कि आप अपने को वैसा व्यक्ति होने का आभास दें, जो आप वाकई न हों अन्यथा आपका व्यवहार स्वाभाविक नहीं होगा। वार्त्तालाप में संभव है, आप वह सब बोल जायें जो वास्तविकता से परे हो।

वार्त्तालाप के दौरान समय-समय पर गर्मजोशी से मुस्कराते भी रहें। इससे आप खुश रहेंगे। ढोंग करने की कोशिश कतई न करें। वार्त्तालाप शुरू करने के लिए आप अमुख व्यक्ति के पास जायें और अपना परिचय दें। यह विनम्र, आवश्यक एवं सामाजिक तरीका है। आप हाथ भी मिला सकते हैं और मुस्कराकर दूसरे से मिल भी सकते हैं। सौहार्दपूर्ण व्यवहार दूसरे व्यक्ति पर अनुकूल प्रभाव डालता है। अगर आपको अपने प्रयास में सफलता नहीं मिलती है, तो आपको निराश होने की आवश्यकता नहीं है। संभव है, उस व्यक्ति की मनोस्थिति किसी अन्य विचार से ओत-प्रोत रही हो। वार्त्तालाप और व्यवहार में सुधार लाने के लिए आपको निरंतर अभ्यास की आवश्यकता है। सबसे अच्छा तरीका यह है कि आप अपने परिवार वालों के बीच वार्त्तालाप सीखने की कोशिश करें। ये लोग आपकी पीठ पीछे हँसेंगे नहीं और आपको प्रोत्साहित भी करेंगे।

- वार्त्तालाप के दौरान बीच में टोका-टाकी न करें। उसे अपनी बात पूरी करने दें।
- सामने वाला ऐसा कुछ कह रहा है, जिससे आप पूरी तरह सहमत नहीं हैं, तो भी आप उसे ध्यानपूर्वक सुनें।
- हर व्यक्ति को अपनी बात रखने का अधिकार है।
- राजनीति, धर्म या सेक्स सम्बन्धी विषयों पर अपना मंतव्य प्रकट करने की कोशिश न करें।
- देश-विदेश के समाचार तथा समसामयिक विषयों की जानकारी में अभिरुचि रखें।

अच्छे वार्त्तालाप के गुण

1. कुछ लोगों के वार्त्तालाप का तरीका अन्य लोगों से बेहतर होता है। क्या वे वार्त्तालाप के किसी विशेष तकनीक को अपनाते हैं? वे कौन-से गुण हैं, जो वे अपनाते हैं और दूसरे नहीं अपनाते?
2. स्वार्थ से अभिभूत होकर ऐसा कुछ न कहें जिससे सामान्य वार्त्तालाप अरुचिकर हो रही हो।
3. सामने वाले को देखकर ही कोई भी कौतुहलपूर्ण प्रश्न उठायें।
4. किसी समूह में उस विषय पर वार्त्तालाप न करें जिसमें सभी सहयोग नहीं कर सके।
5. किसी नाम या विषय वस्तु का नाम याद नहीं आने पर अनावश्यक समय लेकर सामने वाले को मानसिक रूप से प्रताड़ित न करें। बातों का तारतम्य न तोड़ें। बातों का सिलसिला जारी रखें।
6. किसी व्यावसायिक वार्त्तालाप में सिर्फ एक उद्देश्य पर ही चर्चा हो ऐसी अनिवार्यता आवश्यक नहीं है। किसी उद्देश्य के लिए निष्ठावान होना एक बात है। जबकि व्यापारिक मुलाकातों में बहुत सी अन्य छोटी-बड़ी बातों पर भी चर्चा होती है।
7. कभी-कभी वार्त्तालाप में मोड़ लाना भी आवश्यक होता है। कई बार किसी विषय पर वार्त्तालाप बेहद गंभीर हो जाती है, जो एक प्रकार से वार्त्तालाप में रुकावट भी पैदा करती है। ऐसे में वार्त्तालाप को नई दिशा देकर किसी दिलचस्प मुद्दे पर वार्त्तालाप करना एकरसता को तोड़ता है।

8. किसी एकांकी या सामूहिक वार्त्तालाप में किसी की भी उपेक्षा नहीं करें। प्रत्येक को अपनी बात कहने का मौका देना चाहिए। किसी को भी नजरअंदाज न करें।
9. यातायात के नियमों का पालन करें। कहने का अर्थ यह है कि पहले तीस सेकंड तक आप जो कुछ भी कहते हैं। सामने वाला उस पर ध्यान देता है, जैसे कि सिग्नल हरा हो। अगर आप इसके बाद भी अपनी बात जारी रखते हैं तो उसका ध्यान विचलित होगा, वह असहज होगा, जैसे कि पीली बत्ती जल गयी हो। इसके बाद भी एकतरफा वार्त्तालापजारी रहने पर लाल बत्ती जल जाएगी और वार्त्तालापसमाप्त हो जाएगा।
10. वार्त्तालापमें खामोशी का भी महत्त्वपूर्ण स्थान है। आप बिना कहे भी बहुत कुछ कह जाते हैं, प्रत्यक्ष या परोक्ष रूप में।
11. सामूहिक वार्त्तालाप में प्रत्येक व्यक्ति को बोलने का मौका दें। जिन्होंने कुछ नहीं भी कहा है, उनसे भी बोलने का आग्रह करें।
12. वार्त्तालाप के दौरान महत्त्वपूर्ण तथ्यों को लिखना भी सार्थक सिद्ध होता है। जिससे कि बाद में आवश्यकता पड़ने पर उस विषय में वार्त्तालाप किया जा सके।
13. **कहानी सुनाना**-संचार विशेषज्ञों का मानना है कि किसी विषयवस्तु को अच्छी तरह समझाने के लिए वास्तविक या काल्पनिक कहानी को आधार बनाया जा सकता है
14. **वार्त्तालाप कब समाप्त करें**- अमूमन वार्त्तालाप के दौरान घूम-फिर कर पहले विषय पर लौट आना दरअसल में वार्त्तालाप की समाप्ति का द्योतक है। अगर सामने वाला थोड़ी भी असहजता दर्शाये तो यह समझना चाहिए कि वह वार्त्तालाप जारी रखने के पक्ष में नहीं है। ऐसी स्थिति में सलीके से यह कहकर कि "आपसे मिलकर बहुत अच्छा लगा। आशा है, हम लोग आगे भी ऐसे ही सौहार्दपूर्ण तरीके से किसी अन्य विषय पर भविष्य में वार्त्तालाप करेंगे" इस वार्त्तालाप को समाप्त कर देना चाहिए।

बैंक में
(IN THE BANK)

इस प्रकार के वार्त्तालाप विषय के ऊपर निर्भर करते हैं, फिर भी व्यक्ति को विनम्रतापूर्वक, संक्षिप्त और केवल काम की बातें पूछना चाहिए।

ग्राहक : क्षमा कीजिए महाशय ! मैं इस बैंक में बचत खाता खोलना चाहता हूँ

Customer : Excuse me sir! I want to open a saving bank account in this bank. एक्सक्यूज मी सर! आइ वांट टु ओपन अ सेविंग बैंक अकाउंट इन दिस बैंक।

बैंककर्मी : ठीक है जी ! मैं आपको एक आवेदन पत्र देता हूँ ।

Bank Off. : Thanks sir, I am giving you an application form. थैंक्स सर, एम गिविंग यू एन एप्लीकेशन फॉर्म।

ग्राहक : इसे कैसे भरना है महाशय?

Customer : Sir, how do I fill it? सर, हाउ डू आइ फिल इट?

बैंककर्मी : इसे अच्छी प्रकार से पढ़ने के बाद सही ढंग से भरिए ।

Bank Off. : Read it carefully and then fill up in correct manner. रीड इट केअरफुली एंड देन फिल अप इन करेक्ट मैनर।

ग्राहक : इस पत्र के साथ और कुछ दस्तावेज़ देना है क्या?

Customer : Are some documents to be attached with this application? आर सम डाक्यूमेंट्स टु बी अटैच्ड विद दिस एप्लीकेशन?

बैंककर्मी : इस आवेदन पत्र के साथ 1000 रुपए जमा करें।

Bank Off. : Make a deposit of rupees one thousand along with this application. मेक अ डिपोजिट ऑफ रुपीज वन थाउजेंड अलांग विद दिस एप्लीकेशन।

ग्राहक : और कुछ महाशय?

Customer : Anything else, sir? एनीथिंग एल्स्, सर?

बैंककर्मी : हमारे एक पुराने ग्राहक का इस आवेदन पत्र पर हस्ताक्षर ज़रूरी है।

Bank Off. : This application form is required to be introduced/authe-nticated by a customer having account in this bank. दिस एप्लीकेशन फॉर्म इज रीक्वायर्ड टु बी इन्ट्रोड्यज्ड/अथेंटिकेटेड अ कस्टमर हैविंग अकाउंट इन बैंक।

ग्राहक : इसका क्या मतलब हुआ?	**Customer** : What does it mean? वाट डज इट मीन?
बैंककर्मी : कुछ नहीं, वह आवेदन पत्र पर हस्ताक्षर करेगा बस।	**Bank Off.** : Nothing, he will just put his signature on it. नथिंग, ही विल जस्ट पुट हिज सिग्नेचर ऑन इट।
ग्राहक : इसके बाद आप पासबुक देते हैं क्या?	**Customer** : Do you issue a pass book after this? डू यू इशू अ पासबुक आफ्टर दिस?
बैंककर्मी : हाँ, जरूर !	**Bank Off.** : Yes, sure. यस, श्योर।
ग्राहक : मेल मनी ट्रांसफर का क्या उपयोग है?	**Customer** : How is mail transfer beneficial? हाउ इज मेल ट्रांसफर बेनीफिशियल।
बैंककर्मी : ये डीडी से बहुत आसान है।	**Bank Off.** : It is simpler than a D/D. इट इज सिम्पलर देन अ डी/डी।
: अब आप यहाँ नगद जमा करोगे तो वह सीधा आपके खाते में जमा होगा।	: If you deposit any cash it gets credited directly in to your account. इफ यू डिपोजिट एनी कैश इट गेट्स क्रेडिटेड डाइरेक्टलि इन टु योर अकाउंट।
ग्राहक : मैं एक ज़मीन खरीदना चाहता हूँ । आपके बैंक में ऋण की सविधा है क्या?	**Customer** : I want to purchase a property. Does your bank extends loan facility? आइ वांट टु परचेज अ प्रोपर्टी। डज योर बैंक एक्सटेंड्स लोन फेसिलिटी?
बैंककर्मी : आप यह फॉर्म भर दीजिए । आपको ऋण मिल जाएगा ।	**Bank Off** : Fill this form. Loan will be extended. फिल दिस फॉर्म । लोन विल बी एक्सेटेंडिड।
ग्राहक : गहनों को सुरक्षित रखने के लिए आपके पास लोकर की सुविधा है क्या?	**Customer** : Do you have locker facility for safe-keeping of jewellery? डू यू हैव लॉकर फेसीलिटी फॉर सेफ कीपिंग ऑफ ज्वैलरी?
बैंककर्मी : हाँ, हमारे बैंक में लॉकर की सुविधा है।	**Bank Off** : Yes, we provide the locker facility in our bank. यस, वी प्रोवाइड द लॉकर फेसीलिटी इन आवर बैंक।

कपड़े की दुकान में
(AT CLOTH SHOP)

इस प्रकार के वार्त्तालाप में विक्रेता को अपने ग्राहक के साथ सदैव विनम्रतापूर्वक पेश आना चाहिए, ताकि ग्राहक उत्साहित होकर उससे अपनी पसंद के कपड़े खरीद सके।

दुकानदार	: आइए, आइए, अंदर आइए, यहाँ बैठिए।	**Customer** : Come in, come in please be seated. कम इन, कम इन प्लीज़ बी सीटेड।
	: आपको क्या चाहिए? क्या दिखाना है बोलिए?	What do you want? What would you like to see? वाट डू यू वांट? वाट वुड यू लाइक टु सी?
ग्राहक	: हमें साड़ी दिखाइए।	**Customer** : Show me sarees. शो मी सारीज।
दुकानदार	: किस कीमत चाहिए जी?	**Shopkeeper :** What's the price range? वाट्स दि प्राइस रेंज?
ग्राहक	: कोई सस्ती सी।	**Customer** : Something cheaper. समथिंग चीपर।
	: आपके पास रेशमी साड़ियाँ हैं क्या?	: Do you have silk sarees also? डू यू हैव सिल्क सारीज आल्सो?
दुकानदार	: है, लेकिन महँगी है।	**Shopkeeper** : I have but they are quite expensive. आइ हैव बट दे आर क्वाइट एक्पेंसिव।
ग्राहक	: आप ये साड़ियाँ कहाँ से लाते हों?	**Customer** : Where from do you buy these sarees? वेयर फ्रॉम डू यू बाय दीज सारीज?
दुकानदार	: कई प्रान्तों से लाते हैं।	**Shopkeeper** : From different states. फ्रॉम डिफरेंट स्टेट्स।
ग्राहक	: इस साड़ी की क्या कीमत है?	**Customer** : What's the price of this saree?
	यह नमूना मुझे पसंद नहीं है।	I don't like this one. वाट्स दि प्राइस ऑफ दिस सारी? आइ डोंट लाइक दिस वन।
दुकानदार	: यह पसंद नहीं तो दूसरी साड़ी दिखाता हूँ।	**Shopkeeper** : If you don't like this one, I will show another. इफ यू डोन्ट लाइक दिस वन, आइ विल शो अनादर।
ग्राहक	: यह वह नहीं, रोज़मर्रा के लिए	**Customer** : Not these but show me

	मुझे कुछ साड़ियाँ दिखाइए।	something for daily use. नॉट दीज बट शो मी समथिंग फॉर डेली यूज।
	: साड़ी कितनी लंबी है?	: What's the length of *saree*? वाट्स दि लेंथ ऑफ सारी?
दुकानदार	: हमारी प्रत्येक साड़ी 6 मीटर लम्बी है।	**Shopkeeper :** Each *saree* is 6 metres long. इच सारी इज 6 मीटर्स लाँग।
ग्राहक	: मुझे एक कपड़ा चाहिए ।	**Customer :** I want a piece of cloth. आइ वांट अ पीस ऑफ क्लॉथ।
	: लेकिन मैं जितना चाहता हूँ, उतना नाप कर देना।	: But give me in proper size. बट गिव मी इन प्रोपर साइज।
	: यहाँ के कपड़े देखकर तो सभी खरीदने का मन कर रह है।	: I feel like buying all clothes stocked here. आइ फील लाइक बाईंग आल क्लॉथ स्टॉक्ड हिअर।
दुकानदार	: देर क्यों करते हों अभी खरीद लीजिए।	**Shopkeeper :** Why delay, buy it now. वाइ डिले, बाय इट नाउ।
ग्राहक	: मेरे पास पैसे कम पड़ गए हैं, नहीं तो मैं अभी सब खरीद लेता ।	**Customer :** I am short of cash or else I would have bought all. आइ एम शॉर्ट ऑफ कैश आर इल्ज आइ वुड हैव बाउट आल।
दुकानदार	: कोई परवाह नहीं आपके पास पैसे नहीं हैं तो बाद में भी दे सकते हैं।	**Shopkeeper :** Don't care if you are short of money. You can always pay later. डोंट केयर इफ यू आर शॉर्ट ऑफ मनी, यू कैन आलवेज पे लेटर।
ग्राहक	: वह कैसे?	**Customer :** How can? हाउ कैन?
दुकानदार	: हम क्रेडिट कार्ड स्वीकार करते हैं।	**Shopkeeper :** No problem. We accept payment through credit cards. नो प्रोब्लम। वी एक्सेप्ट पेमेंट थ्रो क्रेडिट कार्ड्स।
ग्राहक	: नहीं जी, भागते हुए दूध क्यों पीना?	**Customer :** Oh no, why should I drink milk while rushing? ओह नो, वाइ शुड आइ ड्रिंक मिल्क वाइल रशिंग?
	: अच्छी बात है सब लोग आप जैसे होते तो यह दुनिया कितनी अच्छी होती?	: It is so nice, the world would have been much better if all people had been like you? इट्स सो नाइस, द वर्ल्ड वुड हैव बीन मच बेटर इफ आल पीपुल हैड बीन लाइक यू?

दो मित्रों के बीच वार्त्तालाप
(CONVERSATION BETWEEN TWO FRIENDS)

इस प्रकार के वार्त्तालाप का प्रयोग पार्टी या औपचारिक रूप से मिलने के दौरान किया जाता है। इस दौरान हाजिरजवाबी और मनोरंजक बातें कर आप माहोल में ताजगी भर सकते हैं।

पहला मित्र : आप कौन-सा खेल खेलते हैं? — **1st Friend** : Which game do you play? विच गेम डू यू प्ले?

दूसरा मित्र : मैं शतरंज खेलता हूँ। — **2nd Friend** : I like to play chess. आइ लाइक टु प्ले चेस।

: आप कौन-सा खेल पसंद है? — : Which game do you prefer? विच गेम डू यू प्रेफर?

पहला मित्र : मैं फुटबॉल खेलता हूँ। — **1st Friend** : I like to play football. आइ लाइक टु प्ले फूटबाल।

दूसरा मित्र : वे लोग किस खेल के कुशल खिलाड़ी हैं? — **2nd Friend** : Which game do they excel in? विच गेम डू दे इक्सेल इन?

पहला मित्र : वे लोग कबड्डी अच्छी खेलते हैं। — **1st Friend** : They enjoy playing *kabaddi*. दे इंज्वाय प्लेइंग कबड्डी।

दूसरा मित्र : आजकल क्रिकेट को ज्यादा प्रोत्साहन मिल रहा है। — **2nd Friend** : Cricket is getting quite an encouragement these days. क्रिकेट इज गेटिंग क्वाइट एन एनकरेजमेंट दीज डेज।

पहला मित्र : आजकल नहीं भाई, हमेशा प्रोत्साहन मिलता है आपको पता नहीं? — **1st Friend** : It's not only these days but it has always been encouraged, don't you know that? इट्स नॉट ओनली दीज डेज बट इट हैज आलवेज बीन एनकरेज्ड डोंट यू नो दैट?

दूसरा मित्र : क्रिकेट के अलावा कोई दूसरा खेल नहीं है क्या? — **2nd Friend** : Is there no game other than cricket? इज देयर नो गेम अदर देन क्रिकेट।

पहला मित्र : मुझे ऊँची कूद पसंद है। — **1st Friend** : I enjoy high jumps. आइ इंज्वाय हाइ जम्प्स।

दूसरा मित्र : क्या तुम उसमें अच्छा कर सकते हों? — **2nd Friend** : Do you hope to excel in that? डू यू होप टु इक्सेल इन दैट?

पहला मित्र : नहीं ! नहीं ! मैं अच्छा देख सकता हूँ । — **1st Friend** : No! No! I enjoy watching instead. नो! नो!

आइ इंज्वाय वाचिंग इनस्टीड।

दूसरा मित्र : वह कौन है आपको मालूम है?
2nd Friend : Do you know who is he? डू यू नो, हू इज ही?

पहला मित्र : मालूम है तेज़ धावक है।
1st Friend : I know, he is a sprinter. आइ नो ही इज अ स्प्रींटर?

दूसरा मित्र : आपकी संस्था में रोज़ाना खेलने के लिए एक पीरियड है क्या?
2nd Friend : Do you get a period allotted for games every day in your institution? डू यू गेट अ पीरियड अलॉटेड फॉर गेम्स एवरी डे इन योर इन्स्टीच्यूशन?

पहला मित्र : जी हाँ ! हम प्रतिदिन 4 बजे मैदान में जाते हैं।
1st Friend : Yes! We go to the playground every day at 4p.m. यस! वी गो टु दि प्लेग्राउण्ड एवरीडे एट फोर पी.एम.।

दूसरा मित्र : आप लोग उधर कौन-कौन से खेल खेलते हों?
2nd Friend :Which games do you play there? विच गेम्स डू यू प्ले देर?

पहला मित्र : खेल खेलते हों?
1st Friend : I will tell you provided you don't breakout into laughter. आइ विल टेल यू प्रोवाइडेड यू डोंट ब्रेकआउट इन टु लाफ्टर।

दूसरा मित्र : मैं नहीं हँसूगा बोलो।
2nd Friend : Tell me, I won't laugh. टेल मी, आइ वोंट लाफ।

पहला मित्र : हम वहाँ कंचे भी खेलते हैं ।
1st Friend : We play a game of glass marbles. वी प्ले अ गेम ऑफ ग्लास मार्बल्स।

दूसरा मित्र : उसको तैरना पसंद है।
2nd Friend : He likes swimming. ही लाइक्स स्वीमिंग।

पहला मित्र : लेकिन वहाँ अपानी नहीं है।
1st Friend : But there is no water. बट देर इज नो वाटर।

दूसरा मित्र : खेलों में कौन जीतेगा, कौन हारेगा किसी को भी मालूम नहीं है?
2nd Friend : No one knows which side will win or lose the game. नो वन नोज विच साइड विल विन आर लॉस दि गेम।

पहला मित्र : एक चीज़ तो पक्की है कि खिलाड़ियों का स्वास्थ्य अच्छा रहता है।
1st Friend : At least one thing is for sure. Players stay healthy. एट लीस्ट वन थिंग इज फॉर स्योर। प्लेयर स्टे हेल्दी।

दो व्यापारियों के बीच वार्त्तालाप (CONVERSATION BETWEEN TWO BUSINESSMEN)

इस प्रकार के वार्त्तालाप का प्रयोग दो व्यापारियों के बीच औपचारिक रूप से मिलने के दौरान किया जाता है। इस दौरान प्रश्नात्मक एवं कथनात्मक वाक्यों का प्रयोग विषय के अनुरूप करें।

पंदीप	: हाय! डेविड कैसे हो?	**Sandeep :** Hi! David how do you do? हाय! डेविड हाऊ डू यू डू?
डेविड	: मैं ठीक हूँ।	**David :** I am fine. आइ एम फाइन।
संदीप	: तुम्हारा व्यवसाय कैसा चल रहा है?	**Sandeep :** How is your business running? हाउ इज योर बिजनेस रनिंग?
डेविड	: अच्छा नहीं है।	**David :** Not so fine. नॉट सो फाइन
संदीप	: क्या हुआ?	**Sandeep :** What happened? वाट हैपन्ड?
डेविड	: उन दिनों यहाँ मेरी ही दुकान थी।	**David :** Those days mine was the only shop here. दोज डेज माइन वाज द ओनली शॉप हिअर।
	: दुकान अच्छा चलती थी।	: I was doing well that time. आइ वाज डूइंग वेल दैट टाइम।
	: मेरा धन्धा देखकर दो तीन लोगों ने दुकान शुरू कर दी।	: Taking a cue from me, two three people opened shops. टेकिंग अ क्यू फ्रॉम मी, टु थ्री पीपुल ओपेन्ड शॉप्स।
	: इसलिए मेरा धन्धा चौपट हो गया।	: This adversely affected my business. दिस ऐडवर्सली अफेक्टेड माइ बिजनेस।
संदीप	: चिंता मत करो।	**Sandeep :** Don't worry. डोंट वरी।
	: भगवान पर विश्वास रखकर कोशिश करते जाओ।	: Have faith in God and be happy. हैव फेथ इन गॉड एंड बी हैप्पी।
	: तुम अच्छा धन्धा करते हों।	: You are doing a good business. यू आर डूइंग अ गुड बिजनेस।
	: हम आपके साथ हैं।	We are with you. वी आर विथ यू।
	: हमारा समर्थन सदैव आपके साथ है।	: Our support is always with you. आवर सपोर्ट इज आल्वेज विद यू।
	: आप जरूर **सफल** होंगे।	: You would definitely succeed. यू वुड डिफनेटिली सक्सीड।
	: आप मत डरना।	: Never worry. नेवर वरी।

: व्यापार में सबको समस्याएँ आती हैं।	: Every business has ups and downs. एवरी बिजनेस हैज अप्स एंड डाउन।
: आप हिम्मत से आगे बढ़िए।	: Proceed with confidence. प्रोसीड विद कान्फीडेन्स।
: व्यापार के लिए ऋण चाहिए तो हमें बताएँ ।	: Ask us if you need loan for business. आस्क अस इफ यू नीड लोन फॉर बिजनेस।
: लेकिन हिम्मत नहीं हारना चाहिए ।	: But never lose hope. बट नेवर लूज होप।
: अगर हिम्मत है, तो गया हुआ धन भी वापस लौट आएगा ।	: When there is hope, even the lost things will come back to you. वेन देर इज होप, इवन द लॉस्ट थिंग्स विल कम बैक टु यू।
: आप सही रास्ते पर हैं।	: You are on the right path. यू आर ऑन द राइट पथ।

टेलीफोन पर वार्त्तालाप
(TELEPHONIC CONVERSATION)

इस प्रकार के वार्त्तालाप में व्यक्ति को सदा विनम्र रहकर अपने मित्र से परिस्थिति के अनुसार करना चाहिए। यहाँ निमंत्रण सम्बन्धी एवं कथनात्मक वाक्यों का प्रयोग करें।

राकेश	:	मैं परसों एक पार्टी दे रहा हूँ।	**Rakesh**	:	I am organizing a party day after tomorrow. आइ एम आर्ग्रेनाइजिंग अ पार्टी डे आफ्टर टूमारो।
	:	इसमें आपको जरूर आना है।		:	Please ensure your presence there. प्लीज़ इन्स्योर योर प्रेजन्स देर।
मोहन	:	कहाँ दे रहे हैं?	**Mohan**	:	Where is the party? वेर इज दि पार्टी?
राकेश	:	अपने घर में।	**Rakesh**	:	At my house. एट माइ हाउस।
मोहन	:	उधार बस जाती है क्या?	**Mohan**	:	Do buses ply there? डू बसेज प्ले देर?
राकेश	:	कृपया अंदर आइए।	**Rakesh**	:	Please come in. प्लीज़ कम इन।
	:	वहाँ पंखे के नीचे बैठिए।		:	Please be seated underneath the fan. प्लीज़ बी सिटेड अण्डरनीथ द फैन।
मोहन	:	कल हम सभी एक नाटक का प्रदर्शन देखने के लिए जा रहे हैं ।	**Mohan**	:	We are going to witness play tomorrow. वी आर गोइंग टु विटनेस प्ले टुमारो।
राकेश	:	आप भी जाएँगे क्या?	**Rakesh**	:	Would you go? वुड यू गो?
मोहन	:	ऐसा नहीं है लेकिन कल मुझे एक और काम है ।	**Mohan**	:	It's not like that. In fact I have some work to do tomorrow. इट्स नॉट लाइक दैट। इन फैक्ट आइ हैव सम वर्क टु डू टूमॉरो।

नाश्ते के समय एक परिवार

परिवार में मिलने के दौरान आपस में वार्त्तालाप आवश्यक है। इस दौरान हम परिवार के सभी सदस्यों से अपने विचार, सलाह तथा रोज की घटनाओं की जानकारी साझा करते हैं।

माँ : गुडमॉर्निंग, टीना! गुडमॉर्निंग, राहुल! क्या तुम्हारे उठने का समय नहीं हुआ है?

बच्चे : मॉर्निंग, माम!

माँ : अपने बेड को अस्त-व्यस्त मत छोड़ो। यह बुरी आदत है। बेड सीट को ठीक करो। तकिया को अपनी जगह पर रखो और चादर को अच्छी तरह मोड़कर रखो। इसके पश्चात् अपने सुबह की दिनचर्या पूरी करो।

टीना : मेरा टूथपेस्ट कहाँ है?

राहुल : और मेरा तौलिया कहाँ है?

माँ : अपनी चीजों की देखभाल करना सीखो। अब आप बड़े हो रहे हो। तुम अपनी दराज़ में देखो। तुम्हारा तौलिया वहाँ होगा और टीना तुम मेरे बेडरूम से पेस्ट ले सकती हो। राहुल क्या तुमने जूते पर पालिश कर लिया?

राहुल : ओह! मैं भूल गया, मम्मी। मैं नहाने से ठीक पहले उन्हें पालिश कर लूँगा।

माँ : ठीक है, स्नान करने के बाद अपना स्कूल बैग ठीक करो और नास्ते के लिए आ जाओ।
(माँ नास्ता मेज पर लगाती है।)

टीना : नास्ते में क्या है, मम्मी?

माँ : तुम दोनों के लिए आमलेट और दो गिलास दूध है।

पिता : (जल्दी में प्रवेश करते हैं) सॉरी प्रिये, क्या मैं भी नास्ता कर सकता हूँ? ओह! मैं तुम्हें कहना भूल गया कि मेरी मीटिंग सुबह 9 बजे से शुरू होगी।

माँ : आपको मुझे बता देना चाहिए। मैं बच्चों को देख रही हूँ। उन्हें स्कूल जाने में देरी नहीं होनी चाहिये। कृपया अपनी मदद स्वयं करो। फ्रिज से जूस निकाल लाओ, यहाँ सैंडविच रखे हैं।

टीना : मम्मी, यहाँ आपके लिए कॉफी रखी है। मुझे इसे आपको देने में खुशी होगी, लेकिन मेरे स्कूल जाने का वक्त हो चुका है।

माँ : कोई बात नहीं बच्चों, धन्यवाद! मैं तुम्हारी भावनाओं को समझती हूँ।

A FAMILY AT BREAKFAST

A family get together is the most interactive place in a day. It's the time when we interact with all members of the family and share our day-to-day life proceedings with opinions and advice galore.

Mother	:	Good morning, Tina! Good morning, Rahul! Isn't it time you get up?
Children	:	Morning, mom.
Mother	:	Please don't leave your bed unmade. It's a bad habit. Smoothen the bed sheet, put the pillows right, and fold the covering sheets properly. Kindly attend to your daily morning routine after that.
Tina	:	Where is my toothpaste?
Rahul	:	And where is my towel?
Mother	:	Learn to take care of your things. You've grown up children now. Rahul, look into your drawer. Your towel may be there and Tina, you can take toothpaste from my bedroom. Are your shoes polished, Rahul?
Rahul	:	Oh! I forgot mummy. I'll just polish them before taking bath.
Mother	:	Ok, after taking bath, arrange your school bags and come for breakfast. *(Mother lays the breakfast table)*
Tina	:	What is there in breakfast, mom?
Mother	:	Omelet and two glasses full of milk for you two.
Father	:	*(enters in a hurry)* sorry dear, can I have my breakfast too. Oh! I forgot to tell you that I have a meeting at sharp 9'o' clock.
Mother	:	You should have told me. I'm attending to children. They shouldn't be late for school. Please help yourself, take out the juice from the fridge and here are a couple of sandwiches.
Tina	:	Here is your coffee, mom. I would love to serve you but it is already our school time.
Mother	:	It's alright dear, thanks. I appreciate your sentiments.

माता और पुत्र के बीच वार्त्तालाप

माँ और बेटे के बीच होने वाली वार्त्तालाप में निरपवाद रूप से भविष्य की संभावनाओं की सलाह तथा उनके विचारों का आदान–प्रदान होता है।

माँ : *(बेटे से)* तुम्हें देर हो गई सोनू, इस समय तीन बजे हैं। तुम्हारी परीक्षा एक बजे खत्म हो गई होगी।

सोनू : ओह माँ, मैं स्कूल में खेलने लगा था।

माँ : तुम्हें मुझे बताना चाहिये था।

सोनू : कैसे माँ? कुछ लड़के बैडमिंटन खेल रहे थे। उन्होंने मुझे बुला लिया। मैं कुछ नहीं कर सका। तुम जानती हो हमारे पीटीआई सर बहुत ही अच्छे हैं। वह कहते हैं कि परीक्षा के बाद छात्रों को थोड़ा आराम करना चाहिए। उन्होंने हमें खेलने के लिए नेट, बैडमिंटन रैकेट दिये .....

माँ : ठीक है, मुझे अपनी परीक्षा के बारे बताओ?

सोनू : यह अच्छा हुआ है। उनमें से अधिक के उत्तर मैं जानता था।

माँ : बहुत अच्छा। भविष्य में स्कूल में ज्यादा देर मत रुकना। तुम्हारी पढ़ाई कैसी चल रही है? मैंने इसे पूरा कर दिया था।

सोनू : ठीक है। हमारे ज्यादातर शिक्षक अच्छे हैं, केवल संस्कृत को छोड़कर।

माँ : बात क्या है?

सोनू : कई बार वह कक्षा में क्लास लेने नहीं आते हैं। वह स्कूल के कार्यों में व्यस्त रहते हैं। आपकी संस्कृत अच्छी है। क्यों नहीं आप इस विषय में मेरी सहायता करती हैं?

माँ : मैं खुशी से यह करूँगी। तुम्हारे दोस्त कैसे हैं?

सोनू : निगम को छोड़कर सभी अच्छे हैं। वह मेरी आलोचना करता है और मेरी पीठ पीछे बुराई करता है। इसके अलावा वह मेरे वर्ग का मॉनीटर भी है।

माँ : मैं तुम्हारे क्लास टीचर से बात करूँगी और मैं उसकी माँ को भी जानती हूँ। मैं उनसे भी बात करूँगी। सोनू, तुम दोस्तों का चयन सोच–समझकर करना। एक व्यक्ति अपने दोस्तों से ही जाना जाता है। बुरे दोस्तों के सिवा बुरी आदतों को भी छोड़ो। अभी तुम्हारी उम्र दूसरों से प्रभावित होने वाली है।

सोनू : मैं सावधान रहूँगा माँ।

माँ : अच्छा, नास्ते की टेबल पर दूध को मत छोड़ो। मैं जानती हूँ तुम चाय पसंद करते हो मगर इसे छोड़ दो।

सोनू : अच्छा माँ, लेकिन क्या मैं रविवार को चाय पी सकता हूँ?

माँ : हाँ, रात को देर तक मत जागो, आमतौर पर तुम देर से सोते हो। मैं आशा करती हूँ, तुम उपन्यास नहीं पढ़ते होगे।

सोनू : नहीं माँ, लेकिन कभी–कभी मैं हार्डी बॉय की उपन्यास पढ़ता हूँ। वे अच्छी हैं।

माँ : कोई बात नहीं, लेकिन इसे आदत मत बनाओ और दो घंटे से अधिक मत पढ़ो। अपनी दिनचर्या का सख्तीपूर्वक पालन करो। इसे मैंने तुम्हारे लिए ही बनाया है।

सोनू : अच्छा माँ, मैं उनका पालन करूँगा।

A DIALOGUE BETWEEN MOTHER AND SON

A conversation between mother and her son invariably discusses future prospects, advice, and exchange of views and opinions.

Mother : *(to son)* you're late, Sonu. It is 3'o' clock now, your exam must have been over by 1'o' clock.

Sonu : Oh! Mom I began to play in the school!

Mother : You should have told me.

Sonu : How mom? Some students were playing badminton and they invited me. I couldn't help it, you know our PTI sir is very good. He says that after the exam, students should relax a bit. He gives us net and badminton rackets to play......

Mother : Ok, ok tell me about your exam.

Sonu : It was well. I knew most of the answers.

Mother : That's good. In future don't overstay in school. How are your studies going?

Sonu : All right. Most of our teachers good except that of Sanskrit.

Mother : What's the matter?

Sonu : Many times he doesn't take class. He is busy with some school work. You know Sanskrit so well, mom. Why don't you help me cover the topic?

Mom : I'll gladly do that. How is you friend circle?

Sonu : They are all good boys except Nigam. He criticizes me and talks ill of me behind my back. Besides, he is the monitor of the class and bit of a bully.

Mom : I'll talk to your class teacher and I think I know his mother. I'll talk to her also. Sonu, choose you friends wisely, a person is known by the company he keeps. Besides bad friends, inculcate bad habits and yours is a very impressionable age.

Sonu : I'll be careful, mom.

Mom : Good, also don't avoid the glass of milk at your breakfast table. I know you like tea, but that is ruled out.

Sonu : All right mom but can I drink tea on Sundays?

Mom : Ok, also don't wakeup late hours. You usually sleep late. I hope you aren't into reading novels.

Sonu : No mom. But sometimes I do read Hardy Boys novel, they are good.

Mom : No harm, but don't make it a habit and do not exceed the time limit of two hours' play in the evening stick strictly to the time table, I have made for you.

Sonu : Ok mom, I'll do that.

डॉक्टर से परामर्श

फोन पर होने वाले इस प्रकार के वार्त्तालाप काफी संक्षिप्त होते हैं। बीमार व्यक्ति को अपने शारीरिक और मानसिक परेशानियों के बारे में विस्तार से बताने के अलावा उसे बीमारी के लक्षणों के बारे में भी बताना पड़ता है।

मरीज : मैं पिछले कुछ दिनों से अच्छा नहीं महसूस कर रहा हूँ।

डॉक्टर : मुझे इसके बारे में बताओ।

मरीज : *(खाँसता है)* इस खाँसी को देखिये। यद्यपि इन दिनों ठंड नहीं है, फिर भी मैं हमेशा ठंड महसूस करता हूँ।

डॉक्टर : *(उसका ब्लड प्रेशर और तापमान देखता है)* तुम्हारा ब्लड प्रेशर ठीक है, लेकिन शरीर थोड़ा गर्म है। शरीर में कहीं दर्द तो नहीं है?

मरीज : किसी एक जगह पर दर्द नहीं है, लेकिन हर समय मैं बुझा और थका-थका सा रहता हूँ। मैं बिस्तर पर भी बेचैन रहता हूँ।

डॉक्टर : कितने दिनों से ऐसा हो रहा है?

मरीज : दो-तीन दिनों से।

डॉक्टर : अपनी जीभ बाहर निकालो और मुझे तुम्हारा गला देखने दो *(गले का निरीक्षण करता है)*। मुझे गले में संक्रमण दिखाई पड़ रहा है। कोई और बात जिसे आप मुझे बताना चाहते हों?

मरीज : जैसा कि मैं बता चुका हूँ, मैं परेशान थका-थका सा रहता हूँ और खाँसते समय गले में जलन-सी होती है, जो गले में संक्रमण होने का कारण हो सकती है। मैं बाहर खाने-पीने के मामले में काफी सावधान रहता हूँ।

डॉक्टर : आप कुछ नहीं कह सकते। कभी-कभी आप साँस में कीटाणु अन्दर खींच लेते हैं। कभी मसाले या दूसरे ठंडी पेय से गले के अन्दर संक्रमण हो जाता है। यह टेबलेट और सिरप दिन में तीन बार लेना और कल आकर बताना।

मरीज : मैं आशा करता हूँ कि इसमें चिन्ता करने की तो कोई बात नहीं है?

डॉक्टर : नहीं! यहएक साधारण संक्रमण है। मिर्च, खट्टी चीजों और ठंडे पानी से दूर रहो। कुछ ही दिनों में तुम बिलकुल ठीक हो जाओगे।

मरीज : धन्यवाद डॉक्टर साहब!

IN CONSULTATION WITH A DOCTOR

This type of conversation should be brief and to the point. One has to tell his physical and mental ailments in details and also the symptoms of the affected disease to the doctor.

Patient : I have not been feeling well for the last few days.

Doctor : Tell me about it:

Patient : *(coughs)* you see doctor there is this cough, also I'm feeling cold all the time although it is no season for cold.

Doctor : *(checks his BP and temperature)* Your BP is alright but you are running a mild temperature. Anywhere pain in the body.

Patient : Not pain at any exact place but all the time I seem run down and exhausted. I'm restless even in bed.

Doctor : For how many days it has been like that?

Patient : Well two, three days.

Doctor : Take out your tongue and let me see your throat. *(Checks)* well it seems to me a mild sort of throat infection. Is there any other thing that you would like to tell me?

Patient : As I told you, I feel restless, exhausted and cough at times – a sort of burning sensation in throat which might have caused this throat infection. I'm very careful about not eating or drinking out.

Doctor : You can never say. Sometimes, you can even inhale germs; sometimes the throat gets irritated by spices or very cold drinks. Here, take these tablets and syrup three times a day and come tomorrow.

Patient : I hope it is nothing serious.

Doctor : Oh no! It's just an ordinary infection. Avoid chilies, sour things and cold water. You'll be alright within a few days.

Patient : Thanks doctor.

करियर सम्बंधी परामर्श

इस प्रकार के वार्त्तालाप विचार-विमर्श से थोड़े हटकर होते हैं। करियर विशेषज्ञ छात्रों को उसकी इच्छा के अनुसार उच्च शिक्षा जारी रखने में उनके विषयों के चुनाव तथा उनके करियर को संवारने की सलाह देते हैं।

लोकेश : नमस्कार सर, क्या आप मुझे थोड़ा वक्त देंगे? मैं अपने करियर के बारे में आपसे सलाह लेना चाहता हूँ।

परामर्शदाता : अवश्य, आपकी उम्र और शैक्षिक योग्यता क्या है?

लोकेश : मेरी उम्र 18 वर्ष है, मैंने कला में 12वीं की है।

परामर्शदाता : अच्छा, अकाउंट तथा दवा के क्षेत्र में करियर संभावना नहीं है। आपके अंकों का प्रतिशत क्या है?

लोकेश : सभी विषयों को मिलाकर 85 प्रतिशत है।

परामर्शदाता : अच्छा, आप शिक्षा के क्षेत्र में जा सकते हैं। आप अपने पसंद की विषयों में प्रतिष्ठा लें सकते हैं।

लोकेश : नहीं महाशय, इसके लिए मेरी योग्यता नहीं है।

परामर्शदाता : सेना की परीक्षा में शामिल होने के बारे में तुम्हारा क्या विचार है?

लोकेश : नहीं सर, मेरा स्वास्थ्य ठीक नहीं रहता है, इसके सिवा मेरी आँखें भी कमजोर हैं।

परामर्शदाता : क्या तुम्हें कम्प्यूटर में रुचि है?

लोकेश : हाँ मुझे कम्प्यूटर पर काम करना अच्छा लगता है।

परामर्शदाता : ठीक है, तुम इग्नो से बीसीए कर सकते हो। तुम किसी विश्वविद्यालय में अपना नामांकन करा सकते हो, क्योंकि तुम्हारे अंकों के प्रतिशत अच्छे हैं। बीसीए या एमसीए करने के बाद तुम्हें मल्टीनेशनल कम्पनी में आकर्षक नौकरी मिल सकती है। तुम्हारा ड्राईंग कैसा है? क्या यह तुम्हारे पसंद के विषयों में से एक है?

लोकेश : मैं चित्राकंन में बहुत अच्छा हूँ।

परामर्शदाता : ठीक है, फिर तो तुम आर्किटेक्चर के क्षेत्र में जा सकते हो? तुम्हारा कम्प्यूटर ज्ञान इसमें काफी मदद करेगा।

लोकेश : महाशय, यह एक अच्छा विचार है। मुझे कहाँ आवेदन करना चाहिए?

परामर्शदाता : आईटीओ क्रॉसिंग पर अर्किटेक्चर एण्ड प्लानिंग का स्कूल है। अपने प्रमाण पत्रों को लेकर वहाँ जाओ। मुझे उम्मीद है, इस समय नामांकन चल रहा होगा। नामांकन का आवेदन पत्र भर देना।

लोकेश : दिल्ली में कोई और दूसरा इंस्टीच्यूट है?

परामर्शदाता : नहीं, अगर तुम्हें यहाँ दाखिला नहीं मिला, तो तुम नासिक जा सकते हो। नासिक आर्किटेक्चर स्कूल काफी प्रसिद्ध है।

लोकेश : मैं आपकी सलाह का पालन करूँगा।

CAREER COUNSELLING

This kind of conversation is different from normal discussion. In career counselling, experts or counsellors talk and advise the students to opt for their choice of subjects and continue their higher education, and make a career for themselves.

Lokesh	:	Good morning, sir, could you spare me a little time. I want to consult you about my career.
Counsellor	:	Sure, What is your qualification and age?
Lokesh	:	I'm eighteen sir, I have passed my 12th in Arts stream.
Counsellor	:	Well, any career in accountancy or medicine is ruled out. What is your percentage?
Lokesh	:	Average 85% in all subjects.
Counsellor	:	Good you can go in teaching line. You can do graduation with honors in your favourite subjects.
Lokesh	:	No sir, I don't have any aptitude for that.
Counsellor	:	What about appearing in defense services exams.
Lokesh	:	No sir, I do not keep very good health, besides my eye sight is weak.
Counsellor	:	Do you like computers?
Lokesh	:	Yes sir, I like computer operating.
Counsellor	:	Well, then you can do BCA from IGNOU. You can get admission in any university because your percentage is good. After BCA or MCA you can get a handsome job in any MNC. How is your drawing? Was it one of your subjects?
Lokesh	:	I'm very good at drawing.
Counselor	:	Good, then you can go in architecture line also. Your expertise in computers will be of great help.
Lokesh	:	That seems a good idea, sir. Where should I apply?
Counsellor	:	There is a School of Architecture and Planning at ITO crossing. Go there with your certificates and testimonials. I hope the admission is still open, fill up the application form for admission.
Lokesh	:	Any other institute in Delhi.
Counsellor	:	No, but you can go to Nasik if you don't get admission here. Nasik Architecture School has a very good reputation.
Lokesh	:	Thank sir, I'll do as you advise.

छात्र का कॉलेज में प्रथम दिन

पार्टियों में जहाँ लोग मिलते हैं, वार्त्तालाप करते हैं, एक-दूसरे से मिलते हैं, वहाँ वार्त्तालाप छोटी होनी चाहिए। इससे वार्त्तालाप अधिक रुचिकर होता है। यद्यपि छोटे वार्त्तालाप में उचित मुहावरों का प्रयोग वार्त्तालाप को प्रवाहमय बनाने में मदद करता है।

एक छात्र : *(घबराया हुआ थोड़ी दूर पर खड़े एक लड़के के पास जाकर पूछता है)*– हैलो!

दूसरा छात्र : क्या तुम यहाँ नये हो?

पहला लड़का : हाँ, मेरा नाम मुकेश है।

दूसरा छात्र : मैं आकाश हूँ।

मुकेश : *(हाथ मिलाता है।)* तुम्हें देखकर खुशी हुई, तुम्हारे विषय क्या हैं?

आकाश : बी.काम, तुम्हारा विषय क्या है?

मुकेश : अंग्रेजी आनर्स, आज मेरा यहाँ पहला दिन है और मैं काफी घबराया हुआ हूँ। जैसे किसी मछली को पानी से बाहर निकाल दिया गया हो।

आकाश : मैं भी वैसा ही महसूस कर रहा हूँ, लेकिन घबराने की कोई ज़रूरत नहीं है, अन्यथा यह अपने लिए नुकसानदेह हो सकता है।

मुकेश : क्या तुमने रैगिंग के बारे में सुना है? हम जैसे नये छात्रों को यहाँ शिकार बनाया जाता है।

आकाश : आओ चले वहाँ बगीचे में चलकर बैठते हैं।
(दोनों एक बेंच पर जाकर बैठते हैं।)

मुकेश : तुमने किस स्कूल से 12वीं उत्तीर्ण किया है?

आकाश : दरियागंज के एंग्लो संस्कृत स्कूल से ।

मुकेश : मैंने आर.के.पुरम के एसबीवी स्कूल से 12वीं की है।

आकाश : मैंने नोटिस बोर्ड देखा, लेकिन अपना क्लास नहीं ढूँढ सका? क्या तुमने कोशिश किया?

मुकेश : *(हँसता है)* हाँ और मैं भी नहीं ढूँढ सका। इस वक्त काफी भीड़भाड़ है। क्यों नहीं इस वक्त यहाँ से चलें और कल यहाँ आ जायें?
(एक हट्ठा-कट्ठा लड़का उनके समीप आता है)

साथी : क्या तुम लोग यहाँ नये हो?

दोनों : *(घबराते हुए खड़े होकर)* हाँ, महाशय।

साथी : मैं तुम्हारा सीनियर हूँ। हम लोग यहाँ नये लड़कों की परेड करा रहे हैं, चलो खड़े हो जाओ।

दोनों : *(घबराकर)* कृपया जाने दें।

साथी : *(पुनः हँसकर)* मैं तो मजाक कर रहा था। वास्तव में मैं प्रिंसिपल के द्वारा यह देखने के लिए नियुक्त किया गया हूँ कि इधर कहीं रैगिंग वैगरह तो नहीं हो रही है। घबराओ मत मैं संजीव मेहता हूँ। बी.काम के तीसरे वर्ष का छात्र हूँ। *(उनके साथ हाथ मिलाता है।)*

मुकेश : महाशय, मैं अपने क्लास का पता लगा रहा था। मैं भी बी.काम का छात्र हूँ। क्या आप हमारी मदद करेंगे? आकाश ने अंग्रेजी में प्रतिष्ठा विषय लिया है।

संजीव : मेरे साथ आओ। मैं तुम्हारी सहायता करूँगा।

FIRST DAY OF A STUDENT IN COLLEGE

Small talk is used at parties, when meeting people, etc. to be kind and get along with others at the events. Hopefully, small talk leads to more interesting conversations. However, the ability to small talk and use appropriate phrases can help get the conversation flowing.

A student : *(nervously looks at the crowd and consciously approaches a boy standing apart)* Hello!

Other student : Hello, are you new here?

First student : Yes, my name is Mukesh.

Other student : I am Akash.

Mukesh : *(shakes his hand)* Glad to see you. What is your subject?

Akash : B.Com, what is yours?

Mukesh : English Honours. It is my first day here and I'm feeling very nervous, like a fish out of water.

Akash : The same here, but nervousness is of no use, rather it may be to our disadvantage.

Mukesh : Right, have you heard about ragging! Nervous new comers like us are sitting targets!

Akash : Come, let's go out and sit in the garden there.

(Both sit on a bench)

Mukesh : From which school did you pass your 12th?

Akash : Anglo Sanskrit School in Daryaganj.

Mukesh : I'm from SBV, R.K. Puram.

Akash : I looked at the notice board but couldn't locate my class. Did you try?

Mukesh : *(laughs)* Yes and I also failed. There is so much crowd here. Why not leave now and come tomorrow.

(A burly fellow approaching them)

Fellow : Are you guys new here?

Both : *(nervously standing up)* Yes, sir.

Fellow : *(laughs)* I'm your senior we're parading the fresher's here, come, get up.

Both : *(very nervously)* please let's go, sir.

Fellow : (again laughs) I was joking. Actually, I have been deputed by the principal to check out if there is any ragging. Be at ease, I'm Sanjeev Mehta. 3rd year B.Com. *(Shakes hands with them)*

Mukesh : Sir, I was looking for my class. I'm also a B.Com student. Could you help us, Akash is English honors.

Sanjeev : Come with me. I'll help you.

कॉलेज में
लड़के-लड़की का वार्त्तालाप

नये दोस्त बनने के दौरान आमतौर पर वार्त्तालाप के तीन भाग होते हैं। इसमें पहला अभिवादन का है। इस भाग में आप और आपके दोस्त एक-दूसरे का अभिवादन करेंगे और एक-दूसरे को अपना नाम बतायेंगे। दूसरा हिस्सा वार्त्तालाप है। कभी तो वार्त्तालाप छोटा हो सकता है और कभी वार्त्तालाप काफी महत्त्वपूर्ण विषय के ऊपर हो सकता है। वार्त्तालाप का तीसरा हिस्सा बात को खत्म करने को लेकर है। इस भाग में आप अपने नये दोस्तों से बोलें कि आपको उनसे मिलकर खुशी हुई और बातचीत खत्म कर दें।

प्रथम वर्ष का छात्र : एक्सक्यूज मी, क्या आज मिस्टर कोहली ने क्लास लिया था?

लड़की : क्या मैं तुम्हें जानती हूँ?

लड़का : मैं कुणाल कपूर हूँ। हम दोनों एक ही क्लास में पढ़ते हैं। परेशानी के लिए क्षमा चाहता हूँ। मैं कल कॉलेज नहीं आया था।

लड़की : मिस्टर कोहली ने क्लास लिया था।

कुणाल : *(थोड़ा रुककर)* क्या तुम उनकी क्लास में उपस्थित थी?

लड़की : हाँ।

कुणाल : तुमने अवश्य नोट्स तैयार किये होंगे। अगर तुम्हें ज्यादा परेशानी नहीं हो, तो क्या मैं एक नजर उन्हें देख सकता हूँ? मिस्टर कोहली मेरे प्रिय लेक्चरर हैं। मैं उनकी क्लासों में कभी अनुपस्थित नहीं रहता हूँ।

लड़की : वह मेरे भी प्रिय लेक्चरर हैं। मुझे देखने दो उनके नोट्स कहाँ हैं। वैसे मेरा नाम संजना गर्ग है।

कुणाल : तुमसे मिलकर मुझे खुशी हुई।

संजना : *(नोटबुक से एक पेज निकालकर)* यह लो।

कुणाल : धन्यवाद, मैं इसे थोड़ी देर के बाद दूँगा। अगर तुम्हें एतराज नहीं हो, तो चलो एक समझौता करें।

संजना : कैसा समझौता?

कुणाल : जब कभी हम दोनों में से कोई एक मिस्टर कोहली के क्लास में नहीं आयेगा, तो दूसरा उसे नोट्स तैयार करने में मदद करेगा।

संजना : मंजूर है। अब क्लास शुरू होने का समय हो गया है, बाय!

कुणाल : बाय!

A BOY TALKING TO A GIRL IN COLLEGE

While making new friends, there are usually three parts of the conversation you will have with your new friend. The first is the greeting. In this part, you and your new friend will greet each other and tell each other your names. The second part is the conversation. Sometimes, the conversation is small talk and sometimes the conversation is about important matters; the third part of the conversation is the leave-taking. In this part, you tell your new friend that you are happy to meet him and that you must end the conversation.

A first year student: Excuse me; did Mr. Kohli take class yesterday?

Girl : Do I know you?

Boy : I am Kunal Kapoor. We study in the same class. Sorry for the botheration, I didn't come to college yesterday.

Girl : Mr. Kohli took the class.

Kunal : *(after a pause)* did you attend his class?

Girl : Yes.

Kunal : You must have taken notes if it is not much of trouble, could I have a look at them. Mr. Kohli is my favourite lecturer. I never miss his classes.

Girl : He is my favourite too. Let me see where his notes are. By the way I'm Sanjana Garg.

Kunal : Glad to meet you, Sanjana.

Sanjana : *(opening a page in the notebook)* Here are the notes.

Kunal : Thanks, I'll give it back to you in a short while. If you don't mind, let's make a pact.

Sanjana : What pact?

Kunal : Whenever one of us misses Mr. Kohl's lecture. The other one will help him or her with notes.

Sanjana : Agreed. It's time for class now, bye!

Kunal : Bye!

बैंक में खाता खुलवाने के दौरान

वार्त्तालाप में विनम्रता की आवश्यकता होती है। व्यक्ति को एक ओर तो सुनने की उदारता होनी चाहिए और केवल सुनने भर की नहीं, बल्कि दूसरा व्यक्ति जो काम की बातें कह रहा है, उसे समझने की भी आवश्यकता होती है।

ग्राहक : *(एक बैंक कर्मचारी से)* महाशय, मैं एक बैंक अकाउंट खुलवाना चाहता हूँ। मुझे इस प्रक्रिया की जानकारी दें।

कर्मचारी : *(आवेदन पत्र देकर)* आप कहाँ रहते हैं?

ग्राहक : लक्ष्मी नगर में।

कर्मचारी : ओ.के. इस आवेदन पत्र को ध्यानपूर्वक पढ़िए। आप सेविंग अकाउंट खुलवाना चाहते हैं या करंट अकाउंट?

ग्राहक : सेविंग।

कर्मचारी : संयुक्त या एकल?

ग्राहक : एकल।

कर्मचारी : ठीक है, मैं इससे जुड़े अन्य ज़रूरी कागज पर काम करता हूँ। आप ये दो कॉलम देख रहे हैं। आपको प्रत्येक कॉलम के लिए, जैसे घर के पते के लिए बिजली का बिल या एमटीएनएल फोन का बिल, दूसरे कॉलम के लिए आपका इलेक्शन आइडी, ड्राइविंग लाइसेंस या पासपोर्ट इत्यादि कागजात चाहिए।

ग्राहक : अकाउंट खुलवाने के लिए मुझे कितने रुपये जमा कराने होंगे?

कर्मचारी : क्या आपको चेक बुक की सुविधा भी चाहिए?

ग्राहक : हाँ।

कर्मचारी : आप एक हजार रुपये से अपना अकाउंट खोल सकते हैं। आपका अकाउंट खुलने के (10–15) दिन के बाद पोस्ट द्वारा आपको चेकबुक मिल जाएगा।

ग्राहक : क्या मुझे एटीएम कार्ड मिल सकता है?

कर्मचारी : क्यों नहीं? इससे सम्बधित कॉलम में टिक (√) लगा दो। चेक बुक की तरह कुछ समय के बाद यह आपको मिल जाएगा।

ग्राहक : *(फार्म को पढ़ता है)* इसमें दो गवाह और एक व्यक्ति जिसका इस बैंक में पहले से अकाउंट हो उसके द्वारा गारंटी दिए जाने के बारे में लिखा है।

कर्मचारी : हाँ, यह काफी महत्त्वपूर्ण है। एक व्यक्ति जिसका अकाउंट पहले से यहाँ हो और वह आपको जानता भी हो। उसके दस्तखत और अकाउंट नम्बर की भी यहाँ ज़रूरत पड़ेगी। अपने पड़ोस में जाकर गवाहों का इंतजाम करें। आपके आवेदन फार्म को स्वीकार करने तथा 1000 रुपये जमा किये जाने के बाद आपके नाम पासबुक जारी की जाएगी।

ग्राहक : धन्यवाद, महाशय!

कर्मचारी : ठीक है, सावधानीपूर्वक यह आवेदन पत्र भरें और आपके दो फोटोग्राफ की ज़रूरत है। आपको एक फोटो अपने आवेदन फार्म पर चिपकाना है और दूसरा आपके पासबुक पर चिपकाया जाएगा।

ग्राहक : आपको पुनः धन्यवाद महाशय!

BANK SCENARIO FOR OPENING AN ACCOUNT

A conversation demands great generosity. On the one hand, it demands the generosity of listening. And perhaps not just of listening but of assuming that the other person is saying something of value, something worth listening to.

Customer	:	*(to a bank employee)* Sir, I would like to open a bank account, what is the procedure?
Employee	:	*(gives him an application form)* where do you live?
Customer	:	In Laxmi Nagar.
Employee	:	Ok, please read this form very carefully. Do you want to open savings or current account?
Customer	:	Savings.
Employee	:	Joint or single?
Customer	:	Single
Employee	:	Ok, here I'll work the relevant papers. You see two columns here, you'll have to bring a document for each column for address proof, and for example, from this column you can bring an electricity bill or MTNL phone bill. For the other column you can bring your election ID card or driving license or passport.
Customer	:	How much I'll have to deposit for opening the account?
Employee	:	Do you want a cheque book?
Customer	:	Yes.
Employee	:	You have to open the account with one thousand rupees. You'll get the check book by post after 10 or 15 days from the date you open the account.
Customer	:	Can I have an ATM card also?
Employee	:	Why not? Just tick at the relevant column. Like check book, you'll get it after some time.
Customer	:	*(reads the form)* It says two witnesses are needed and a person whose account is in this bank.
Employee	:	Yes, that is very important, a person who has his account here must be known to you. His signature and account number will be needed, witness you can arrange from your neighbourhood, after your form is accepted and you have deposited Rs. 1000, and you'll be issued the passbook.
Customer	:	Thanks, Sir.
Employee	:	That's alright, fill in the form carefully and two photos will be needed, one you have to affix on the form, the other will be pasted on your passbook.
Customer	:	Again thanks, sir.

फोन द्वारा फिल्म के टिकट की बुकिंग

टेलीफोन पर इस तरह के वार्त्तालाप में व्यक्ति को परिस्थिति के अनुसार बातें करनी चाहिए।

ग्राहक	:	हैलो, क्या यह डीलाइट सिनेमा हॉल है?
कर्मचारी	:	हाँ, महाशय।
ग्राहक	:	मुझे 'सिंघम' पिक्चर की कुछ टिकटें खरीदनी है।
कर्मचारी	:	किस 'शो' की?
ग्राहक	:	शाम 7 बजकर 15 मिनट की।
कर्मचारी	:	कितने टिकट?
ग्राहक	:	चार, टिकट कितने की है?
कर्मचारी	:	बालकनी के 110 रुपये?
ग्राहक	:	टिकट बुक कराने के लिये क्या करना होगा? क्या आपको मेरे क्रेडिट कार्ड के नम्बर की आवश्यकता है?
कर्मचारी	:	नहीं महाशय, केवल आप अपना नाम बता दें।
ग्राहक	:	एस.के. वर्मा।
कर्मचारी	:	इतना ही काफी है, आपकी टिकट बुक हो गई।
ग्राहक	:	मैं ये टिकटें कहाँ से प्राप्त करूँ?
कर्मचारी	:	आप इन्हें 'बालकनी' के काउन्टर से प्राप्त कर सकते हैं।
ग्राहक	:	धन्यवाद!
कर्मचारी	:	ठीक है, महाशय!

BOOKING MOVIE TICKETS ON PHONE

In this type of telephonic conversation, react to what a person says in the spirit in which that comment was offered.

Customer	:	Hello, is it the Delite Cinema?
Employee	:	Yes, Sir.
Customer	:	I'd like to book tickets for the movie 'Singham.'
Employee	:	Which show?
Customer	:	7:15 p.m.
Employee	:	How many tickets?
Customer	:	Four, what is the rate of tickets?
Employee	:	Rs. 110 for balcony.
Customer	:	What is to be done for booking? Do you need my credit card number?
Employee	:	No sir, just tell me your name.
Customer	:	S.K. Verma.
Employee	:	That's enough, your tickets are booked.
Customer	:	From where do I collect my tickets?
Employee	:	You can collect them from the ticket counter marked 'Balcony'
Customer	:	Thanks.
Employee	:	It's alright, sir.

बिक्री कार्यपालक की अपने अधिकारी को रिपोर्ट

इस प्रकार के वार्त्तालाप विचार–विमर्श से अलग हटकर होते हैं। विचार–विमर्श में प्रत्येक व्यक्ति कुछ न कुछ अवश्य कहता है।

मालिक	:	अन्तिम सप्ताह कैसा बीता?
बिक्री कार्यपालक	:	बहुत अच्छा महाशय, हम लोगों ने 20 'प्योर वाटर' सिस्टम बेचने का लक्ष्य रखा था, जिसमें हम लोगों ने 14 बेचे।
मालिक	:	हम लोगों ने छह सिस्टम कम बेचे हैं, इसलिए हम नहीं कह सकते कि पिछले सप्ताह की बिक्री बहुत अच्छी हुई।
बिक्री कार्यपालक	:	सर, मेरा इलाका गीता कॉलोनी है। जहाँ लगभग 30 बीमित व्यक्ति रहते है। मेरे साथ चार व्यक्तियों की टीम थी; वे दस से चार बजे तक काम कर रहे थे। उस इलाके को देखते हुए मेरा विचार है कि उन्होंने अच्छा काम किया है।
मालिक	:	उस जगह के बारे में बताओ।
बिक्री कार्यपालक	:	यह पॉश कालोनी नहीं है। वहाँ जल बोर्ड द्वारा पानी की सप्लाई अच्छी है और सभी के घरों में पानी के नल लगे हैं। इसलिए उन लोगों को शुद्ध पानी के लिए एक हजार रुपये खर्च करवाने पर राजी करना थोड़ा मुश्किल काम है।
मालिक	:	जो चार आदमी तुम्हारे अन्दर काम कर रहे थे, क्या वे काम के प्रति ईमानदार थे?
बिक्री कार्यपालक	:	एक को छोड़कर सभी ईमानदार हैं। मैं जल्द ही उसकी जगह दूसरा आदमी रखूँगा।
मालिक	:	दूसरे इलाके की बिक्री रिपोर्ट तुम्हारे इलाके से बेहतर है। अपनी कोशिशें बढ़ाओ।
बिक्री कार्यपालक	:	मैं अपने स्टॉफ की संख्या बढ़ाऊँगा। मेरे दिमाग में चार व्यस्त शापिंग सेंटर हैं, जहाँ हम अपने प्योर वाटर सिस्टम को अच्छे स्लोगन जैसे कीटाणुरहित 'प्योर वाटर इज स्योर वाटर' के साथ प्रदर्शित कर सकते हैं।
मालिक	:	मैं नहीं समझता कि यह बहुत आकर्षक स्लोगन है। मैं तुम्हें एक या दो स्लोगन और दूँगा जिसका प्रयोग दूसरे लोग भी करते हैं। व्यस्त जगहों पर सिस्टम को प्रदर्शित करना एक अच्छा कदम है, लेकिन इस बात से आश्वस्त रहो कि स्मार्ट लड़के–लड़कियाँ वहाँ अपनी बात को अच्छी तरह समझा सकें। तुम सड़क के किनारे एक स्टॉल लगा सकते हो।
बिक्री कार्यपालक	:	मैं वैसा ही करूँगा महाशय।
मालिक	:	अब तुम जा सकते हो। अगले सप्ताह बेहतर बिक्री के आँकड़ों के साथ मुझे रिपोर्ट करना।

SALES EXECUTIVE REPORTING TO HIS BOSS

This kind of conversation is different from a discussion. In a discussion everyone in talking about something.

Boss	:	How did the last week go?
Executive	:	Pretty well sir, we had targeted to sell 20 'Pure Water' systems. We sold 14.
Boss	:	We fell six short, I can't call it pretty well!
Executive	:	My area is Geeta Colony, sir, where about 30 insured people are living. I have a team of four persons; they're working from ten to four. Seeing the locality, I think they have worked well.
Boss	:	What about the locality?
Executive	:	It's not a posh colony sir, secondly the water supply from the Jal Board is good and people have taps. So, it becomes rather hard to convince them to spend Rs. 1000 more for better water.
Boss	:	The four people working under you, are they sincere?
Executive	:	They are, except one, I'll soon replace him.
Boss	:	Sales reports from other areas are better than yours. Intensify your efforts.
Executive	:	I'll have to increase my staff, sir. I have in my mind four busy shopping centres where we can display our 'Pure water' system with catchy slogans like 'Pure water is sure water' with surity of being germ-free.
Boss	:	I don't think it is a very catchy slogan. I'll provide you with one or two which others are using. Displaying the system in busy areas is a good step, but be sure that smart girls and boys sit there, who can offer a convincing talk. You can also arrange make-shift stalls on road-side.
Executive	:	I'll do that, sir.
Boss	:	You may go now, report to me next week with better sale figures.

मोबाइल फोन के बिल की शिकायत करना

इस प्रकार के वार्त्तालाप महत्त्वपूर्ण एवं संक्षिप्त होते हैं। आधिकारिक तौर पर शिकायत के दौरान आपको अपनी बातों पर दृढ़ रहना चाहिए, लेकिन कठोरता से नहीं।

ग्राहक : *(फोन पर)* क्या यह ग्लोबल फोन का ऑफिस है?

उत्तर : हाँ बतायें।

ग्राहक : मुझे मोबाइल फोन के बढ़े हुए बिल की रकम के बारे में शिकायत दर्ज करनी है।

उत्तर : कृपया, अपने फोन के बिल में से 'कस्टमर केयर' का फोन नम्बर देखकर उस पर फोन करें।

ग्राहक : धन्यवाद, *(कस्टमर केयर को फोन लगता है)* हैलो, मैं दिवाकर रस्तोगी बोल रहा हूँ। यह मेरे फोन के बिल के बारे में है। यह रकम मेरी कल्पना से ज्यादा है।

कस्टमर केयर : मुझे अपना मोबाइल नंबर और बिल में बतायी गयी रकम के बारे में बतायें।

मिस्टर दिवाकर : मेरा मोबाइल नम्बर 9771056756 है और बिल की राशि 20,000 रुपये है।

कस्टमर केयर : एक सेकंड रुकें। *(कुछ समय पश्चात्)* महाशय, आपका बिल एकदम सही है।

मिस्टर दिवाकर : यह असम्भव है; अपने मैनेजर से मेरी बात कराओ *(लाइन पर मैनेजर से)* मुझे 20,000 रुपये का बिल प्राप्त हुआ है। इसमें कुछ गलती है। आप देखिये, मैं एक ऑफिस जाने वाला आदमी हूँ, कोई बिजनेसमैन नहीं हूँ। मैं ज्यादा फोन नहीं करता। मेरा बिल 2000 से अधिक नहीं हो सकता। कृपया मेरे बिल को अच्छी तरह देखिये। क्या मैं स्वयं आपके नजदीक आऊँ?

मैनेजर : नहीं, मैं कुछ समय बाद इसके बारे में बताऊँगा।

अगले दिन

मैनेजर : *(फोन पर)* हैलो, क्या मिस्टर दिवाकर बोल रहे हैं?

दिवाकर : हाँ।

मैनेजर : महाशय, आपका बिल सही कर दिया गया है। कम्प्यूटर की गलती से ऐसा हुआ था।

दिवाकर : अब बिल की राशि क्या है?

मैनेजर : 2000/- रुपये।

दिवाकर : धन्यवाद, कृपया ध्यान रखें। ऐसी गलती भविष्य में दोबारा नहीं हो।

COMPLAINT ABOUT MOBILE PHONE BILL

This type of conversation should be to the point and concise as well as very official. One must be firm while complaining, but not rude.

Customer : *(on phone)* is it global phone office?
Answer : Yes, please.
Customer : I have to make a complaint about an inflated cell phone bill.
Answer : Please locate the customer care number on your phone bill and ring that number.
Customer : Thanks, *(rings customer care number)* Hello, I'm Diwakar Rohatgi speaking; it is about my phone bill. The amount is beyond my imagination. Please tell me your phone number and the amount of bill that you have received.
Mr. Diwakar : My cell phone number is 9771056756 and the bill amount is Rs. 20,000.
Employee : Please hold on for a moment. *(After a pause)* Sir, the bill is alright.
Diwakar : It's impossible; please connect me to your manager. *(Manager on line)* Sir, I have received a bill of Rs. 20,000. There is something wrong somewhere. You see I'm an office goer and no businessman. I don't make many calls. My bills are never over Rs. 2000/-. Please get my bill thoroughly checked. Shall I come to you in person?
Manager : No, It's alright, you'll shortly hear from me.

Next Day

Manager : *(on phone)* Hello! Mr. Diwakar speaking?
Diwakar : Yes.
Manager : Sir, your bill has been corrected, It was a computer mistake.
Diwakar : What's the bill amount now?
Manager : Rs. 2000/-
Diwakar : Thanks, please take care that such mistakes don't happen in future.

कॉलेज में दाखिला लेना

इस प्रकार के वार्त्तालाप में संक्षिप्त और केवल जरूरत की बातें करते समय सतर्क रहने की आवश्यकता होती है।

छात्र :	*(पुकारे जाने के बाद अन्दर प्रवेश करता है)* गुड मार्निंग सर!
डीन :	गुड मॉर्निंग, कृपया बैठ जाओ। तुम्हारा नाम वी. के. सारस्वत है?
छात्र :	हाँ सर, वेद कुमार सारस्वत।
डीन :	तुमने बी.काम आनर्स में एडमिशन लेने के लिये आवेदन दिया है?
वी.के. :	हाँ, सर।
डीन :	तुमने किस विद्यालय से परीक्षा उर्त्तीण की है?
वी.के. :	मॉडर्न पब्लिक स्कूल।
डीन :	*(प्रतिलिपि में पढ़ते हैं)* कुल योग नब्बे प्रतिशत है और चौरानबे प्रतिशत कॉमर्स में है। 'प्रभावशाली है।'
वी.के. :	धन्यवाद सर!
डीन :	तुमने इसी कॉलेज को क्यों चुना?
वी.के. :	आपका दिल्ली यूनिवर्सिटी के नार्थ कैम्पस में बड़ा नाम है। इसके अतिरिक्त यहाँ के कॉमर्स और अर्थशास्त्र विभाग अच्छे हैं।
डीन :	तुम यह कैसे जानते हो?
वी.के. :	मैंने कुछ दोस्तों से सुना है, जिन्होंने यहाँ पढ़ाई की है।
डीन :	तब तो तुम अवश्य जानते होंगे कि यहाँ पाठ्यक्रम के अतिरिक्त अन्य गतिविधियाँ भी होती हैं।
वी.के. :	मैं जानता हूँ और मैं आपको निराश नहीं करूँगा। मैं खेल और भाग-दौड़ के बारे में ज्यादा कुछ नहीं कह सकता, लेकिन मैं नाटक, वाद-विवाद तथा मंच का शौकीन हूँ। मैं अपने विद्यालय की पत्रिका का सम्पादक भी था।
डीन :	अंग्रेजी में तुम्हारे अच्छे नम्बर हैं। तुमने इसे क्यों नहीं चुना?
वी.के. :	कॉमर्स और इकोनामिक्स *(वाणिज्य और अर्थशास्त्र)* में मुझे गहरी रुचि है। ये मेरे प्रिय विषय हैं।
डीन :	मिस्टर सारस्वत, अब तुम जा सकते हो और आपके यहाँ आने के लिए तुम्हें धन्यवाद! एडमिशन की सूची कल प्रदर्शित की जाएगी।
वी.के. :	धन्यवाद सर!

GETTING ADMISSION TO COLLEGE

Be very attentive, concise and to the point in this type of conversation.

Student	:	*(enters after being called)* Good morning, sir!
Dean	:	Good morning. Please be seated. Your name is V.K. Saraswat.
Student	:	Yes, sir. Ved Kumar Sarswat.
Dean	:	You have applied for B.Com (Hons.)
V.K.	:	Yes, sir.
Dean	:	Which school did you pass from?
V.K.	:	Modern Public School.
Dean	:	*(reads from transcripts)* 90% in aggregate and 94% in commerce, 'impressive'!
V.K.	:	Thank you, sir.
Dean	:	Why did you choose this college?
V.K.	:	Well sir, yours is one of the most reputed colleges in North Campus Delhi University. Besides Commerce and Economics sections are especially good here.
Dean	:	How do you know that?
V.K.	:	Sir, I have heard from some of my friends who have studied here.
Dean	:	Then you must also know that there are a lot of extra-curricular activities.
V.K.	:	I know that sir and I'll not disappoint you, I can't say much about sports or athletics but I'm fond of stage, dramatics, debates, etc. I was also the editor of my school magazine.
Dean	:	In English, you have good marks. Why didn't you go for that?
V.K.	:	Commerce and Economics fascinate me. They're my favourites.
Dean	:	You can go now Mr. Sarswat and thanks for coming here. The admission results will be displayed tomorrow.
V.K.	:	Thank you, sir.

बीमारी से सम्बन्धित वार्त्तालाप

इस प्रकार के वार्त्तालाप में विचार-विमर्श से अलग हटकर होते हैं। विचार-विमर्श के दौरान प्रत्येक व्यक्ति कुछ न कुछ कहना चाहता है।

विक्रम : *(अस्पताल में)* तुम कैसा महसूस कर रहे हो सुरेश?

सुरेश : मैं भयभीत हूँ। यह अच्छी खबर नहीं है।

विक्रम : क्या हुआ?

सुरेश : डाक्टर ने मुझसे कहा है कि आंत में खतरनाक संक्रमण हो गया है, उसका ऑपरेशन करना पड़ सकता है। एंटीबायोटिक्स और अकेलापन मुझे काफी परेशान कर रहा है।

विक्रम : कृपया परेशान न हो, मैं तुम्हारे साथ हूँ। तुम्हारे परिवार के लोगों का क्या स्थिति है?

सुरेश : वे लोग आते तो हैं, लेकिन हमेशा नहीं। पिताजी सुबह से लेकर रात तक व्यस्त रहते हैं। माँ नियमित रूप से आती है मगर वह देर तक नहीं रुक सकती।

विक्रम : दूसरे दोस्त भी तुम्हें देखने के लिए आते होंगे।

सुरेश : हाँ, लेकिन वही बात है, वे यहाँ अधिक देर तक नहीं रुक सकते। मैं इस वक्त बहुत अकेलापन महसूस करता हूँ, इसलिए भयभीत और अवसादग्रस्त हूँ।

विक्रम : ऐसा होना स्वाभाविक है, लेकिन तुम भयभीत नहीं हो, मेरी तीन लगातार छुट्टियाँ आ रही है। मैं अपने एक दोस्त के साथ तुम्हें देखने के लिए प्रतिदिन आऊँगा और हम तीनों मिलकर घंटों बातें करेंगे, ताश खेलेंगे और संगीत सुनेंगे। मैं तुम्हें अपना पॉड लाकर दूँगा इसलिए जब तुम्हें उदासी बढ़ जाएगी, तुम्हारे पास इसे दूर करने के साधन रहेंगे। अब तुम संगीत के शौकीन हो, क्या यह सच नहीं है? मुझे तुम्हारे बारे में बातें करने दो, बाद में मैं तुम्हें इस बारे में बताऊँगा।

विक्रम : *(बाहर में डॉक्टर से)* महाशय, क्या मैं जान सकता हूँ कि सुरेश यहाँ कब तक भर्ती रहेगा? मुझे उम्मीद है कि वह ठीक हो जाएगा।

डॉक्टर : आंत में कुछ परेशानी है, हम लोग जाँच कर रहे हैं। चिन्ता मत करो, वह शीघ्र ठीक हो जाएगा।

विक्रम : लेकिन डॉक्टर, वह कितने समय तक यहाँ रहेगा?

डॉक्टर : जब तक परीक्षण नहीं हो जाये, तब तक निश्चित रूप से कुछ नहीं कहा जा सकता।

विक्रम : धन्यवाद डाक्टर, कृपया मेरे दोस्त का ख्याल रखियेगा।

विक्रम : *(सुरेश से)* चिन्ता मत करो यार, सब कुछ ठीक होने जा रहा है, मैंने डॉक्टर से बात की है। ताश खेलो। यह संक्रमण कुछ हल्के प्रकार का है। आओ, ताश खेलें।

CONVERSATION ON ILLNESS

This kind of conversation is different from a discussion. In a discussion everyone is talking about something.

Vikram : *(in hospital)* How are you feeling, Suresh?

Suresh : I'm afraid it is no good news.

Vikram : What happened?

Suresh : The doctor was telling me that there is a severe kind of infection in intestines and they may have to operate. The antibiotics and loneliness are *almost* killing me.

Vikram : Please don't worry, I'm with you. What about the members of your family?

Suresh : They do come but not often. Father is busy from morning till night. Mother drops in regularly but she can't stay for long.

Vikram : Other friends must be visiting you.

Suresh : Yes, but the same thing, they can't stay for long. I feel so lonely and at times, so afraid and depressed.

Vikram : That's but natural. But don't you be afraid. I have three consecutive holidays coming. I'll be coming to you daily with a friend of mine and we all three will spend long hours chatting, playing cards, listening to music. I'll also bring you my pod, so that in moments of intense boredom, you can have diversion. You have an ear for music, don't you?

(Suresh words). Let me talk to you then I'll tell you what it is all this about.

Vikram : *(to the doctor outside)* Sir, may I know how long Suresh will be here. I hope he'll get well.

Doctor : He has some problem in his intestines, we are doing the tests. He'll get well, don't worry.

Vikram : But how long will he remain here, doctor?

Doctor : Nothing can be said with certainty till tests are done.

Vikram : Thanks doctor, please take care of my friend.

Vikram : *(to Suresh)* Don't worry, *yaar* everything is going to be ok. I have talked to the doctor. It is some mild sort of infection. Come, let's play cards.

अच्छे प्राप्तांक लाने के लिए मित्र को प्रोत्साहित करना

इस प्रकार के वार्त्तालाप काफी अलग तथा अपने आप में महत्त्वपूर्ण होते हैं। इसमें व्यक्ति को शब्दों के इस्तेमाल में बहुत सावधानी बरतनी चाहिए, अर्थात् हमेशा सहानुभूतिपूर्वक बातें करनी चाहिए और आवाज में भी नरमी होनी चाहिए। जो बहुत प्रेरणादायक प्रतीत हो।

दीपक : क्या बात है नीतीश, तुम बहुत मायूस दिखाई पड़ते हो?

नीतीश : कुछ भी नहीं यार, (रुककर) लेकिन समस्या यह है कि मुझे लगभग सभी विषयों में काफी कम नबंर आये हैं। मैं लगभग फेल हूँ। मैं यह सोचकर काँप जाता हूँ कि मैं अपने परिवार के सदस्यों का सामना कैसे करूँगा।

दीपक : हाँ, समस्या तो है, लेकिन इतनी बड़ी नहीं। इसका समाधान यह है कि पुनः परीक्षा दो, कड़ी मेहनत करो और अच्छे नम्बर लाओ।

नीतीश : वो तो है, लेकिन एक साल बेकार हो जाएगा।

दीपक : क्या फर्क पड़ता? जिन्दगी लम्बी है और एक साल का बहुत महत्त्व नहीं है। समय वैसे ही गुजर जाता है, चाहे तुम पास हो या फेल।

नीतीश : तुम ठीक कहते हो।

दीपक : इस बीच तुम किसी प्राइवेट कम्प्यूटर इंस्टीच्यूट में एक साल का कोर्स कर लो। अगर मैं ठीक हूँ तो तुमने डिग्री कोर्स के दौरान कम्प्यूटर में एकाउंटेंसी ली थी।

नीतीश : हाँ, इस बारे में सोचता हूँ। मैं प्रारम्भिक कम्प्यूटर एकांउटेन्सी सीख सकता हूँ, जो परीक्षा में शामिल होने के समय मेरा अतिरिक्त विषय होगा।

दीपक : यही करना ठीक रहेगा। उस प्रकार तुम्हारे माता-पिता अलग प्रकार के तरीके से प्रतिक्रिया करेंगे, उनसे बात करने की हिम्मत जुटाओ।

नीतीश : धन्यवाद! तुम एक सच्चे दोस्त हो।

ENCOURAGING A FRIEND TO SCORE GOOD MARKS

This type of conversation is very different and unique in itself. One must be very careful with the usage of words, i.e., one should always use sympathetic words and the tone should be soft, yet very inspiring.

Deepak	:	What's the matter Nitish, you look so downcast?
Nitish	:	Nothing *yaar, (pause)* but the problem is real. I have scored very poor marks in almost every subject, I almost failed. I shiver to think how I'll face the members of my family.
Deepak	:	Yeah, the problem is there but not that big. The solution is to appear again, work hard, and get better marks.
Nitish	:	That's there but a year will be wasted.
Deepak	:	Does it matter? Life is long and one year doesn't matter much. Time passes all the same whether you pass or fail.
Nitish	:	You seem to be right.
Deepak	:	In the mean time you can take up any computer one year course in a private computer institution. If I remember rightly, you've opted for computer accountancy in your degree course.
Nitish	:	Yes, and come to think of it, I can learn preliminary computer accountancy steps which are addition to my academic studies for reappearing.
Deepak	:	That'll be the right thing to do. That way your parents will react in a somewhat difficult way, have the courage to talk to them.
Nitish	:	Thanks buddy, you're a real friend.

विवाह के अवसर पर निमंत्रण

इस प्रकार के वार्त्तालाप में किसी भी व्यक्ति को सदा विनम्र बने रहना चाहिए। यद्यपि एक दोस्त को आमंत्रित करना अनौपचारिक भी हो सकता है।

हर्ष : नमस्ते पुनीत, तुम कैसे हो?

पुनीत : हमेशा की तरह ठीक हूँ। तुम अपने बारे में बताओ?

हर्ष : सब ठीक है। मेरे पास तुम्हें सुनाने के लिए एक अच्छी खबर है। मेरी बहन की शादी आने वाले 18 तारीख को होने जा रही है।

पुनीत : वाकई यह एक अच्छा समाचार है। उसका नाम शिल्पा है। क्यों यही नाम है न? सुंदर व्यक्तित्व की लड़की। मैंने उन्हें दो या तीन बार तुम्हारे घर पर ही देखा है। हर्ष क्या उन्होंने एमबीए कर लिया है? और लड़के के बारे में बताओ।

हर्ष : धैर्य रखो। मैं तुम्हें बताऊँगा। उन्होंने एमबीए कर लिया है और इन दिनों एक अन्तरराष्ट्रीय कम्पनी में परचेज ऑफिसर के पद पर कार्य कर रही है। लड़का, अमेरिका से एमडी करने के बाद लौटा है। वह हड्डी विशेषज्ञ (कार्डियोलोजिस्ट) है।

पुनीत : मुझे कहना होगा ..... एक सुन्दर जोड़ी रहेगी। यह सब कैसे हुआ?

हर्ष : वास्तव में मेरे बंगलुरु वाले चाचा ने यह रिश्ता ढूँढ़ा है। शुरुआत में कुछ परेशानी हुई जैसे जन्म कुंडली का मिलान और शिल्पा शादी के बाद काम करेगी या नहीं आदि? लेकिन इस सबका अन्त सुखद हुआ।

पुनीत : कैसे?

हर्ष : हम लोगों ने कुछ विद्वान पंडितों को लड़के तथा जन्मकुंडली के मिलान करने के लिए लगाया। उसका नाम करण है, उसने दिल्ली में ही नौकरी ढूँढ़ ली है और वह शिल्पा की नौकरी जारी रखने पर भी सहमत हो गया है। याद रखो पुनीत, तुम्हें शादी के दो दिन पहले आना है। आखिरकार तुम मेरे सबसे अच्छे और करीबी दोस्त हो।

पुनीत : बिलकुल ठीक, तुम्हारे किसी काम में आकर मुझे बेहद खुशी होगी।

INVITATION FOR WEDDING

One has to be naturally very polite and formal in this type of conversation. However, while inviting a friend, one can be informal too!

Harsh	:	Hello Punet, how're you?
Puneet	:	Fine, just as ever, how about you?
Harsh	:	Everything is fine. I have good news to tell you. My sister's wedding is going to take place on the coming 18th.
Puneet	:	Well that's really good news. Her name is Shilpa, isn't it? A bright young lady, I have seen her twice or thrice at your house. Harsh she completed her MBA and what about the boy.
Harsh	:	Take it easy, man. I'll tell you. She has done her MBA and is right now serving as a purchase officer in a multinational company. The boy has returned from the USA having done his MD, he is a cardiologist.
Puneet	:	A fine match, I must say. How did it all happened?
Harsh	:	Actually, my uncle who lives in Bangaluru found the match. There were some initial hurdlers, like matching of horoscope, whether Shilpa would work after marriage or not etc., etc. but it all ended fine.
Puneet	:	How?
Harsh	:	We put some clever pandit on trail for matching horoscope and the boy, his name is Karan, found a job right in Delhi and as such he agreed to let Shilpa do her job. Mind you Puneet, you have to come two days in advance for the marriage. After all, you are my best and closest friend.
Puneet	:	Done, I'll be too glad to be of any service to you.

खिलाड़ियों की कोच के साथ बातचीत

इस प्रकार के वार्त्तालाप में एक कोच को अपने खिलाड़ियों की प्रेरणादायी, उत्साहवर्धक, बहुत ही सटीक और ज़रूरी बातें बतानी चाहिए। दूसरी ओर खिलाड़ियों को कोच के प्रति अत्यंत विनम्र और सजग बने रहना चाहिए।

प्रशिक्षक : *(मैच आरम्भ होने से पहले टीम के खिलाड़ियों से)* हम लोग रणजी ट्रॉफी के तीसरे दौर में प्रवेश कर जायेंगे। दूसरी टीम काफी शक्तिशाली है इसलिए तुमलोग शुरू से ही आक्रामक हो जाओ।

एक खिलाड़ी : आप मेरी परेशानी जानते हैं, जिस समय मैं बॉल को मारना चाहता हूँ, मैं प्रायः आउट हो जाता हूँ।

प्रशिक्षक : हाँ, मुझे यह कहते हुए खेद है कि तुम्हारे लिफ्ट स्ट्रोक में कमी है। अगर तुम अपना प्रोफाइल 'लो' रखो तो इस प्रकार ज्यादा रन जोड़ सकोगे। तुम खाली जगहों में बाल को मारने में विशेषज्ञ हो। तुम बायें हाथ से ड्राइव करना छोड़ दो, इससे कोई फायदा नहीं है। मुझे विशाल से कुछ नहीं कहना हैं। वह एक प्रतिभाशाली खिलाड़ी है। केतन और स्वामी तुम लोग आखिरी खिलाड़ी हो, तुम गेंदबाजी में सिद्धहस्त हो बल्लेबाजी में नहीं।

एक खिलाड़ी : आज बादल छाये हुए हैं। कभी अंधेरा तो कभी प्रकाश छा जाता है। आने वाले गेंद की दिशा के बारे में कभी अनुमान गलत हो सकते हैं।

प्रशिक्षक : ठीक है, उसका एक ही हल है। अन्यथा यह प्रथम श्रेणी खेल की रणनीति है। जैसा कि मैंने आपको कई बार कहा है। अपनी आँखें आने वाली गेंद के ऊपर जमाये रखो, अगर तुमने ऐसा किया तो अगर बॉल सीधी रही तो तुम इसे किसी भी दिशा में मार कर सकते हो। चौके और छक्कों के लिए भी। अगर कोई खतरनाक गुगली तो भी तुम रक्षात्मक बल्लेबाजी कर सकते हो। किसी और को कोई संदेह या प्रश्न है?

(चुप्पी छा जाती है)।

इसलिए खेलो और इस प्रकार खेलो मानो तुम्हारी जिन्दगी जीत पर ही निर्भर करती हो।

A COACH TALKING TO PLAYERS

In this kind of conversation, the coach should be very inspiring and encouraging to his players and he should be very precise and to the point. The players, on the other hand must be polite and attentive towards their coach.

Coach : *(to a team before beginning of a match)* we'll soon be entering the 3rd round for the Ranji Trophy. The opposite team is very strong, so I want all of you to be aggressive right from the beginning.

One player : You know my problem sir, the moment I begin to hit, I'm usually caught out.

Coach : Yeah, that's there I'm sorry to say that your lift strokes lack poser, it would be better if you keep a low profile, that way more runs can be scored. You're an expert in hitting the ball in right direction between spaces. So don't lift, keep the ball to ground. *(Looks at another player)* You avoid your left hand drives. It has not paid so far. I have nothing to say to Vishal, he is a brilliant player. Ketan and Swami, you'll be at the tail end. Your specialty is bowling and not batting.

One player : It seems a cloudy today. Sudden darkness and brightness sometimes result in wrong judgement of the direction of the oncoming ball.

Coach : That is right there is only one solution for that. Even otherwise it is a first class strategy, as I have told you many times also, keep your eyes glued to the oncoming ball, if you can do that then if the ball is straight you can drive it in any direction, even for fours and sixes. If it is a dangerous googly, you can be on defense. Any more doubts or questions?

[Silence]

Then play and play, as if your life depends on victory.

बैंक में एटीएम कार्ड के खोने की रिपोर्ट करना

मुश्किल परिस्थिति में सकारात्मक सामाजिक प्रतिक्रिया और संतोषजनक उत्तर पाने के लिए धैर्य को बनाये रखना अत्यंत आवश्यक है।

ग्राहक : *(क्लर्क से)* मेरा एटीम कार्ड खो गया है।

क्लर्क : कृपया उस काउंटर पर जाकर मिस्टर गुप्ता से बात करें।

ग्राहक : *(मिस्टर गुप्ता से)* महाशय, मेरा एटीएम कार्ड खो गया है। कृपया मुझे बतायें कि नया एटीम कार्ड बनाने की प्रक्रिया क्या है?

मिस्टर गुप्ता : ठीक है, क्या आपके पास एटीएम मशीन की बैलेंस स्लीप है?

ग्राहक : हाँ महाशय, यह है।

मिस्टर गुप्ता : अच्छा, आप नीचे लिखा टेलीफोन नम्बर देख रहे हैं। इस फोन नम्बर पर आप अपने एटीम कार्ड को बंद करा दीजिए, ताकि कोई भी दूसरा आदमी इसका प्रयोग नहीं कर सके। उसे अपना एकाउंट नम्बर बतायें।

ग्राहक : इसके पश्चात् महाशय?

मिस्टर गुप्ता : वह आपको एक नम्बर देगा, जिसे आप सावधानीपूर्वक लिख लें। इसके पश्चात बैंक के मैंनेजर को एक आवेदन पत्र लिखें। इस आवेदन में कोड नम्बर के साथ नये एटीएम कार्ड जारी करने के लिए एक प्रार्थना पत्र लिखें।

ग्राहक : नये एटीएम कार्ड प्राप्त करने में मुझे कितना समय लग जाएगा?

मिस्टर गुप्ता : हमें आवेदन करने के दस से पन्द्रह दिन के बाद बैंक से भेजा गया पत्र मिलेगा। उसे यहाँ लेकर आयें *(दस दिनों के बाद ग्राहक ए.के. जैन को बैंक से भेजा पत्र मिलता है।)*

मिस्टर जैन : यह पत्र मिला है महाशय!

मिस्टर गुप्ता : आपका ड्राइविंग लाइसेंस या आपका वोटर आइ कार्ड? बैंक चाहता है कि एटीएम कार्ड सही व्यक्ति को मिले। क्या आप अपना बैंक पासबुक लाये हैं?

मिस्टर जैन : हाँ महाशय!

मिस्टर गुप्ता : बहुत अच्छा, सारे कागजात मिस्टर शर्मा को दिखाओ।
(मिस्टर जैन, मिस्टर शर्मा को सारे कागज़ात दिखाते हैं)

मिस्टर शर्मा : ठीक है मिस्टर जैन, एक सेकंड रुकिये (एक रजिस्टर लेकर उसमें नाम ढूँढ़ता है) अपने नाम के सामने हस्ताक्षर कीजिए। *(मिस्टर जैन वैसा करते हैं)*
यह आपका लिफाफा है। इसे सावधानीपूर्वक अपने घर में खोलिये। जहाँ कोई नहीं हो। क्योंकि इसमें आपका एटीएम कार्ड और आपका पिन नम्बर है। आपके सिवा किसी को इसका पिन नम्बर मालूम नहीं होना चाहिये। इस नये एटीएम कार्ड की फीस 200 रुपये है। यह रकम आपके खाते से काटी जाएगी।

मिस्टर जैन : धन्यवाद मिस्टर शर्मा!

: ठीक है।

REPORTING THE LOSS OF A.T.M. CARD IN BANK

The need to maintain equanimity in the times of adversity is a paramount need and necessity for positive social interaction and satisfactory outcome.

Customer : *(to the clerk)* I have lost my A.T.M. card.

Clerk : Please go to that counter and talk to Mr. Gupta.

Customer : (to Mr. Gupta) Sir, I have lost my A.T.M. card; please tell me the procedure of how to get a new one.

Mr. Gupta : Ok. Do you have the balance slip from the A.T.M. machine?

Customer : Yes, sir there it is.

Mr. Gupta : Very well, you see this phone number at the bottom. Instruct the person at this phone number to block your A.T.M. card so that no other person can use it. Tell him your account number.

Customer : After that, Sir?

Mr. Gupta : He'll give you a number, note it down carefully. Then write an application to the manager of the bank. In the application quote that code number along with the request to issue you a new A.T.M. card.

Customer : How much time will it take to get me a new card?

Mr. Gupta : Ten or fifteen days after you have submitted the application to us. After that you'll receive a letter from the bank. Bring it here. *(After ten days the customer A.K Jain gets a letter from the bank.)*

Mr. Jain : *(to Mr. Gupta)* there is the letter, sir.

Mr. Gupta : Your driving license or your election ID card. The bank wants to make sure that the card goes to the right person. Have you brought your bank passbook?

Mr. Jain : Yes, sir.

Mr. Gupta : Very well, show all those documents to Mr. Sharma.
(Mr. Jain shows the paper to Mr. Sharma)

Mr. Sharma : All right, Mr. Jain a moment, please. *(Takes a register and finds his name)*. Please, sign against your name. *(Mr. Jain does so.)* Here is your envelope. Open it carefully, preferably at home in privacy because it contains your ATM card as well as the ATM pin number. None other than you must know that number. The fee of the new card is Rs. 200. The amount will be deducted from your account. Open the envelope carefully.

Mr. Jain : Thank you, Mr. Sharma.

Mr. Sharma : It is alright.

अभिभावक और अध्यापक की मुलाकात

एक अभिभावक के तौर पर शिक्षक से वार्त्तालाप के दौरान उसकी बातों पर उचित प्रतिक्रिया दें और वार्त्तालाप की प्रक्रिया जारी रखें।

बच्चे के पिता : नमस्कार, मि०एस०के० यादव। मैं राजीव का पिता हूँ।

क्लास टीचर : जी बैठिए। यह राजीव की मासिक रिपोर्ट है। वह तीन विषयों में फेल है।

पिता : जी, वह साइंस और मैथ्स के टेस्ट में बीमार था।

क्लास टीचर : ठीक है, पर सामाजिक विज्ञान में क्या हुआ? उसे 20 में से 4 अंक मिले। अंग्रेजी में भी वह बड़े मुश्किल से पास हुआ।

पिता : हाँ, दरअसल, मैं भी उसके बारे में काफी परेशान हूँ। राजीव पढ़ाई में दिलचस्पी नहीं लेता।

क्लास टीचर : मेरे ख्याल से उसकी सेहत खराब है।

पिता : जी सर, आप ठीक कहते हैं।

क्लास टीचर : आप उसकी आँखें टेस्ट कराइए। मैंने नोट किया है कि वह ब्लैक बोर्ड पर ठीक से नहीं पढ़ पाता।

पिता : मैं आज ही उसे नेत्र विशेषज्ञ के पास ले जाऊँगा। मैं डॉक्टर से उसके सामान्य स्वास्थ्य के बारे में सलाह करूँगा।

क्लास टीचर : राजीव को साइंस और मैथ्स में अलग से सहायता की जरूरत है। घर में उसे कौन पढ़ाता है?

पिता : मैं ही पढ़ाता हूँ। लेकिन नियमित रूप से नहीं।

क्लास टीचर : कृपया आगे से नियमित पढ़ाएँ। उसका लेख भी खराब है। उसके लिए घर पर लिखने का अभ्यास जरूरी है।

पिता : मैं अब निश्चय ही उसका पहले से अधिक ध्यान दूँगा।

क्लास टीचर : कृपया ऐसा ही करें। थोड़ी कोशिश से ही उसमें अवश्य सुधार आयेगा।

पिता : मैं पूरी कोशिश करूँगा। आपका बहुत-बहुत धन्यवाद। कृपया उसके बारे में मुझे सूचित करते रहना।

क्लास टीचर : जी, जरूर।

पिता : अच्छा, नमस्कार मि०एस०के० यादव।

PARENTS TEACHER MEETING

Interact with the teacher in the spirt of understanding the comments made about your ward and continue with the flow of the conversation.

Father	:	Good morning, Mr. S.K. Yadav. I am Rajeev's father.
Class Teacher	:	Yes, please sit down. Here is Rajeev's monthly progress report. He has failed in three subjects.
Father	:	Yes, he was unwell during the Science and Maths test.
Class Teacher	:	Fine, but what about Social Science? He got only 4 marks out of 20. In English also, he has hardly got pass-marks.
Father	:	Yes. Actually, even I'm quite worried about him. Rajeev does not take interest in studies.
Class Teacher	:	I think, he is a bit weak physically also.
Father	:	Yes, you are right.
Class Teacher	:	Please, get his eyes tested. I have noticed that he is unable to read the blackboard properly.
Father	:	I will take him to an eye specialist today itself. I will also consult the doctor regarding his general health.
Class Teacher	:	Besides, Rajeev needs extra coaching in Science and Maths. Who teaches him at home.
Father	:	I do. But not regularly.
Class Teacher	:	Please, be regular in future. His writing is also poor. He must practice hand writing at home.
Father	:	Yes, I'll definitely pay more attention to him now.
Class Teacher	:	Please do that. With a little effort, he will definitely improve.
Father	:	I will try my best. Thank you very much. Please keep me informed about him.
Class Teacher	:	Yes, of course.
Father	:	O.K. Bye Mr. S.K. Yadav.

हवाई अड्डे पर

हवाई अड्डे पर पहुँचने के दौरान हमें रास्ते की पूछताछ के लिए वार्त्तालाप कौशल में प्रवीण होने की आवश्यकता होती है, ताकि लोगों से अच्छी तरह वार्त्तालाप किया जा सके।

पोर्टर : आपको कौन-सी फ्लाइट पकड़नी है?

यात्री : लंदन वाली, जल्दी करो भाई।

पोर्टर : आप चिन्ता न करें, अभी काफी समय है। आप इस काउंटर पर सामान का किराया (भाड़ा) दे दीजिए।

घोषणाकर्ता : कृपया ध्यान दीजिए। लंदन जाने वाले यात्रियों से अनुरोध है कि वे टिकट काउंटर पर अपना सामान चेक करा लें। धन्यवाद!

टी०सी०ओ० : क्या मैं आपका टिकट देख सकता हूँ?

यात्री : जी हाँ, यह लीजिए।

टी०सी०ओ० : कृपया अपना सामान मशीन पर रखो।

यात्री : जी सर।

टी०सी०ओ० : यह रहा आपके सामान का टिकट, बैग का बिल्ला और आपका टिकट एवं बोर्डिंग कार्ड।

यात्री : अब मुझे क्या करना है?

टी०सी०ओ० : आप लाउन्ज में चलिए। थोड़ी देर में आपके लिए बस आ जाएगी, जो आपको हवाई अड्डे तक ले जाएगी।

घोषणाकर्ता : कृपया ध्यान दें! लंदन जाने वाले सभी यात्रियों से निवेदन है कि वे सुरक्षा अधिकारियों की ओर चलें।

सुरक्षा अधिकारी : कोई हथियार वगैरह तो नहीं हैं?

यात्री : नहीं, श्रीमानजी।

सुरक्षा अधिकारी : अपना बोर्डिंग कार्ड मोहर लगाने के लिए दीजिए।

यात्री : यह लीजिए बोर्डिंग कार्ड।

सुरक्षा अधिकारी : (मोहर लगाकर) आप इसे रखें।

घोषणाकर्ता : लंदन जाने वाला जहाज उड़ान के लिए तैयार है। यात्रियों से अनुरोध है कि वे अपना बोर्डिंग कार्ड चेकिंग के लिए तैयार रखते हुए एयरक्राफ्ट की ओर चलें।

परिचारिका : इधर से आइए महाशय। अपनी सीट ग्रहण करें।

यात्री : धन्यवाद मिस!

AT THE AIRPORT

Within the precincts of the airport we need to be equipped with good communication skills to find our way around to our queries and concerns.

Porter	:	Which flight do you want to board.
Passenger	:	London bound, hurry up.
Porter	:	Don't worry Sir, there is still sufficient time. Please pay cartage of your luggage at the counter. .
Announcer	:	Your attention please; London bound passengers are requested to get their luggage checked at the ticket counter. Thanks!
T.C.O.	:	May I see your ticket please?
Passenger	:	Yes sir, take this.
T.C.O.	:	Please put your luggage on the machine.
Passanger	:	Yes, sir.
T.C.O.	:	Here is the ticket for your luggage, a tag for your hand bag and here is your ticket and boarding pass.
Passenger	:	What have I to do, now?
T.C.O.	:	You please move to the lounge. After sometime a bus will come which would take you to the aerodrome.
Announcer	:	Attention please! All London bound passengers are requested to move towards the Security Officer.
S.O.	:	You don't have any arms etc.
Passenger	:	No, Sir.
S.O.	:	Please, give your boarding card to be stamped.
Passenger	:	Take this, Sir.
S.O.	:	*(After Stamping)* you keep it, please.
Announcer	:	London bound plane is ready to take off. Passengers are rqeuested to move towards the aircraft and to keep their boarding cards ready for checking.
Hostess	:	Come this way Sir, Take your seat, please.
Passenger	:	Thank you, Miss!

अन्त में...

प्रिय पाठक,

आपने सफलतापूर्वक पूरी पुस्तक का अध्ययन कर लिया है, इसके लिए आप बधाई के पात्र हैं। हम उम्मीद करते हैं, अब तक आपको अच्छी तरह अंग्रेजी बोलना आ गया होगा। फिर भी यदि अंग्रेजी बोलने में कहीं समस्या आ रही है तो, तो इसका अर्थ है आपको इस पुस्तक को दूबारा पढ़ने की आवश्कता है। दरअसल में, अंग्रेजी सीखना निम्न मुख्य बातों पर निर्भर करता है:

1. प्रत्येक व्यक्ति की सीखने की क्षमता
2. दूबारा अध्ययन
3. वार्त्तालाप के दौरान झिझक
4. अंग्रेजी शब्दावली का प्रर्याप्त ज्ञान
5. अधिक पुस्तकों की आवश्यकता

चूँकि प्रत्येक व्यक्ति में विषय को समझने की क्षमता भिन्न होती है। इसलिए हमारे किसी पाठक को अंग्रेजी वार्त्तालाप में अधिक समय भी लग सकता है। उन्हें केवल अभ्यास करते रहना है। अंग्रेजी में अपनी झिझक को दूर करने के लिए जब आपको सुविधाजनक प्रतीत हो, आप इसका अभ्यास अपने परिवारिक सदस्यों अथवा मित्रों के साथ कर सकते हैं। निरंतर अभ्यास से आपकी अंग्रेजी समझने की क्षमता में भी बढ़ोतरी होगी। जब आप सामने वाले की बात ठीक तरीके से समझ पाएँगे तो उसका जवाब देने में भी आपको आसानी होगी। इस दौरान आप अपनी कमियों को भलीभाँति पहचानकर उसे दूर कर लेंगे तथा आपके अंदर अंग्रेजी वार्त्तालाप हेतु एक अभूतपूर्व आत्मविश्वास का संचार भी हो जाएगा।

हम आपको विश्वास दिलाते हैं कि अब आप बेअटक अंग्रेजी बोलने में पूरी सक्षम हैं, साथ ही बेहतर भविष्य के लिए हम आपको अनेकानेक शुभकामनाएँ देते हैं।